EDITION OSHO

Die Vorlage zu diesem Buch ist das gesprochene Wort Oshos. Seine „Talks" – aus dem Stegreif vor einer großen Zuhörerschaft gehalten – wurden vom Tonband ubersetzt. Die Redaktion der deutschen Übersetzung folgt der englischen Buchausgabe und gibt, wie diese, so genau wie möglich den spontanen Redefluss Oshos wieder. Alle Osho Diskurse sind als Originale publiziert worden und als Original-Audios erhältlich. Audios und das vollständige Text-Archiv finden sie unter der Onlinebibliothek „Osho Library" bei www.osho.com

MIX
Papier aus verantwortungsvollen Quellen
FSC® C083411
www.fsc.org

Titel der englischen Originalausgabe: *The Art of Living and Dying*

2. Auflage 2021

Umschlaggestaltung: Bunda S. Watermeier, www.watermeier.net

Umschlagmotiv © Hector Guerra Hernandez. Fotografía

Übersetzung: Mohani Marin-Cardenas

Druck: CPI books, Leck

Printed in Germany

ISBN 978-3-947508-36-5

OSHO

Das Buch vom LEBEN UND STERBEN

Inhalt

Einleitung

Das Leben dehnt sich über eine lange Zeitspanne aus, siebzig Jahre, hundert Jahre. Der Tod ist intensiv, denn er dehnt sich nicht aus. Er geschieht in einem einzigen Moment. Das Leben muss sich über siebzig oder hundert Jahre hinziehen und kann deshalb nicht so intensiv sein. Der Tod kommt in einem einzigen Moment. Er kommt ganz und gar, nicht stückweise. Er wird so intensiv sein – etwas Intensiveres kannst du nicht erfahren. Wenn du aber Angst hast und dich dem Tod entziehst, bevor er kommt, wenn du aus lauter Angst das Bewusstsein verlierst, hast du eine goldene Gelegenheit verpasst, das Goldene Tor. Konntest du jedoch in deinem Leben die Dinge annehmen, wie sie sind, wirst du auch den Tod annehmen, wenn er kommt, und geduldig und widerstandslos in den Tod gehen, ohne dich zu bemühen, ihm zu entkommen. Wenn du ganz still und passiv ohne jede Mühe in den Tod gehen kannst, dann verschwindet der Tod.

In den uralten heiligen Schriften Indiens, den Upanishaden, steht eine Geschichte, die ich schon immer geliebt habe. Ein großer König namens Yayati wurde einhundert Jahre alt. Nun war es genug; er hatte sein Leben bis zur Neige gelebt. Er hatte alles genossen, was das Leben zu bieten hatte. Er war einer der größten Könige seiner Zeit. Doch es ist eine schöne Geschichte:

Der Tod kam und sagte zu Yayati: „Mach dich fertig. Deine Zeit ist um. Ich bin gekommen, um dich mitzunehmen." Als Yayati, der ein großer Krieger war und viele Kriege gewonnen hatte, den Tod sah, begann er zu zittern. Er sagte: „Es ist noch zu früh!" Der Tod erwiderte: „Zu früh? Du hast hundert Jahre lang gelebt. Selbst deine Kinder sind alt. Dein ältester Sohn ist schon achtzig! Was willst du mehr?"

Yayati hatte einhundert Söhne, er hatte auch einhundert Frauen gehabt. „Kannst du mir einen Gefallen tun?", fragte er den Tod. „Ich weiß, dass du jemanden holen musst. Wenn ich nun einen meiner Söhne dazu überreden kann, kannst du mich dann noch einmal hundert Jahre verschonen und einen meiner Söhne mitnehmen?" Der Tod sagte: „Das ist in Ordnung, wenn jemand anderes bereit ist zu gehen. Aber ich glaube nicht ... Wenn nicht einmal du bereit bist. Du bist schließlich der Vater und hast mehr gelebt und alles gehabt, warum sollte dann dein Sohn< bereit sein?"

Yayati ließ seine hundert Söhne kommen. Die älteren Söhne schwiegen alle; keiner sagte etwas. Nur einer, der jüngste Sohn, der erst sechzehn Jahre alt war, stand auf und sagte: „Ich bin bereit." Selbst dem Tod tat es leid um den Jungen, und er sagte zu ihm: „Vielleicht bist du zu unschuldig. Kannst du nicht sehen, warum deine neunundneunzig Brüder stillschweigen? Einer ist achtzig, einer ist achtundsiebzig, einer ist fünfundsiebzig, einer ist siebzig, einer ist sechzig. Sie alle haben gelebt, aber sie wollen noch mehr! Und du hast noch gar nicht gelebt. Sogar ich bin traurig, wenn ich dich mitnehme. Überlege es dir noch einmal."

Der Junge sagte: „Nein. Allein diese Situation zu sehen, macht mich völlig sicher. Sei nicht traurig; es braucht dir nicht leid zu tun. Ich gehe ganz bewusst. Ich kann sehen: Wenn mein Vater nach hundert Jahren immer noch nicht befriedigt ist, wozu soll ich dann hier sein? Wie kann ich jemals zufrieden sein? Warum die Zeit verschwenden? Wenigstens kann ich meinem Vater einen Gefallen tun. Soll er doch in seinem hohen Alter noch hundert Jahre mehr genießen. Aber ich bin fertig. Ich sehe, dass niemand zufrieden ist, ich habe eines wirklich ganz begriffen: Selbst wenn ich hundert Jahre lebe, werde ich niemals zufrieden sein. Deshalb spielt es keine Rolle, ob ich heute gehe oder erst in neunzig Jahren. Nimm mich ruhig mit."

Der Tod nahm den Jungen mit. Als er nach hundert Jahren wiederkam, war Yayati in derselben Situation und sagte: „Die hundert Jahre sind zu schnell vergangen. Alle meine älteren Söhne sind gestorben, ich bin in einem neuen Regiment. Ich kann dir wieder einen Sohn geben. Verschone mich!"

Und so ging es weiter. In der Geschichte heißt es, eintausend Jahre lang. Zehn Mal kam der Tod wieder. Und jedes Mal holte er einen Sohn und Yayati lebte hundert Jahre länger. Beim zehnten Mal sagte Yayati: „Ich bin zwar immer noch genauso unbefriedigt wie damals, als du das erste Mal kamst, aber jetzt werde ich mitkommen – wenn auch widerwillig, widerstrebend, denn ich kann nicht weiter um deine Gunst bitten. Es ist zu viel. Und eines ist mir klar geworden: Wenn mich tausend Jahre nicht zufrieden stellen konnten, dann können es auch zehntausend Jahre nicht."

Das ist Festhalten: Man kann noch so lange leben, doch schon bei dem Gedanken an den Tod beginnt man zu zittern. Hältst du an nichts fest, kann der Tod genau in diesem Moment kommen, und du wirst ihn willkommen heißen. Du wirst absolut bereit sein zu gehen. Vor solch einem Menschen wird der Tod sich geschlagen geben. Der Tod wird nur von denjenigen besiegt, die jeden Moment bereit sind zu sterben, ohne jeden Widerstand. Sie werden unsterblich; sie werden Buddhas.

Diese Freiheit ist das Ziel jeder religiösen Suche. Freiheit vom Festhalten ist Freiheit vom Tod. Freiheit vom Festhalten ist Freiheit vom Rad des Lebens und des Todes.

Freiheit vom Festhalten versetzt dich in die Lage, ins Licht des Universums einzutreten und eins damit zu werden. Und das ist der größte Segen, die höchste Ekstase, jenseits davon existiert nichts mehr. Du bist heimgekehrt.

TEIL 1

DAS LETZTE TABU

Der Tod lässt sich nicht verleugnen,
indem man sich immer
wieder vormacht, dass es ihn nicht gibt.
Der Tod muss erfahren werden.
Man muss sich ihm stellen.
Man muss ihn leben.
Man muss mit ihm vertraut werden.

1. Auf der Suche nach dem, was nicht stirbt

Das Zentrum der religiösen Suche ist eigentlich nicht Gott. Es ist der Tod. Ohne den Tod gäbe es gar keine Religion. Es ist der Tod, der den Menschen dazu bringt, sich auf die Suche nach dem Jenseits zu machen, nach dem, was nicht stirbt.

Wir sind vom Tod umgeben, so wie eine kleine Insel vom Meer umgeben ist. Die Insel kann jeden Moment überflutet werden. Der nächste Moment wird vielleicht niemals kommen. Morgen wird es vielleicht nie geben. Tiere sind nicht religiös, einfach weil ihnen der Tod nicht bewusst ist. Sie können sich nicht vorstellen, dass sie sterben, obwohl sie andere Tiere sterben sehen. Ob man einfach jemanden sterben sieht oder dabei zu der Schlussfolgerung gelangt: „Auch ich muss eines Tages sterben!" – dazwischen liegt ein Quantensprung. Die Tiere sind nicht so wach, so bewusst, um diese Schlussfolgerung zu ziehen. Und die Mehrheit der Menschen ist ebenfalls noch nicht auf der Stufe des Menschseins angelangt. Ein Mensch ist erst dann wirklich reif, wenn er zu der Einsicht gelangt ist: „Wenn der Tod allen anderen widerfährt, dann kann ich keine Ausnahme sein."

Lässt du diese Feststellung tief in dein Herz sinken, kann dein Leben nie mehr dasselbe sein. Du kannst nicht mehr in der alten Weise am Leben festhalten. Wenn es einem sowieso genommen wird, wozu soll man dann noch so besitzgierig sein. Wenn eines Tages alles verschwindet, wozu soll man sich anklammern und leiden? Wenn das Leben nicht ewig währt, wozu soll man unglücklich sein, Seelenqualen erleiden, sich Sorgen machen? Wenn es sowieso vorbeigeht, dann geht es vorbei – egal, wann es geht. Dann spielt Zeit nicht so eine wichtige Rolle: ob heute, morgen, übermorgen – das Leben wird dir aus der Hand gleiten.

An dem Tag wird dir bewusst, dass du sterben wirst, dass dein Tod absolut sicher ist. Tatsächlich ist der Tod die einzige Sicherheit im Leben. Nichts anderes ist so absolut sicher. Aber irgendwie versuchen wir immer, diese Frage zu umgehen – das Thema Tod. Wir halten uns mit anderen Dingen beschäftigt. Manchmal reden wir von großen Dingen, über Gott, Himmel und Hölle, nur um die wirkliche Frage zu vermeiden. Und die handelt nicht von Gott; sie kann sich gar nicht darum drehen, denn welche Bekanntschaft hat man mit Gott? Was weißt du von Gott? Wie kannst du nach etwas suchen, das dir völlig unbekannt ist? Diese Suche hat keinen Inhalt. Sie ist höchstens Neugierde, pubertär, dumm, kindisch.

Dumme Menschen stellen die Frage nach Gott. Ein intelligenter Mensch stellt die Frage nach dem Tod. Leute, die immer nach Gott suchen, werden Gott niemals finden. Wenn du aber nach dem Tod suchst, findest du zwangsläufig Gott, denn durch den Tod wirst du transformiert, wird deine Sichtweise verändert. Dein Bewusstsein wird klarer, weil du die wahre Frage gestellt hast – eine authentische Frage, die wichtigste Frage im Leben. Du hast dich einer so großen Herausforderung gestellt, dass du dich nicht mehr länger im Schlaf wiegen kannst. Du wirst aufwachen müssen; du wirst wach genug sein müssen, um der Realität des Todes zu begegnen.

So hat auch die Suche des Gautama Buddha begonnen.

Als Buddha geboren wurde … Er war der Sohn eines großen Königs, sein einziger Sohn. Er wurde geboren, als der König schon alt war, hochbetagt. Deshalb herrschte große Freude im Königreich. Das Volk hatte lange darauf gewartet. Der König war beim Volk sehr beliebt, denn er hatte ihm treu gedient, war freundlich und mitfühlend. Er war sehr liebevoll gewesen und hatte seinen Reichtum geteilt. Er hatte sein Königreich zu einem der reichsten und schönsten jener Zeit gemacht.

Das Volk hatte dafür gebetet, dass dem König ein Sohn geboren würde, da es keinen Erben gab. Und dann kam er zur Welt, als der

König schon hochbetagt war – eine unerwartete Geburt. Was für ein Fest, was für eine Freude! Alle Astrologen des Reiches versammelten sich, um die Zukunft des Kindes vorauszusagen. Er erhielt den Namen Siddharta, da er Erfüllung bedeutet. Der König war erfüllt, sein Wunsch war erfüllt, seine tiefste Sehnsucht war erfüllt. Er wollte einen Sohn; sein ganzes Leben hatte er sich einen Sohn gewünscht. Daher der Name Siddharta. Er bedeutet einfach: Erfüllung des tiefsten Wunsches.

Dieser Sohn gab dem Leben des Königs Bedeutung, einen Sinn. Die Astrologen machten alle großartige Voraussagen. Sie waren sich alle einig. Nur ein junger Astrologe war anderer Meinung. Sein Name war Kodanna.

Als der König fragte: „Was wird im Leben meines Sohnes geschehen?", hoben sie alle zwei Finger – außer Kodanna, der nur einen Finger hob.

„Bitte sprecht nicht in Symbolen", bat der König. „Ich bin ein einfacher Mann. Ich verstehe nichts von Astrologie. Sagt mir, was meint ihr mit zwei Fingern?"

Sie alle antworteten: „Er wird entweder ein *Chakravartin*, ein Weltenherrscher, oder er wird der Welt entsagen und ein Buddha werden, ein Erleuchteter. Diese beiden Alternativen gibt es. Deshalb zeigen wir zwei Finger."

Die zweite Alternative – dass er der Welt entsagen würde – machte dem König Sorgen. „Dann habe ich ja wieder das Problem. Wer wird mein Königreich erben, wenn er der Welt entsagt?"

Dann fragte er Kodanna: „Warum hast du nur einen Finger gehoben?"

Kodanna antwortete: „Ich bin mir sicher, dass er der Welt entsagen wird. Er wird ein Buddha werden, ein Erleuchteter, ein Erwachter."

Kodannas Worte machten den König nicht glücklich. Die Wahrheit zu akzeptieren ist schwer. Er ignorierte ihn einfach. Kodanna bekam keine Belohnung.

Die Wahrheit wird in dieser Welt nie belohnt. Im Gegenteil, die Wahrheit wird bestraft – in tausendfacher Weise.

Tatsächlich war Kodannas Ruf seit diesem Tage ruiniert. Da er vom König nicht belohnt wurde, verbreitete sich das Gerücht, er sei ein Narr. Obwohl sich die Astrologen einig gewesen seien, habe er als einziger nicht zugestimmt.

Der König fragte die anderen Astrologen: „Was schlagt ihr vor? Was soll ich tun, damit er nicht der Welt entsagt? Ich will nicht, dass er Bettler wird. Ich möchte ihn nicht als Sannyasin, als wandernden Bettelmönch sehen. Ich möchte, dass er der Chakravartin wird – Herrscher über alle sechs Kontinente."

Der Ehrgeiz aller Eltern! Wer will schon, dass der Sohn oder die Tochter der Welt entsagt und sich in die Berge zurückzieht, sich nur noch seinem oder ihrem Innenleben widmet und nach dem Selbst sucht und forscht?

Unsere Wünsche sind nach außen gerichtet. Der König war ein gewöhnlicher Mensch wie alle anderen, mit denselben Wünschen und demselben Ehrgeiz.

Die Astrologen sagten: „Man kann es einrichten. Gib ihm so viele Vergnügungen wie nur möglich; stelle ihm so viel Komfort und Luxus zur Verfügung wie nur menschenmöglich. Lass ihn nichts von Krankheit, Alter und besonders nichts über den Tod erfahren. Lass ihn nichts über den Tod wissen, dann wird er niemals auf etwas verzichten."

In gewisser Weise hatten sie recht, denn der Tod ist die zentrale Frage. Nimmst du sie dir wirklich zu Herzen, muss sich dein Lebensstil einfach ändern. Du kannst nicht auf die alte törichte Art weiterleben. Wenn dieses Leben im Tod endet, dann kann dieses Leben nicht wirklich Leben sein. Dann muss dieses Leben eine Illusion sein.

Die Wahrheit muss ewig sein, wenn sie wirklich wahr ist. Nur Lügen sind flüchtig. Wenn das Leben flüchtig ist, dann muss es eine Illusion sein, eine Lüge, eine falsche Vorstellung, ein Missverständnis. Dann basiert unser Leben wahrscheinlich darauf, dass wir unwissend sind. Wahrscheinlich ist es die Art, wie wir leben, die dem Leben ein Ende setzt. Wir können auf eine andere Weise leben, nämlich so, dass wir Teil des ewigen Flusses der Existenz werden. Nur der Tod kann diesen radikalen Umschwung bei dir bewirken.

Die Astrologen sagten also: „Lass ihn ja nichts über den Tod erfahren!“ Und der König traf alle Vorkehrungen.

Er ließ drei Paläste bauen, sodass Siddharta zu verschiedenen Jahreszeiten an verschiedenen Orten war, damit er nie die Nachteile einer Jahreszeit erlebte. Wenn es zu heiß wurde, hatte er einen Palast an einem Ort in den Bergen, wo es immer kühl war. Wenn es zu kalt wurde, hatte er einen anderen Palast an einem Fluss, wo es immer warm war.

Es wurden alle Vorkehrungen getroffen, damit er sich niemals unwohl fühlte. Kein alter Mann, keine alte Frau durfte die Paläste, wo er lebte, betreten, nur junge Leute. Alle jungen, schönen Frauen des Königreichs wurden um ihn herum versammelt, damit er immer den Reiz und die Faszination spürte, damit er in seinen Träumen und Wünschen gefangen blieb. Eine süße Traumwelt wurde für ihn erschaffen. Die Gärtner hatten den Auftrag, nachts die toten Blätter zu entfernen; auch welkende Blumen mussten nachts weggeräumt werden, denn – wer weiß? – vielleicht würde er beim Anblick eines toten Blattes fragen, was mit dem Blatt geschehen ist, und schon wäre die Frage über den Tod aufgeworfen. Wenn er eine dahinwelkende Rose oder fallende Blütenblätter sähe, könnte er ja fragen: „Was ist denn mit dieser Rose passiert?“ Und dann könnte er anfangen über den Tod nachzudenken oder gar zu meditieren!

Neunundzwanzig Jahre lang wurde der Tod von seinem Bewusstsein absolut fern gehalten. Aber wie lange kann man es verhindern? Der Tod ist so ein wichtiges Ereignis – wie lange kann man jemanden täuschen? Früher oder später musste er sich in die Welt begeben. Der König war nun sehr alt, und der Sohn musste die Welt und ihre Sitten kennenlernen. Also wurde ihm ganz allmählich erlaubt auszugehen, aber von jeder Straße der Hauptstadt, durch die er kam, wurden die alten Männer und alten Frauen weggebracht, wurden die Bettler weggebracht. Keinem Sannyasin war erlaubt, seinen Weg zu kreuzen, denn er könnte ja beim Anblick eines Sannyasins fragen: „Was ist das für ein Mensch? Warum hat er orangefarbene Kleidung an? Was ist mit ihm geschehen? Warum sieht er so anders aus? So losgelöst und distanziert?

Er hat andere Augen, eine andere Ausstrahlung, seine Gegenwart hat eine andere Wirkung. Was ist mit diesem Mann geschehen?"

Und dann käme die Frage über Entsagung und damit auch die Frage über den Tod auf. Aber eines Tages musste es doch geschehen. Es lässt sich eben nicht vermeiden.

Wir machen es genauso. Wenn jemand stirbt und der Leichenzug am Haus vorbeikommt, zieht die Mutter ihr Kind ins Haus und schließt die Tür.

Die Geschichte ist sehr bedeutungsvoll, symbolisch, typisch. Eltern wollen nie, dass ihre Kinder etwas über den Tod erfahren, weil sie sofort anfangen, unbequeme Fragen zu stellen. Deshalb bauen wir die Friedhöfe oft außerhalb der Stadtzentren, damit niemand dort vorbeigehen muss. Der Tod ist eine zentrale Tatsache. Eigentlich sollte der Friedhof im Zentrum der Stadt sein, damit ihn alle mehrmals am Tag überqueren müssen – auf dem Weg ins Büro und dem Weg nach Hause, auf dem Schulweg und dem Heimweg, auf dem Weg in die Fabrik –, sodass man immer wieder an den Tod erinnert wird. Aber wir legen die Friedhöfe außerhalb der Stadtzentren und machen sie zu schönen Parkanlagen mit Blumen und Bäumen.

Wir versuchen, den Tod zu verbergen. Besonders im Westen ist der Tod ein Tabu. So wie früher Sex tabu war, ist heute der Tod tabu.

Der Tod ist das letzte Tabu.

Wir brauchen jemanden wie Sigmund Freud, der damals das Tabu Sex durchbrach – einen Freud, der den Tod in die Welt zurückbringt, der die Menschen mit der Tatsache des Todes konfrontieren kann.

Wenn in einem westlichen Land jemand stirbt, wird der Leichnam gebadet, geschmückt, parfümiert und geschminkt. Es gibt dort heutzutage Experten, die diese ganze Arbeit machen. Und wenn man einen Toten sieht, staunt man: Er sieht viel lebendiger aus als jemals zuvor, als er noch am Leben war! Man hat ihm rote Bäckchen gemalt und ein strahlendes Gesicht aufgesetzt. Er scheint tief zu schlafen, wirkt friedlich und ruhig.

So machen wir uns etwas vor! Dem Toten machen wir nichts vor – ihn gibt es nicht mehr. Keiner ist mehr da, nur ein toter Körper, ein

Leichnam. Aber wir täuschen uns selbst, indem wir sein Gesicht schminken und seinen Körper schmücken, ihm schöne Kleider anziehen und ihn in einem aufwändigen Leichenwagen transportieren. Eine großartige Prozession und so viel Wertschätzung für die Person, die gestorben ist. Zu Lebzeiten hat ihn niemand anerkannt, doch nun kritisiert ihn keiner mehr, alle sind voll des Lobes.

Wir versuchen, uns selbst zu betrügen. Wir verniedlichen den Tod so weit es geht, damit wir uns nicht damit beschäftigen müssen. Wir leben immer weiter in der Illusion, dass es immer nur andere sind, die sterben. Natürlich – du wirst deinen eigenen Tod nicht erleben, du siehst immer nur andere sterben. Eigentlich eine logische Schlussfolgerung, dass es immer der andere ist, der stirbt – warum soll man sich also mit dem Thema abgeben? Offenbar bist du die große Ausnahme. Gott hat extra für dich eine andere Regel gemacht. Denke daran: Niemand ist eine Ausnahme.

Buddha sagt: *„Aes dhammo sanantano* – Nur ein Gesetz gilt für alle, das eine ewige Gesetz." Was der Ameise widerfährt, gilt auch für den Elefanten; was mit dem Bettler geschieht, wird auch mit dem Kaiser geschehen. Ob arm oder reich, unwissend oder hochgelehrt, ob Sünder oder Heiliger – das Gesetz macht keine Unterschiede. Das Gesetz ist sehr gerecht.

Und der Tod ist sehr kommunistisch: Er macht alle gleich! Er kümmert sich nicht darum, wer du bist. Er schaut nie in Büchern oder im „Who is Who" nach. Es kümmert ihn einfach nicht, ob du ein armer Schlucker bist oder Alexander der Große.

Siddharta musste eines Tages die Wahrheit erkennen, und er erkannte sie. Er sollte an einem Jugendfest teilnehmen. Als Prinz musste er natürlich die Eröffnungsrede für das jährliche Jugendfestival halten. Es war ein schöner Abend. Die Jugend des Königreichs hatte sich versammelt, um die ganze Nacht zu tanzen, zu singen und zu feiern. Es war das Neujahrsfest, das die ganze Nacht gefeiert wurde. Und Siddharta sollte es eröffnen.

Auf dem Weg dorthin begegnete er all dem, von dem sein Vater immer befürchtet hatte, dass er es eines Tages sehen würde. Zuerst sah er einen Kranken, zum ersten Mal erfuhr er, dass es Krankheit gibt. Er fragte: „Was ist denn da passiert?"

Die Geschichte ist sehr schön. Es heißt, dass ihn der Kutscher eigentlich belügen wollte, aber eine körperlose Seele von ihm Besitz ergriff und ihn zwang, die Wahrheit zu sagen. Er musste, ohne es zu wollen, sagen: „Dieser Mann ist krank."

Und Buddha stellte sofort die logische Frage: „Kann denn auch ich krank werden?"

Wieder wollte der Kutscher lügen, doch die Seele eines Gottes, einer erleuchteten Seele ohne Körper zwang ihn zu antworten: „Ja."

Der Kutscher war erstaunt, denn er wollte Nein sagen, aber aus seinem Mund kam: „Ja, auch du kannst krank werden."

Dann kamen sie an einem alten Mann vorüber, und es folgte dasselbe Frage- und Antwortspiel. Dann begegneten sie einem Leichenzug auf dem Weg zum Verbrennungsplatz. Und dieselbe Frage ... Als Buddha die Leiche sah und fragte: „Werde auch ich eines Tages sterben?", da antwortete der Kutscher: „Ja, Herr. Keiner ist eine Ausnahme. Es tut mir leid, das zu sagen, aber niemand ist ausgenommen. Selbst du wirst sterben."

Buddha sagte: „Dann drehe sofort um. Dann ist es sinnlos, zu einem Jugendfest zu gehen. Ich bin bereits krank; ich bin bereits alt, und ich stehe schon auf der Schwelle des Todes. Wenn ich eines Tages sowieso sterbe, was soll dann der ganze Unsinn? Soll ich leben und auf den Tod warten? Bevor der Tod kommt, will ich wissen, ob es etwas gibt, was nicht stirbt. Nun werde ich mein ganzes Leben der Suche nach dem Unsterblichen widmen. Wenn es etwas gibt, das nicht stirbt, dann kann der einzige Sinn im Leben die Suche danach sein."

Und noch während er das sagte, erblickte er das Vierte, einen Sannyasin, einen Mönch in orangefarbener Kleidung, der in Meditation versunken vorbeiging. Und Buddha sagte: „Was ist denn mit diesem Mann los?" Da sagte der Kutscher: „Herr, er tut das, was du gerade vorhast. Dieser Mann hat den Tod gesehen und hat sich auf die Suche nach dem Unsterblichen gemacht."

Noch am selben Abend entsagte Buddha der Welt.

Er verließ sein Haus, um sich auf die Suche nach dem Unsterblichen zu machen, auf die Suche nach der Wahrheit.

Der Tod ist die wichtigste Frage im Leben. Und wer die Herausforderung des Todes annimmt, wird unendlich belohnt.

2. Warnung: Die Sache mit dem Glauben

Wenn du gläubig bist, bist du auch ungläubig. Niemand kann glauben, ohne ungläubig zu sein. Lasst es euch ein für allemal gesagt sein: Keiner kann gläubig sein, ohne ungläubig zu sein. Jeder Glauben ist verkappter Unglauben.

Glauben ist nur die Hülle, im Kern davon sitzt der Zweifel. Nur weil der Zweifel da ist, braucht man den Glauben. Zweifeln tut weh, es ist wie eine Wunde, es ist schmerzhaft. Da der Zweifel wie eine Wunde ist, tut er weh. Er lässt dich deine innere Leere spüren, deine Unwissenheit. Du willst ihn verbergen. Aber meinst du wirklich, dass es hilft, deine Wunde hinter einer Rose zu verstecken? Meinst du, die Rose könnte deine Wunde verschwinden lassen? Im Gegenteil: Früher oder später beginnt die Rose wie die Wunde zu stinken. Wegen der Rose kann die Wunde nicht geheilt werden, aber die Rose wird wegen der Wunde verschwinden.

Vielleicht kannst du ja andere betrügen, die dich von außen sehen. Deine Nachbarn meinen vielleicht, da sei keine Wunde, sondern eine Rose, aber wie kannst du dich selbst betrügen? Es ist nicht möglich. Niemand kann sich selbst wirklich betrügen. Irgendwo tief innen weißt du es, musst du wissen, dass die Wunde da ist und du sie hinter der Rose verbirgst. Und du weißt, dass die Rose von außen kam. Die Rose hast du draußen gepflückt, während die Wunde in dir selbst gewachsen ist – die hast du nicht draußen gepflückt.

Ein Kind zweifelt von sich aus, es hat innere Zweifel; das ist natürlich. Wegen dieser Fähigkeit zu zweifeln stellt es Fragen, der Zweifel lässt es nachforschen und hinterfragen. Geh mit einem Kind im Wald spazieren und es wird dir so viele Fragen stellen, dass du bald genug davon hast und ihm sagen willst, es soll den Mund halten. Und es fragt immer weiter. Woher kommen all die Fragen? Sie sind für das Kind natürlich. Zweifeln ist eine innere Fähigkeit. Nur so wird das Kind in der Lage sein, nachzuforschen, sich auf die Suche zu machen. Nichts ist falsch daran. Die Priester haben euch vorgelogen, es sei nicht richtig zu zweifeln. Es ist absolut richtig! Zweifeln ist natürlich. Man muss es akzeptieren und respektieren. Wenn Zweifel respektiert wird, ist er nicht schmerzhaft; wenn man ihn ablehnt, wird er zur Wunde.

Lasst es uns klar sagen: Der Zweifel selbst ist keine Wunde. Er ist äußerst hilfreich, weil er dich zum Abenteurer und Forscher macht. Auf der Suche nach der Wahrheit bringt er dich zum fernsten Stern. Er macht dich zum Pilger. Es ist nicht ungesund zu zweifeln. Zweifeln ist schön. Zweifeln ist unschuldig. Zweifeln ist natürlich. Doch von den Priestern ist es über Jahrhunderte verdammt worden. Wegen dieser Verdammung ist der Zweifel, der, wenn er aufblüht, zu Vertrauen werden kann, zu einer stinkenden Wunde geworden. Verdamme etwas, und es wird eine Wunde; lehne etwas ab, und es wird eine Wunde.

Ich lehre als ersten Grundsatz, dass man versuchen sollte, nichts zu glauben. Warum? Wenn ein Zweifel da ist, ist er da. Man braucht ihn nicht verbergen, sondern sollte ihn zulassen und unterstützen und ihn zur großen Suche nach der Wahrheit werden lassen. Lasst Tausende von Fragen daraus entstehen, und letztendlich werdet ihr sehen: Es sind nicht die Fragen, die relevant sind, sondern das Fragezeichen! Zweifeln heißt nicht, dass man Glauben sucht. Zweifeln heißt, dass man sich auf die Suche nach etwas Geheimnisvollem macht, dass man jede Mühe auf sich nimmt, um das Unverständliche zu verstehen, das Unbegreifliche zu begreifen – man tastet sich mühsam vorwärts.

Und wenn du immer weiter suchst und forschst, ohne dir geborgte Glaubenssätze einzuverleiben, geschehen zwei Dinge: Erstens wirst du nie mehr ungläubig sein, denn: Zweifel und Unglauben sind nicht dasselbe. Ungläubig ist man nur, wenn man vorher etwas geglaubt hat, wenn man sich selbst und andere schon betrogen hat. Unglauben kommt erst, wenn schon Glauben vorhanden war. Er ist der Schatten des Glaubens.

Alle Gläubigen sind ungläubig, sie mögen Hindus sein, sie mögen Christen sein oder Jains. Ich kenne sie alle. Alle Gläubigen sind ungläubig, denn Glauben führt zu Unglauben; er ist der Schatten des Glaubens. Kann man denn etwas glauben, ohne ungläubig zu sein? Es ist unmöglich – es liegt nicht in der Natur der Dinge. Wenn du ungläubig sein willst, ist die erste Bedingung, dass du etwas glaubst. Kannst du etwa glauben, ohne dass sich der Unglauben durch die Hintertür schleicht? Oder kannst du ungläubig sein, ohne zuvor geglaubt zu haben. Glaube an Gott, und sofort schleicht sich Unglauben ein. Glaube an ein Leben nach dem Tod, und schon bist du ungläubig. Unglauben ist sekundär, zuerst ist der Glauben da.

Aber Millionen von Menschen auf der ganzen Welt wollen nur den Glauben. Unglauben wollen sie nicht. Da kann ich ihnen nicht helfen, keiner kann helfen. Wenn du nur am Glauben interessiert bist, musst du auch Unglauben ertragen. Du bleibst geteilt, gespalten, du bleibst schizophren. Du kannst nicht das Gefühl einer organischen Einheit haben; du hast dir selbst den Weg dahin versperrt.

Was ist mein Vorschlag? Als Erstes höre auf zu glauben. Lass deine Glaubenssätze fallen; sie sind nur Mist! Vertraue deinen Zweifeln – das ist mein Vorschlag. Versuche nicht, sie zu verbergen. Vertraue auf den Zweifel. Er ist das Erste, wo dein wahres Sein zum Vorschein kommt: Traue deinen Zweifeln und sieh, wie schön sie sind und wie wunderbar das Vertrauen ist, das durch sie entsteht.

Ich sage nicht: „Glaube!“, ich sage: „Vertraue!“ Zweifeln ist eine natürliche Gabe. Sie muss von Gott kommen. Woher soll sie sonst kommen? Deine Zweifel bringst du mit. Vertraue ihnen. Vertraue deinen eigenen Fragen und habe es nicht zu eilig, sie mit geborgten Glaubenssätzen von außen zu beantworten und wieder zu verdrängen. Von den Eltern, von den Priestern, von den Politikern, von der Gesellschaft, der Kirche. Dein Zweifel ist etwas Schönes, denn er kommt von dir. Er ist etwas Schönes, weil er authentisch ist. Auf dem Boden des echten Zweifels wird eines Tages die Blume echten Vertrauens blühen. Sie wird in dir gewachsen sein und ist nichts, was dir von außen auferlegt wurde.

Das ist der Unterschied zwischen Glauben und Vertrauen. Vertrauen wächst in dir – in deinem Inneren, in deiner Subjektivität. Ebenso wie der Zweifel ist auch das Vertrauen etwas Innerliches. Und nur mit etwas Innerlichem kann man innerlich transformiert werden. Glauben kommt von außen. Er kann dir nicht helfen, er kann den innersten Kern deines Wesens nicht erreichen – und genau dort befindet sich der Zweifel. Wo fängt man also an? Vertraue deinem Zweifel. Das ist meine Art, Vertrauen zu wecken. Glaube nicht an Gott, glaube nicht an die Seele, glaube nicht an ein Leben nach dem Tode. Vertrauen hat eine so mächtige Kraft, dass Licht in die Dunkelheit gebracht wird, selbst wenn du deinem Zweifel traust. Und Zweifeln ist wie Dunkelheit. Dieses kleine Vertrauen zum Zweifeln wird anfangen, deine innere Welt, deine innere Landschaft zu verändern.

Und stelle alles in Frage! Warum soll man sich fürchten? Warum so feige sein? Stelle alle Buddhas in Frage, stelle mich in Frage! Denn wenn Wahrheit da ist, dann hat sie keine Angst vor deinen Fragen. Wenn Buddhas echt sind, dann sind sie echt. Du brauchst nicht an sie glauben. Zweifle ruhig an ihnen – und doch wirst du eines Tages sehen, dass dein Vertrauen geweckt ist. Wenn du alles anzweifelst und bis zum Ende weiter zweifelst – bis zur letzten Konsequenz –, dann wirst du früher oder später über eine Wahrheit stolpern. Zweifeln heißt im Dunkeln tappen, doch es gibt eine Tür. Wenn Buddha die Tür gefunden hat, wenn Jesus die Tür gefunden hat, wenn ich sie gefunden habe, warum sollst du sie nicht finden? Jeder ist in der Lage, die Tür zu finden. Aber du hast Angst davor, im Dunklen zu tappen. Deshalb sitzt du lieber in deiner dunklen Ecke und glaubst an jemanden, der die Tür gefunden hat. Und diesen Jemand hast du nicht einmal selbst gesehen, sondern von anderen über ihn gehört, die es wiederum von anderen gehört haben – und so weiter und so fort.

Wie könnt ihr an Jesus glauben? Warum? Ihr habt Jesus nie gesehen. Und selbst wenn ihr ihn gesehen hättet, hättet ihr ihn damals nicht erkannt. An dem Tag, als er gekreuzigt wurde, hatten sich Tausende versammelt, um ihn zu sehen. Wisst ihr, was sie getan haben? Sie haben ihm ins Gesicht gespuckt. Vielleicht wärt auch ihr unter dieser Menge gewesen, denn die Menge war damals genauso wie heute. Der Mensch hat sich nicht verändert.

Wir haben zwar bessere Straßen und bessere Fahrzeuge, die dich von einem Platz zum anderen transportieren – eine großartige Technologie! Menschen sind auf dem Mond gelandet, aber der Mensch selbst hat sich nicht verändert. Deshalb sage ich: Wahrscheinlich waren viele von euch unter der Menschenmenge, die Jesus angespuckt hat. Ihr habt euch nicht verändert. Wie könnt ihr an Jesus glauben? Ihr habt ihm ins Gesicht gespuckt, als er lebte, und heute, zweitausend Jahre später, glaubt ihr an ihn. Es ist nur ein verzweifelter Versuch, euren Zweifel zu verbergen. Warum glaubt man an Jesus?

Würde man aus der Geschichte von Jesus nur einen Aspekt weglassen, würde das ganze Christentum aussterben. Nur eine Sache, einen Punkt, und zwar die Auferstehung – dass Jesus, nachdem er gekreuzigt worden und drei Tage tot gewesen war, wieder zurückgekommen ist. Wenn dieser Teil wegfiele, dann würde das ganze Christentum verschwinden. Ihr glaubt an Jesus, weil ihr Angst vor dem Tod habt, und er scheinbar der einzige Mensch ist, der zurückgekommen ist, der den Tod überwunden hat.

Das Christentum wurde zur größten Weltreligion. Der Buddhismus konnte nie so groß werden, ganz einfach weil die Menschen aus Angst vor dem Tod lieber an Jesus glauben als an Buddha. Um an Buddha zu glauben, muss man wirklich mutig sein, denn Buddha sagt: „Ich lehre euch den totalen Tod." Mit dem kleinen, normalen Tod gibt er sich nicht zufrieden. Er sagt: Dieser kleine Tod reicht nicht aus. Ihr werdet immer wiederkommen. Ich lehre den totalen Tod, den höchsten Tod. Die Vernichtung lehre ich euch, damit ihr niemals wieder zurückkommt, damit ihr verschwindet und euch in der Existenz auflöst. Es wird euch nicht mehr geben, nicht die geringste Spur von euch wird zurückbleiben. In Indien ist der Buddhismus verschwunden, völlig ausgestorben. So ein großes, angeblich so religiöses Land – und der Buddhismus ist ganz verschwunden. Warum? Die Menschen glauben den Religionen, die einem sagen, dass es ein Leben nach dem Tode gibt, dass die Seele unsterblich ist. Buddha sagte, es gebe nur eine Sache, die es wert sei, erkannt zu werden: dass man nicht ist. Der Buddhismus konnte in Indien nicht überleben, da er keine gute Tarnung für die Angst zu bieten hat.

Buddha hat niemals gesagt, man solle an ihn glauben. Deshalb ist seine Lehre in Indien ausgestorben, denn die Menschen wollen glauben. Die Menschen wollen nicht die Wahrheit, sie wollen glauben.

Glauben ist billig. Die Wahrheit ist gefährlich, anstrengend, schwierig. Man muss dafür bezahlen. Man muss sich auf die Suche machen und hat keine Garantie, dass man etwas findet. Keiner garantiert einem, dass es die Wahrheit irgendwo gibt. Vielleicht existiert sie ja gar nicht. Die Menschen wollen glauben. Und Buddhas letzte Botschaft an die Welt war: „*Appo dipo bhava* – Sei dir selbst ein Licht." Seine Schüler weinten. Tausende von Jüngern hatten sich um ihn versammelt. Natürlich waren sie traurig und die Tränen flossen. Ihr Meister verließ sie. Und Buddha sagte zu ihnen: „Weint nicht! Warum weint ihr?"

Einer seiner Schüler, Ananda, sagte: „Weil du uns verlässt. Weil du unsere einzige Hoffnung warst. Weil wir so lange gehofft und gehofft hatten, dass wir durch dich zur Wahrheit gelangen."

Er antwortete Ananda, als er seine letzten Worte sprach: „Macht euch darum keine Sorgen. Ich kann euch die Wahrheit nicht geben. Kein anderer kann sie euch geben, denn sie ist nicht übertragbar. Aber ihr könnt sie selbst finden. Seid euch selbst ein Licht."

Ich habe dieselbe Einstellung. Ihr braucht mir nicht glauben. Ich will hier keine Gläubigen. Ich will Sucher und ein Sucher ist etwas ganz anderes. Ein Gläubiger sucht nicht. Der Gläubige will nicht suchen, deshalb glaubt er. Der Gläubige will es umgehen, selbst zu suchen, deshalb glaubt er. Er will erlöst werden, gerettet werden. Deshalb braucht er einen Erlöser. Er ist immer auf der Suche nach einem

Messias, jemandem, der ihm alles vorkaut, der für ihn isst und für ihn verdaut. Aber wenn ich esse, wird euer Hunger nicht gestillt. Niemand kann euch retten außer ihr selbst. Hier brauche ich Suchende, Forschende, keine Gläubigen. Gläubige sind die mittelmäßigsten Menschen der Welt, die am wenigsten intelligenten Menschen auf der Welt.

Verabschiedet euch also vom Glauben, damit bringt ihr euch nur in Schwierigkeiten. Wenn ihr anfangt mir zu glauben, lässt der Unglauben nicht lang auf sich warten – zwangsläufig, denn ich bin nicht hier, um eure Erwartungen zu erfüllen. Ich lebe auf meine Weise. Ich nehme keine Rücksicht auf euch. Ich nehme auf überhaupt niemanden Rücksicht, denn beginnt man erst einmal, andere zu berücksichtigen, ist ein authentisches Leben nicht mehr möglich. Nimm Rücksicht auf andere, und du wirst falsch.

Dies war einer der wichtigsten Grundsätze, die George Gurdjieff seinen Schülern immer wieder sagte: „Nehmt keine Rücksicht auf andere, sonst werdet ihr niemals wachsen." Genau das geschieht ja auf der ganzen Welt. Jeder berücksichtigt andere: „Was wird meine Mutter von mir denken? Was wird mein Vater von mir denken? Was wird die Gesellschaft denken? Was wird meine Frau, mein Mann denken…?" Ganz zu schweigen von den Eltern selbst! Die haben sogar Angst vor ihren Kindern! Sie sagen: „Was werden die Kinder denken?" Alle berücksichtigen sich gegenseitig – und es gibt Millionen von Menschen, die zu berücksichtigen sind. Wenn du ständig alle und jeden berücksichtigst, wirst du nie zum Individuum, sondern bist nur ein Mischmasch. So viele Kompromisse – du hättest schon längst Selbstmord begehen müssen!

Man sagt, die Menschen sterben mit dreißig und werden mit siebzig begraben. Der Tod stellt sich sehr früh ein. Ich glaube, sogar dreißig ist nicht richtig, der Tod kommt noch früher. Irgendwo um die einundzwanzig – wenn man laut Gesetz vom Staat als erwachsener Bürger anerkannt wird; das ist der Moment, wo man stirbt. Das ist eigentlich sogar der Grund, warum du zum Staatsbürger gemacht wirst, jetzt bist du nicht mehr gefährlich, jetzt bist du nicht mehr wild, nicht mehr roh.

Jetzt ist alles an dir richtig eingestellt, du bist zurechtgebogen, bist an die Gesellschaft angepasst. Das bedeutet es, wenn dir die Nation das Wahlrecht gibt: Der Staat kann sich nun darauf verlassen, dass deine Intelligenz zu Grunde gerichtet ist – du darfst wählen! Man braucht sich keine Sorgen um dich machen. Du bist ein Bürger, zivilisiert. Dann bist du aber auch kein Mensch mehr, sondern ein Staatsbürger.

Nach meinen Beobachtungen stirbt ein Mensch etwa mit einundzwanzig Jahren. Danach ist seine Existenz, was immer es sein mag, posthum. Auf den Grabinschriften sollten eigentlich drei Daten stehen: Geburt, Tod und posthumer Tod.

Es heißt, ein schlauer Mensch ist jemand, der sich aus Schwierigkeiten hinausziehen kann; und ein weiser Mensch ist jemand, der weiß, wie man gar nicht erst in Schwierigkeiten hineinkommt. Sei weise! Warum das Übel nicht gleich an der Wurzel packen? Glaube nichts und niemandem! Dann ist es kein Problem, ungläubig zu sein, dann entsteht kein Zwiespalt. Du brauchst keinen Ausweg aus einer Situation zu finden, wenn du gar nicht erst hineingerätst.

Die Wahrheit ist individuell. Die Masse kümmert sich nicht um die Wahrheit. Sie kümmert sich darum, Trost zu erhalten, beschwichtigt zu werden. Zur Masse gehören keine Forscher, keine Abenteurer oder Menschen, die ins Unbekannte gehen, die ihr Leben riskieren, um den Sinn, die Bedeutung ihres Lebens und des Lebens der gesamten Existenz zu finden. Die Masse will nur Dinge hören, die süß, tröstlich und bequem sind. Ohne sich selbst bemühen zu müssen, können sich die Menschen in tröstlichen Lügen wiegen.

Es war das letzte Mal, dass ich meine Heimatstadt besuchte, als ein alter Lehrer von mir, mit dem ich immer eine sehr liebevolle Verbindung gehabt hatte, im Sterben lag. Deshalb ging ich gleich als Erstes zu seinem Haus. Sein Sohn öffnete mir die Tür und bat mich: „Bitte störe ihn jetzt nicht! Er ist schon an der Schwelle des Todes. Er liebt dich und hat an dich gedacht, aber wir wissen, dass schon allein deine Gegenwart ihm die Seelenruhe rauben wird. Tu ihm das im Augenblick seines Todes nicht an!"

Ich erwiderte: „Wenn es nicht der Augenblick seines Todes wäre, würde ich deinen Rat vielleicht befolgen, aber jetzt muss ich ihn sehen. Wenn er nämlich jetzt, kurz bevor er stirbt, die tröstlichen Lügen aufgeben kann, dann wird sein Tod mehr Wert haben, als es sein ganzes Leben hatte."

Ich schob den Sohn zur Seite und ging ins Haus. Der alte Mann öffnete die Augen, lächelte und sagte: „Ich habe an dich gedacht und gleichzeitig Angst gehabt. Ich hörte, dass du in die Stadt kommst und dachte, dass ich es vielleicht noch schaffe, dich zu sehen, bevor ich sterbe. Aber gleichzeitig hatte ich große Furcht, denn es könnte gefährlich werden, dich zu treffen."

Ich sagte: „Es wird mit Sicherheit gefährlich. Ich bin zur richtigen Zeit gekommen. Ich werde alles wegnehmen, was dich tröstet. Wenn du unschuldig sterben kannst, wird dein Tod unschätzbaren Wert haben. Lass dein Wissen beiseite, denn es ist alles geborgt. Lass deinen Gott beiseite, denn er ist nur ein Glauben, sonst nichts. Lass deine Vorstellungen von einem Himmel oder einer Hölle beiseite, denn sie entspringen nur deiner Gier oder deiner Angst. Dein ganzes Leben hast du an diesen Dingen festgehalten. Nimm wenigstens jetzt, bevor du stirbst, deinen Mut zusammen, du hast nichts mehr zu verlieren! Ein Sterbender hat nichts zu verlieren. Der Tod wird alles zerschmettern. Gib lieber deine tröstlichen Glaubenssätze gleich selber auf und stirb mit unschuldig staunenden, forschenden Augen, denn der Tod ist das größte Erlebnis, das man im Leben haben kann. Er ist das Crescendo in der Sinfonie des Lebens!"

Der alte Mann sagte: „Genau davor hatte ich Angst. Das, was du mir jetzt rätst. Mein ganzes Leben lang habe ich Gott angebetet. Und ich weiß, er ist nur eine Hypothese. Ich habe ihn nie selbst erfahren. Ich habe zum Himmel gebetet und weiß, dass keines meiner Gebete jemals erhört worden ist. Da ist niemand, der zuhören könnte. Aber es war zu Zeiten des Leidens und der Ängste in meinem Leben so tröstlich. Was kann man als hilfloser Mensch sonst schon tun?"

Ich sagte: „Jetzt bist du nicht mehr hilflos. Es geht nicht mehr um Ängste, nicht mehr um Leiden oder Probleme – sie gehören dem Leben an. Jetzt gleitet dir das Leben aus der Hand; vielleicht wirst du nur noch ein paar Minuten an diesem Ufer des Flusses sein. Nimm deinen ganzen Mut zusammen. Begegne dem Tod nicht wie ein Feigling!"

Er schloss die Augen und sagte: „Ich werde es versuchen, so gut ich kann."

Seine ganze Familie versammelte sich. Sie alle waren richtig böse auf mich. Es war eine Familie einer hohen Brahmanenkaste, sehr orthodox. Sie konnten es einfach nicht fassen, dass der alte Mann mir zugestimmt hatte. Der Tod war so ein großer Schock, dass alle seine Lügen zerbrachen.

Im Leben kann man sich mit Lügen durchschlagen, aber im Sterben weiß man ganz genau, dass Papierboote auf dem offenen Meer nichts nützen werden. Es ist besser, sich klarzumachen, dass man schwimmen muss und dass man kein Boot hat. Sich an einem Papierboot festzuklammern ist gefährlich; es kann einen am Schwimmen hindern. Anstatt dich zum anderen Ufer zu bringen, kann es die Ursache für deinen Untergang sein.

Sie alle waren zornig auf mich, aber sie konnten nichts sagen. Der alte Mann lächelte mit geschlossenen Augen und sagte: „Schade, dass ich nie auf dich gehört habe. Ich fühle mich so leicht und unbelastet. Ich spüre keine Angst mehr, und nicht nur das, ich bin neugierig darauf zu sterben und zu sehen, was das Geheimnis des Todes ist."

Er starb und das Lächeln blieb auf seinem Gesicht.

3. Die vielen Gesichter des Todes

Man kann in der Geschichte des menschlichen Geistes drei Ausdrucksformen des Umgangs mit dem Tod finden. Eine davon ist die des gewöhnlichen Menschen, der verhaftet mit dem Körper lebt, der nie etwas Größeres erfahren hat, als sich mit Essen, Trinken und Sex zu vergnügen, dessen ganzes Leben nichts anderes war als Essen und Sex. Er hat Essen genossen, er hat Sex genossen. Sein Leben war sehr primitiv, sehr grob. Er hat im Vorhof des Palastes gelebt, ohne ihn zu betreten, und immer gedacht, dies sei alles, was das Leben ihm zu bieten hat. Im Moment des Todes wird er versuchen, das Leben festzuhalten. Er wird gegen den Tod Widerstand leisten; er wird mit dem Tod kämpfen. Der Tod kommt zu ihm als Feind.

Deshalb wird der Tod in allen Kulturen der Erde als etwas Dunkles und Teuflisches dargestellt. In Indien sagt man, der Bote des Todes sehe abscheulich aus, dunkel, schwarz und er sitzt auf einem riesigen, hässlichen Büffel.

Dies ist die gewöhnliche Einstellung zum Tod. Diesen Menschen ist viel entgangen. Sie waren nicht in der Lage, alle Dimensionen des Lebens kennenzulernen. Sie konnten nicht in die Tiefe des Lebens eintauchen und sich auch nicht in seine Höhen aufschwingen. Die Vielfalt und die Segnungen des Lebens sind ihnen entgangen.

Dann gibt es eine zweite Form des Ausdrucks. Dichter und Philosophen haben den Tod manchmal als etwas weniger Schlechtes bezeichnet. Für sie ist der Tod nicht etwas Böses, sondern einfach friedlich, die letzte Ruhe, so etwas wie der Schlaf. Das ist schon besser als die erste Form. Diese Menschen haben zumindest schon etwas erfahren, was über den Körper hinausgeht. Sie haben etwas Geistiges erfahren. Ihr ganzes Leben bestand nicht nur aus Essen und Sex; es drehte sich nicht nur um Nahrung und Fortpflanzung. Ihre Seele ist etwas höher entwickelt. Sie sind ein bisschen aristokratischer und kultivierter. Sie sagen, der Tod ist wie tiefe Ruhe, man ist müde und geht in den Tod, um zu ruhen. Er ist friedlich. Doch auch mit dieser Ansicht sind sie noch weit von der Wahrheit entfernt.

Diejenigen, welche das Leben bis zum tiefsten Kern erfahren haben, sagen, dass der Tod etwas Göttliches ist. Er ist nicht nur Ruhe, sondern auch eine Auferstehung, ein neues Leben und ein Neuanfang. Es öffnet sich eine neue Tür.

Als der Sufi-Mystiker Bayazid starb, waren seine Schüler, die sich um ihn versammelt hatten, sehr erstaunt, denn als der letzte Augenblick nahte, begann sein Gesicht plötzlich zu leuchten und hatte eine starke Ausstrahlung. Es hatte eine wunderbare Aura. Bayazid war ein schöner Mensch gewesen, und seine Schüler hatten schon immer seine Ausstrahlung gespürt. Doch so etwas hatten sie noch nicht erlebt. So ein Leuchten!

Sie fragten: „Bayazid, sage uns, was geschehen ist. Was passiert mit dir? Bevor du gehst, gib uns deine letzte Botschaft!"

Er öffnete die Augen und sagte: „Gott heißt mich willkommen. Ich begebe mich in seine Umarmung. Lebt wohl!"

Er schloss die Augen und atmete nicht mehr. Doch in dem Moment, als er zu atmen aufhörte, gab es eine Explosion von Licht. Der Raum war hell erleuchtet und dann verschwand das Licht.

Wer das Transzendente in sich selbst erfahren hat, für den ist der Tod nichts anderes als ein anderes Gesicht des Göttlichen. Dann hat der Tod etwas von einem Tanz.

Die Illusion des Todes ist gesellschaftlich bedingt. Das muss man etwas genauer erläutern.

Du siehst einen Menschen sterben und du denkst, er sei tot. Da du selbst nicht tot bist, hast du eigentlich kein Recht, so zu denken. Es ist ziemlich töricht von dir, daraus zu folgern, dass der andere tot ist. Alles, was du sagen kannst, ist: „Ich bin nicht in der Lage festzustellen, ob das dieselbe Person ist, die ich vorher kannte.“ Irgendetwas zu sagen, was darüber hinaus geht, ist gefährlich und überschreitet die Grenze dessen, was richtig ist.

Alles, was man eigentlich sagen kann, ist: „Bis gestern hat der Mann geredet, jetzt redet er nicht mehr. Davor konnte er gehen, jetzt geht er nicht mehr. Seit gestern existiert das, was ich für sein Leben gehalten hatte, nicht mehr. Das Leben, das er bis gestern gelebt hat, ist nicht mehr da. Wenn es ein Leben jenseits davon gibt, dann möge es so sein; wenn nicht, dann möge auch das so sein.“

Doch zu sagen: „Der Mann ist tot“, geht ein wenig zu weit, es geht über Grenzen hinaus. Man sollte einfach sagen: „Der Mann ist nicht mehr lebendig“. Was man einmal für das Leben eines Menschen gehalten hatte, hat er nicht mehr.

Diese Art von negativer Aussage ist zulässig: Was wir einmal als sein Leben kannten, seine Streitereien, seine Liebe, sein Essen und Trinken, das ist nicht mehr. Aber wenn man sagt, der Mann sei tot, stellt man eine positive Behauptung auf. Wir sagen damit nicht nur, dass alles, was in dem Mann vorhanden war, nicht mehr existiert, wir behaupten, dass etwas darüber hinaus mit ihm geschehen ist: Der Mann sei tot. Wir behaupten, es sei so etwas wie der Tod eingetreten. Es wäre vielleicht in Ordnung, wenn wir sagten, dass die Dinge, die um diesen Mann herum vorher geschahen, nun nicht mehr geschehen. Aber wir sagen nicht nur das, sondern fügen noch eine neue Komponente hinzu: Der Mann ist auch noch tot.

Wir, die wir nicht tot sind, wir, die wir keine Ahnung vom Tod haben, versammeln uns um diesen Menschen und erklären ihn für tot! Wir beschließen seinen Tod, ohne ihn auch nur zu fragen; ohne es ihn bezeugen zu lassen! Es ist wie ein Gerichtsbeschluss, bei dem nur eine Partei befragt wurde. Die andere Seite ist nicht anwesend. Der arme Kerl hatte nicht einmal eine Chance zu sagen, ob er wirklich tot ist oder nicht. Versteht ihr, was ich meine?

Der Tod ist eine gesellschaftliche Illusion. Er ist nicht die Illusion dieses Menschen. Tatsache ist, dass wir von außen gesehen meinen, er sei tot. Doch das wird von der Gesellschaft so bestimmt und ist falsch. Hier wird etwas von Leuten als Tod bezeichnet, die dafür nicht qualifiziert sind. Keiner in der Menschenmenge ist ein richtiger Zeuge, denn keiner hat die Person wirklich sterben sehen. Niemand hat jemals einen Menschen sterben sehen. Alles, was wir wissen, ist: Bis zu einem gewissen Moment war die Person am Leben und dann war sie nicht mehr am Leben. Das ist alles. Jenseits davon ist eine Mauer. Bis heute hat noch nie jemand den Tod wirklich gesehen.

Auch jemand, für den das Leben seit jeher nichts anderes gewesen ist als Essen, Trinken, Schlafen, Fortbewegung, Streit, Liebe, Freunde finden und sich Feinde schaffen, wird im Augenblick des Todes plötzlich feststellen, dass ihm das Leben aus der Hand gleitet. Was er unter Leben verstanden hatte, war überhaupt nicht Leben. Es waren nur Handlungen, die im Lichte des Lebens sichtbar wurden. So wie man Objekte nur dann sieht, wenn Licht da ist, hatte dieser Mensch auch gewisse Dinge gesehen, als das Licht in ihm da war. Er hatte gegessen, Freunde gewonnen, Feindschaft gesät, Häuser gebaut, Geld verdient und war in eine hohe Position aufgestiegen – das waren alles Dinge, die im Lichte des Lebens sichtbar wurden. Jetzt, im Augenblick des Todes entgleiten sie ihm wieder.

Deshalb meint er nun, er sei „weg vom Fenster", er würde sterben, sein Leben sei für immer verloren. Er hat vorher andere Menschen sterben sehen und die gesellschaftlich anerkannte Illusion, dass der Mensch stirbt, hat sich in seinem Kopf ebenfalls festgesetzt. Und so meint er, er liege im Sterben. Diese Schlussfolgerung ist Teil der kollektiven Illusion. Er glaubt, dass er stirbt, so wie andere vor ihm gestorben sind.

Er sieht, wie sich seine Lieben um ihn versammeln, wie seine Familie und Verwandten bitterlich weinen. Nun bestätigt sich seine Illusion. All das hat eine hypnotische Wirkung auf ihn. Diese ganzen Leute – die Szene ist perfekt: der Arzt an seiner Seite, der Sauerstoff steht bereit, die ganze Stimmung im Haus ist verändert, in Tränen aufgelöste Menschen … Der Mann scheint nun ganz sicher zu sein, dass es so weit ist. Sein Geist ist gefangen in der gesellschaftlichen Illusion, dass er stirbt. Die Freunde und Verwandten um ihn herum beginnen, ihn mit hypnotischen Tricks zu überzeugen, dass er jetzt gleich stirbt. Jemand fühlt ihm den Puls. Sie alle überzeugen ihn, dass er stirbt. Sie machen alles mit ihm, was man schon immer mit Sterbenden gemacht hat.

Das ist gesellschaftliche Hypnose. Der Mann ist nun voll und ganz überzeugt, dass er stirbt, dass er weg ist. Diese Todes-Hypnose bewirkt, dass er das Bewusstsein verliert, weil er sich „zu Tode" erschrickt; sie lässt ihn innerlich schrumpfen und denken: „Gleich sterbe ich, gleich sterbe ich! Was soll ich tun?" Von Angst überwältigt schließt er die Augen und verliert in diesem Zustand der Panik das Bewusstsein.

Das Bewusstsein zu verlieren, ist eigentlich nur ein Mittel, das wir gegen alles einsetzen, wovor wir Angst haben. Du hast zum Beispiel Bauchweh und fällst in Ohnmacht, wenn der Schmerz unerträglich wird. Das ist einfach ein Trick, den du einsetzt, um deinen Kopf auszuschalten, um den Schmerz zu vergessen. Wenn der Schmerz zu stark ist, ist Ohnmacht ein mentaler Trick – man will den Schmerz nicht mehr ertragen. Wenn der Schmerz nicht weggeht, ist die einzige Alternative, dass man sein Bewusstsein ausklinkt. Man schaltet ab, damit man den Schmerz nicht mehr wahrnimmt.

Indem wir das Bewusstsein verlieren, haben wir uns also ein einmaliges Mittel geschaffen, mit unerträglichen Schmerzen umzugehen. Man sollte allerdings nicht vergessen, dass es so etwas wie unerträgliche Schmerzen gar nicht gibt: Du kannst Schmerz nur so lange spüren, wie er erträglich ist. Sobald der Schmerz die Grenze erreicht, wo er unerträglich wird, bist du weg. Deshalb hast du nie unerträgliche Schmerzen. Glaube niemals jemandem, der sagt, er leide unter unerträglichen Schmerzen, denn wenn er es zu dir sagt, ist er noch bewusst. Wäre der Schmerz unerträglich, hätte er das Bewusstsein verloren. Der Trick der Natur hätte funktioniert und er hätte das Bewusstsein verloren. Sobald ein Mensch die Grenze des Erträglichen überschreitet, fällt er in Ohnmacht.

Wenn wir selbst bei unbedeutenden Krankheiten Angst haben

und in Ohnmacht fallen, was werden wir bei dem erschreckenden Gedanken an den Tod tun? Allein der Gedanke an den Tod bringt uns um! Wir verlieren das Bewusstsein und in diesem bewusstlosen Zustand tritt der Tod ein. Wenn ich also sage, der Tod sei eine Illusion, dann meine ich damit nicht eine Illusion, die entweder unserem Körper oder unserer Seele widerfährt. Ich nenne ihn eine gesellschaftliche Illusion, das heißt wir kultivieren sie bereits in jedem Kind.

Wir indoktrinieren jedes Kind mit der Vorstellung: „Du wirst sterben und dies und jenes wird passieren, wenn der Tod kommt." Wenn der Mensch dann erwachsen wird, kennt er bereits alle Symptome des Todes. Und wenn diese Symptome dann auf ihn zutreffen, schließt er die Augen und verliert das Bewusstsein. Er unterliegt der Hypnose.

Im Gegensatz dazu gibt es eine Technik der aktiven Meditation, eine Technik, mit der man bewusst in den Tod gehen kann. In Tibet ist diese Technik unter dem Namen *Bardo* bekannt. Ganz ähnlich wie ein Mensch sonst im Moment des Sterbens von den anderen hypnotisiert wird, werden einem Sterbenden dort von Leuten, die ihn im Bardo unterstützen, anti-hypnotische Suggestionen eingegeben. Beim Bardo versammeln sich die Leute um jemanden in seinen letzten Momenten und sagen ihm: „Du stirbst nicht, denn es ist noch nie jemand gestorben." Sie geben ihm anti-hypnotische Suggestionen. Es wird nicht geweint und gejammert; es wird nichts anderes gemacht. Die Leute versammeln sich um ihn und ein Dorfpriester oder ein Mönch sagt zu ihm: „Du stirbst nicht, weil noch nie jemand gestorben ist. Du wirst ganz entspannt und bewusst gehen. Du wirst nicht sterben. Es ist noch nie jemand gestorben."

Der Betreffende schließt die Augen, und dann wird ihm der ganze Vorgang erzählt: wie nun seine Lebensenergie die Beine verlässt, wie sie aus den Händen hinausgeht, wie er dann nicht mehr sprechen kann und so weiter. Und doch, so wird demjenigen gesagt, ist er immer noch da; er wird bleiben. Und alle um ihn herum geben ihm diese Suggestionen. Diese Suggestionen sind einfach anti-hypnotisch. Das heißt, sie dienen dazu sicherzustellen, dass die Person nicht an der gesellschaftlichen Illusion festhält, sie stünde an der Schwelle des Todes. Um sie daran zu hindern, wird Bardo als Gegengift eingesetzt. Wenn die Welt einmal eine gesündere Einstellung zum Tod hat, dann braucht man auch kein Bardo mehr. Aber wir leben sehr ungesund, wir leben in einer großen Illusion. Wegen dieser Illusion ist das Gegengift dringend nötig. Wann immer jemand stirbt, sollten sich alle, die ihn lieben, darum bemühen, seine Illusion vom Sterben zu zerstören. Wenn sie es schaffen, ihn wachzuhalten und ihn jeden Moment und an jedem Punkt immer wieder daran zu erinnern…

Dann zieht sich das Bewusstsein aus dem Körper zurück. Es passiert nicht alles in einem Moment: Der ganze Körper stirbt nicht auf einmal. Das Bewusstsein zieht sich nach innen zusammen und verlässt ganz allmählich einen Teil des Körpers nach dem anderen. Es zieht sich in verschiedenen Stadien zurück und sämtliche Stadien dieser Kontraktion können dem Sterbenden im Einzelnen vorgetragen werden – als Mittel, um ihn bei Bewusstsein zu halten.

Ein Zenmeister, der im Sterben lag, versammelte alle Mönche um sich und sagte: „Ich will euch etwas fragen: Meine Zeit ist gekommen, aber ich finde es nutzlos, so zu sterben, wie alle sterben. So viele sind auf die gleiche Weise gestorben. Das macht keinen Spaß! Ich frage euch: Habt ihr schon einmal jemanden gesehen, der im Gehen gestorben ist?"

Die Mönche antworteten: „Wir haben noch nie gesehen, dass jemand im Gehen gestorben ist, aber wir haben schon einmal von einem Mystiker gehört, der gehend gestorben sein soll."

Der Meister sagte: „Schon gut, vergessen wir es. Die nächste Frage: Habt ihr schon einmal einen Mystiker gesehen, der auf dem Kopf stehend gestorben ist?"

Alle, die um ihn herum standen, sagten: „So etwas haben wir uns noch nie vorgestellt, nicht einmal im Traum daran gedacht, geschweige denn gesehen, dass jemand so gestorben wäre!"

„Also gut", sagte der Meister. „Dann soll es so sein." Er stellte sich auf den Kopf und starb.

Die Leute, die sich um den Meister versammelt hatten, waren zutiefst erschrocken. Der Anblick eines Leichnams ist schon beängstigend genug, aber eine Leiche, die auf dem Kopf steht, auf den Boden zu bringen, war noch schlimmer. Dieser Meister war ein gefährlicher Mann. In der Position, in der er da stand, wagte keiner, den Toten wieder umzudrehen und auf eine Bahre zu legen. Da schlug jemand vor, seine ältere Schwester zu rufen, eine Nonne, die in einem benachbarten Kloster wohnte. Sie war bekannt dafür, dass sie ihn schon immer zurechtgewiesen hatte, wenn er als Junge zu frech gewesen war.

Man wandte sich an die Schwester und schilderte ihr die Situation. Sie wurde sehr ärgerlich. Sie sagte: „Er war schon immer so unverschämt. Nicht einmal im Alter hat er seine schlechten Manieren abgelegt. Also kann er es nicht einmal beim Sterben lassen, anderen Streiche zu spielen." Die Neunzigjährige griff nach ihrem Stock und kam herüber. Sie schlug mit ihrem Stock kräftig auf den Boden und rief: „Hör sofort auf, Dummheiten zu machen! Wenn du schon sterben musst, dann stirb anständig!"

Der Meister kam schnell auf die Füße und lachte: „Ich habe nur Spaß gemacht", sagte er. „Ich wollte nur mal sehen, was die Leute vorhatten. Jetzt werde ich mich hinlegen und ganz normal sterben." Unverzüglich legte er sich hin und starb.

Seine Schwester wandte sich wieder zum Gehen. „Nun, das ist schon besser", sagte sie. „Schafft ihn fort." Ohne sich umzuschauen sagte sie: „Es gibt gewisse Regeln für alles. Was immer man tut, sollte man anständig tun."

Unsere Illusion vom Tod ist also gesellschaftlich vorgegeben. Wenn du aber einmal Meditation erfahren hast, selbst wenn es nicht viel ist, wenn du auch nur eine Ahnung von der Wahrheit bekommen hast, dass du etwas anderes bist als der Körper, wenn du nur für einen Moment tief innen gefühlt hast, wie es ist, nicht mit dem Körper identifiziert zu sein, wirst du im Augenblick deines Todes nicht bewusstlos sein. Bis dahin wäre nämlich der Zustand deiner Unbewusstheit bereits durchbrochen.

Niemand kann jemals sterben und dabei wissen, dass er stirbt, sich also dessen bewusst sein. Denn er bleibt ja bewusst und sieht, dass er nicht stirbt, dass zwar etwas in ihm stirbt, aber nicht er selbst.

Er beobachtet diese Trennung und stellt letztendlich fest, dass sein Körper getrennt von ihm daliegt, in einem gewissen Abstand. Dann erweist sich der Tod lediglich als eine Trennung; er bedeutet lediglich, dass eine Verbindung abgebrochen wird. Es ist so, als würde ich aus einem Haus hinaustreten, und die Mitglieder des Haushalts, die von der Welt außerhalb der Mauern des Hauses nichts wissen, kommen an die Tür, um sich tränenreich von mir zu verabschieden. Sie meinen, der Mann, von dem sie sich verabschiedet haben, sei gestorben.

Die Trennung von Körper und Bewusstsein ist der Tod. Da es nur eine Trennung ist, macht es keinen Sinn, es Tod zu nennen. Es ist lediglich eine Loslösung, die Unterbrechung einer Verbindung. Es ist nichts anderes als die Kleidung zu wechseln. Wer also mit Bewusstsein sterben kann, stirbt niemals wirklich. Für ihn ist der Tod deshalb kein Thema. Er wird den Tod nicht einmal als Illusion bezeichnen. Er wird nicht einmal sagen, dass jemand stirbt oder nicht stirbt.

Er wird einfach sagen, dass das, was wir bis gestern Leben genannt haben, lediglich eine Verknüpfung war. Und diese Verknüpfung ist nun abgebrochen. Nun hat ein neues Leben begonnen, das keine Verknüpfung im vorherigen Sinne ist. Vielleicht ist es eine neue Verbindung, eine neue Reise.

Es ist allerdings nur dann möglich, bewusst zu sterben, wenn man auch bewusst gelebt hat. Wenn du gelernt hast, wie man bewusst lebt, wirst du sicher in der Lage sein, bewusst zu sterben, denn Sterben ist eine Funktion des Lebens, es findet im Leben statt. Mit anderen Worten: Der Tod ist das letzte Ereignis von dem, was du unter Leben verstehst. Er ist kein Ereignis, das außerhalb des Lebens stattfindet.

Es ist wie mit einem Baum, der Früchte trägt. Zuerst sind die Früchte grün, dann werden sie allmählich gelb. Sie werden immer gelber, bis sie schließlich ganz gelb sind und vom Baum fallen. Dieses Herunterfallen ist kein Ereignis, das mit dem Gelbwerden nichts zu tun hätte. Es ist vielmehr die höchste Vollendung des Gelbwerdens.

Wenn eine reife Frucht vom Baum fällt, ist dies kein äußeres Ereignis, es ist vielmehr der Höhepunkt des Reifungsprozesses, den sie bereits durchgemacht hat. Und was geschah, als die Frucht noch grün war? Sie hat sich auf dieses letzte Ereignis vorbereitet. Und dasselbe war der Fall, als die Blüte am Zweig noch nicht einmal aufgeblüht war, als sie sich noch im Inneren des Zweiges verbarg. Selbst dieser Zustand war eine Vorbereitung auf das letzte Ereignis. Und wie war es, als sich der Baum noch gar nicht manifestiert hatte, als er noch im Samen verborgen war? Auch da fand dieselbe Vorbereitung statt. Und wie war es, als dieser Same noch nicht einmal geboren war, sondern noch in einem anderen Baum verborgen war? Derselbe Prozess fand statt.

Der Tod ereignet sich also nur als Teil einer Kette von Ereignissen, die alle zusammengehören. Dieses letzte Ereignis ist nicht das Ende, sondern nur eine Trennung. Eine Beziehung, eine Ordnung wird durch eine andere Beziehung, eine andere Ordnung ersetzt.

4. Tod und Sex in Ost und West

Bis zum heutigen Tag hat es auf der Erde eigentlich nur zwei Arten von Kul-turen gegeben und beide waren einseitig, nicht ausgeglichen. Es ist bisher noch nicht möglich gewesen, eine Kultur zu entwickeln, die ganzheitlich ist, heil und heilig.

Im Westen lässt man heute dem Sex totale Freiheit, aber vielleicht ist dir noch nicht aufgefallen, dass der Tod völlig unterdrückt wird. Niemand will über den Tod reden, alle reden über Sex. Es gibt jede Menge pornographische Literatur zum Thema Sex. Zeitschriften wie der Playboy verbreiten die Sexkultur – sie ist obszön, morbide, krank und neurotisch. Im Westen herrscht eine neurotische Sexbesessenheit, aber der Tod? Schon das Wort „Tod" ist tabu. Spricht man vom Tod, halten einen die Leute für morbide: „Wozu soll man über den Tod reden? Esst, trinkt und seid glücklich!" Das ist das Motto. „Warum den Tod auch nur erwähnen? Lass ihn ja draußen! Darüber spricht man nicht!"

Im Orient wird Sex seit langem unterdrückt, dafür kann man über den Tod frei reden. Genau wie es obszöne pornographische Literatur im Westen gibt, hat der Osten eine andere Art von Pornografie. Ich nenne sie die Pornografie des Todes – ebenso obszön und morbid, wie die westliche Pornografie mit der Sexualität umgeht. Ich bin auf religiöse Schriften gestoßen … und man kann sie überall finden: Fast alle heiligen Schriften Indiens sind voll mit Todespornografie! Sie übertreiben es mit ihrem Gerede über den Tod. Über Sex reden sie nie; Sex ist tabu. Sie reden vom Tod.

Die ganzen sogenannten Mahatmas in Indien sprechen ständig vom Tod. Alles, was sie sagen, ist eine Anspielung auf den Tod. Wenn du eine Frau liebst, sagen sie: „Was tust du da? Was ist schon eine Frau? Nur ein Hautsack! Und darin sind alle möglichen schmutzigen Dinge." Und dann lassen sie sich über all diese unappetitlichen Dinge aus und scheinen es auch noch zu genießen. Das ist morbide! Sie beschreiben den Schleim im Inneren des Körpers, das Blut, das Fleisch; sie reden über den Magen, den Bauch, der mit Exkrementen gefüllt ist, die Blase, die voller Urin ist. „Das ist deine schöne Frau! Ein Sack mit Schmutz! Und du verliebst dich in diesen Sack! Nimm dich in Acht!"

Aber das muss man verstehen: Wenn euch im Osten einer erzählen will, dass das Leben schmutzig ist, kommt er auf die Frauen zu sprechen. Und wenn euch im Westen einer erzählen will, dass das Leben schön ist, kommt er auch auf die Frauen zu sprechen. Man braucht nur im Playboy zu blättern: Was für schöne Plastikmädchen! Die gibt es gar nicht auf der Welt. Sie sind unwirklich. Sie werden mit fotografischen Tricks hergestellt; alles ist gemacht und immer wieder retuschiert. Und dann werden sie idealisiert, Tausende phantasieren und träumen von ihnen.

Die sexuelle Pornografie ist vom Körper der Frau abhängig. Auch die Pornografie des Todes ist vom Körper der Frau abhängig. Da sagt man dir: „Du hast dich verliebt? Diese junge Frau wird bald alt. Bald ist sie eine widerliche alte Hexe! Nimm dich in Acht und verliebe dich nicht! Denn schon bald wird diese Frau sterben. Dann wirst du weinen und klagen. Dann wirst du leiden." Ob es um das Leben geht oder um den Tod – für beides wird der weibliche Körper gebraucht.

Männer sind ganz offensichtlich vom Körper der Frau besessen – ob sie nun Playboys oder Mahatmas sind, spielt keine Rolle. Warum eigentlich? Es geschieht immer: Wenn eine Gesellschaft den Sex unterdrückt, wird der Tod ausgedrückt. Wenn eine Gesellschaft den Tod unterdrückt, wird Sexualität ausgedrückt. Denn Tod und Sex sind die beiden Polaritäten des Lebens. Sex bedeutet Leben, da das Leben aus ihm entsteht. Das Leben ist eine sexuelle Angelegenheit und der Tod ist das Ende davon.

Und wenn man an beides zusammen denkt, scheint ein Widerspruch da zu sein. Sex und Tod scheinen unvereinbar. Wie soll man sie unter einen Hut bringen? Es ist einfacher, das eine zu vergessen und nur an das andere zu denken. Denkt man an beides, ist es sehr schwer für den Verstand, damit zurande zu kommen, dass beides zusammen existiert. Und sie existieren tatsächlich beide zusammen, sie hängen zusammen. Eigentlich sind es gar nicht zwei verschiedene Dinge, sondern dieselbe Energie in zwei verschiedenen Zuständen: inaktiv und aktiv, Yin und Yang.

Hast du schon einmal beobachtet, dass beim Liebesakt der Orgasmus ein Moment ist, bei dem du Angst bekommst und dich fürchtest? Du fängst an zu zittern. Denn beim Höhepunkt des Orgasmus sind Tod und Leben beide zusammen da. Du erlebst den Höhepunkt des Lebens und erlebst gleichzeitig den Tod in seiner Tiefe. Höhe und Tiefe sind beide im selben Moment vorhanden – daher die Angst vor dem Orgasmus. Die Menschen begehren ihn, weil es Leben ist, und sie meiden ihn, weil es der Tod ist. Man wünscht ihn sich so sehr, weil es einer der schönsten Augenblicke ist, ekstatisch! Und man versucht ihn zu vermeiden, weil es auch einer der gefährlichsten Augenblicke ist, denn der Tod öffnet dabei seinen Rachen.

Ein Mensch, der bewusst ist, merkt sofort, dass Tod und Sex ein und dieselbe Energie sind. Und eine Kultur, die total ist, die heil und heilig ist, wird beides akzeptieren: Sie wird nicht einseitig sein, sie wird nicht ins eine Extrem gehen und das andere vermeiden. In jedem Moment bist du beides: Leben und Tod. Dies zu begreifen, heißt, die Dualität zu überwinden.

Und nur diejenigen, denen der Tod bewusst ist, können ein Leben der Selbstdisziplin führen. Wenn dir nur das Leben bewusst ist, wenn du nur an Sex denkst und den Tod immer meidest, davor davonläufst und vor ihm die Augen verschließt, wenn du ihn immer in den Hintergrund schiebst und ins Unbewusste hinunterstößt, dann wird in deinem Leben Selbstdisziplin keine Rolle spielen. Wozu auch? Dann ist dein Leben nur dem Genuss, der Befriedigung der Begierden gewidmet: Iss, trink und hab deinen Spaß. Daran ist nichts falsch; aber es ist nicht vollständig. Es ist nur ein Teil des Bildes, und wenn du den Teil für das Ganze hältst, geht dir etwas verloren – und zwar sehr viel!

Tiere existieren ganz ohne ein Bewusstsein des Todes. Deshalb haben Meditationslehrer bei Tieren keine Chancen zu lehren. Es ist eine Unmöglichkeit, da kein Tier bereit ist, Selbstdisziplin zu üben. „Wozu?", wird das Tier fragen. Es gibt nur Leben, es gibt keinen Tod, da dem Tier nicht bewusst ist, dass es sterben wird. Wird dir einmal bewusst, dass du sterben wirst, beginnst du unverzüglich dein Leben zu überdenken. Dann möchtest du, dass sich Tod und Leben vereinigen.

Wird der Tod ins Leben aufgenommen, ist es die Geburt der Selbstdisziplin. Dann lebst du, aber du lebst immer mit der Erinnerung an den Tod. Du gehst deine Wege, aber dir ist immer klar, dass du auf den Tod zugehst. Du genießt, aber du weißt, dass nichts ewig währt. Der Tod wird zu deinem Schatten, wird Teil deines Seins, wird Teil deiner Perspektive. Du beziehst den Tod mit ein; nun ist Selbstdisziplin möglich. Nun denkst du darüber nach: „Wie lebt man?" Denn nun ist das Leben nicht mehr das einzige Ziel, der Tod gehört mit dazu. Wie lebt man so, dass man ein schönes Leben und einen schönen Tod hat? Wie lebt man so, dass nicht nur das Leben zu einer Sinfonie des Glücks wird, sondern dass man auch im Tod das allerhöchste Glück erlangt? Denn der Tod ist der Höhepunkt des Lebens.

Der ganze Sinn von Selbstdisziplin besteht darin, in einer Weise zu leben, dass man fähig ist total zu leben, und ebenso fähig ist total zu sterben. Selbstdisziplin ist nicht Unterdrückung. Es bedeutet, dass man ein Leben führt, dass eine Ausrichtung hat. Es bedeutet, dass man ein Leben mit dem vollen und wachen Bewusstsein führt, dass man stirbt. Dann hat der Fluss deines Lebens zwei Ufer: Leben und Tod. Und der Fluss des Bewusstseins fließt dazwischen. Jeder, der versucht, in seinem Leben zu leugnen, dass der Tod zum Leben gehört, versucht, sich nur an einem Ufer fortzubewegen. Sein Bewusstseinsfluss kann nicht total sein. Es fehlt ihm etwas, und zwar etwas sehr Schönes. Sein Leben ist oberflächlich; es hat keine Tiefe. Ohne den Tod gibt es keine Tiefe.

Wenn man allerdings ins andere Extrem geht, wie es die Inder getan haben – sie leben ständig mit dem Tod: ängstlich, furchtsam, fortwährend betend, und sie tun alles, nur um herauszubekommen, wie man unsterblich wird – dann hört man ganz auf zu leben. Auch das ist ein Wahn. Auch sie gehen nur an einem Ufer entlang. Auch ihr Leben wird zur Tragödie.

Der Westen lebt eine Tragödie, der Osten lebt eine Tragödie. Denn es ist bisher noch nicht möglich gewesen, ein totales Leben zu führen. Ist es möglich, ein glückliches Sexleben zu haben und dabei den Tod nicht zu vergessen? Ist es möglich zu essen, glücklich zu essen, und dabei den Tod nicht zu vergessen? Ist es möglich zu lieben, jemanden zutiefst zu lieben und dabei genau zu wissen, dass man stirbt und der oder die Geliebte auch stirbt? Wenn das möglich ist, dann wird auch totales Leben möglich. Dann ist man absolut ausgewogen; dann ist man vollkommen. Dann fehlt einem nichts, dann ist man erfüllt, und es tritt eine tiefe Zufriedenheit ein.

Im Osten sind viele Disziplinen entwickelt worden, mit Hilfe derer man im Voraus erfahren kann, wann man sterben wird. Aber warum soll man sich darum kümmern? Wie soll einem das helfen? Was ist der Sinn davon? Befragt man westliche Psychologen dazu, werden sie sagen, dass es geradezu abartig ist; eine Art Lust am Morbiden. Warum soll man sich mit dem Tod beschäftigen? Meide ihn lieber. Hege den Glauben, dass es ihn nicht gibt; zumindest dir wird er nicht passieren. Er passiert immer nur den anderen. Du hast Menschen sterben gesehen, aber dich selbst hast du nie sterben gesehen. Warum sollst du also Angst haben? Vielleicht bist du ja eine Ausnahme.

Es ist jedoch niemand eine Ausnahme. Und der Tod ist bereits bei deiner Geburt eingetreten. Du kannst ihn also nicht vermeiden. Deine Geburt liegt nicht in deiner Hand. Du kannst nichts daran ändern, sie ist bereits passiert, sie ist bereits Vergangenheit. Sie ist schon geschehen, und du kannst sie nicht rückgängig machen. Der Tod kommt noch. Da kann man noch etwas tun.

Die ganzen östlichen Religionen stützen sich auf die Vision des Todes, denn hier hat man eine Möglichkeit – in der Tatsache, dass er kommt. Da du im Voraus weißt, dass er kommt, gibt er dir eine große Chance. Viele Türen öffnen sich. Dann kannst du auf deine Art sterben. Du kannst deine eigene Unterschrift auf deinen Tod setzen. Du kannst es schaffen, nicht wiedergeboren zu werden. Darin liegt der ganze Sinn.

Das ist nicht morbid. Es ist hoch wissenschaftlich. Wenn sowieso jeder stirbt, wäre es eine absolute Dummheit, nicht über den Tod nachzudenken, nicht darüber zu meditieren, seine Aufmerksamkeit nicht darauf zu richten, um ein tiefes Verständnis darüber zu erlangen.

Er wird kommen. Wenn du es weißt, ist vieles möglich. Patanjali, der Begründer des Yoga, sagt, dass man sogar das genaue Datum, die genaue Stunde, Minute und Sekunde seines Todes vorherbestimmen kann. Wenn du genau weißt, wann der Tod kommt, kannst du dich darauf vorbereiten.

Der Tod muss wie ein hoher Gast empfangen werden. Er ist kein Feind. Eigentlich ist er ein Geschenk Gottes. Er ist eine großartige Gelegenheit, die ergriffen werden muss. Er kann zum großen Durchbruch werden: Wenn du wach und bei vollem Bewusstsein sterben kannst, wirst du niemals wiedergeboren. Und dann gibt es keinen Tod mehr. Wenn du die Gelegenheit verpasst, wirst du wiedergeboren. Wenn du sie immer wieder verpasst, wirst du immer von Neuem wiedergeboren, so lange, bis du die Lektion des Todes gelernt hast.

Der Tod hat eine solch gewaltige Intensität, dass die Menschen dabei fast immer das Bewusstsein verlieren. Sie können sich ihm nicht stellen. In dem Moment, in dem der Tod eintritt, fürchtet man sich so sehr, hat man solche Angstgefühle, dass man ohnmächtig wird. Fast neunundneunzig Prozent der Menschen sterben unbewusst. Sie verpassen die Gelegenheit. Im Voraus zu wissen, wann du stirbst, ist nur eine Methode, die dir hilft, dich vorzubereiten, sodass du, wenn der Tod kommt, vollkommen wach und bewusst bist, erwartungsvoll und bereit, mit dem Tod mitzugehen, bereit dich hinzugeben und den Tod zu umarmen. Hast du den Tod einmal bewusst akzeptiert, gibt es keine Wiedergeburt für dich. Du hast deine Lektion gelernt. Jetzt brauchst du nicht wieder in die Schule zu gehen.

Dieses Leben ist nur eine Schule, eine Disziplin – und zwar die Disziplin, bei der man sterben lernt. Sie ist nicht morbide.

Bevor ein Mensch stirbt, und zwar etwa neun Monate vorher, geschieht etwas mit ihm. Normalerweise merken wir es nicht, da wir sowieso nicht bewusst sind. Es ist eine ganz subtile Angelegenheit. Ich sage, etwa neun Monate, da es unterschiedlich ist. Es hängt davon ab, wie lange die Zeit zwischen Empfängnis und Geburt war. Wenn du nach neun Monaten im Mutterleib geboren wurdest, sind es neun Monate. Wenn du erst nach zehn Monaten geboren wurdest, sind es zehn. Und wenn du schon nach sieben geboren wurdest, dann sind es sieben. Es hängt von dem Zeitraum zwischen Zeugung und Geburt ab.

In der gleichen Zeitspanne vor dem Tod gibt es so etwas wie ein Klicken im Hara, im Nabelzentrum. Es muss etwas einrasten, denn zwischen Empfängnis und Geburt war ein Zeitraum von neun Monaten. Neun Monate hast du für deine Geburt gebraucht, und genau so lange brauchst du für deinen Tod. Ebenso wie du dich neun Monate im Bauch deiner Mutter auf die Geburt vorbereitet hast, musst du dich nun neun Monate auf den Tod vorbereiten. Dann ist der Kreis geschlossen. Es geschieht etwas im Nabelzentrum. Wer bewusst ist, wird sofort merken, dass im Nabelzentrum etwas gebrochen ist. Nun kommt der Tod näher – in ungefähr neun Monaten wird er da sein.

Es gibt noch andere Omen und Vorzeichen, zum Beispiel: Genau sechs Monate, bevor ein Mensch stirbt, ist er allmählich nicht mehr fähig, seine eigene Nasenspitze zu sehen, da die Augen anfangen, sich ganz langsam nach oben zu richten. Beim Tod sind sie dann völlig nach oben gedreht, doch sie beginnen bereits vor dem Tod sich zu drehen, sie machen sich auf die Reise zurück. Es ist so: Wenn ein Kind geboren wird, braucht es fast sechs Monate, das ist normal ... Das Kind braucht also sechs Monate, bis es die Augen auf etwas fixieren kann. Ansonsten sind die Augen beweglich. Deshalb können Kinder beide Augen zur Nase hin zusammenbringen oder auch ganz weit nach außen in die Augenwinkel bewegen. Ihre Augen sind noch entspannt. Der Tag, an dem die Augen des Kindes fixiert werden – ob dieser Tag nun nach sechs Monaten, neun Monaten oder gar zehn oder zwölf Monaten kommt … Dann wird die Zeitspanne vor dem Tod genau dieselbe sein. Die Augen werden sich entspannen und nach oben wandern.

Deshalb sagen auch Dorfbewohner in Indien, dass man vor seinem Tod seine Nasenspitze nicht mehr sehen kann – wahrscheinlich haben sie es schon vor Urzeiten von den Yogis erfahren. Es gibt viele Methoden, mit denen die Yogis ihre Nasenspitze beobachten. Sie konzentrieren sich darauf. Wer sich darauf konzentriert, wird plötzlich eines Tages feststellen, dass er seine eigene Nase nicht mehr sehen kann. Dann weiß er, dass der Tod bald kommt.

Die Physiologie des Yoga beschreibt im menschlichen Körper sieben Zentren. Das erste Zentrum sind die Geschlechtsteile; das letzte ist das *Sahasrar* im Scheitel des Kopfes. Dazwischen befinden sich fünf weitere Zentren. Wenn man stirbt, geschieht es immer von einem dieser Zentren. Es zeigt, in welchem Grad man in diesem Leben gewachsen ist. Normalerweise sterben die Menschen von den Geschlechtsteilen aus, da die meisten Menschen ihr ganzes Leben lang durch ihr Sexzentrum gelebt haben, ständig an Sex dachten, sexuelle Fantasien hatten und alles taten, was mit Sex zu tun hat – als ob sich das ganze Leben nur um das Sexzentrum drehte. Diese Menschen sterben durch das Sexzentrum.

Wenn man in seiner Entwicklung etwas weiter fortgeschritten und über den Sex hinaus zur Liebe gegangen ist, dann stirbt man durch das Herzzentrum. Wenn man sich vollkommen entfaltet hat und ein *Siddha* geworden ist, stirbt man durch das *Sahasrar.* Das Zentrum, von welchem aus man stirbt, öffnet sich, da die ganze Lebensenergie durch dieses Zentrum entweicht.

In Indien ist es deshalb zu einer symbolischen Handlung geworden, jemandem, der gestorben ist und auf den Scheiterhaufen gelegt wird, einen Schlag auf den Kopf zu geben. Es ist rein symbolisch, denn wenn der Verstorbene den höchsten Zustand erlangt hat, öffnet sich das Zentrum in seinem Kopf von selbst. Doch man tut es, auch wenn derjenige noch nicht so weit gekommen ist. Doch wir hoffen und beten und schlagen ihm den Schädel ein. Der Punkt, wo die Energie freigesetzt wird, öffnet sich und wird sichtbar.

Eines Tages, wenn die westliche Medizin die Physiologie des Yoga verstehen sollte, wird dies zum Teil aller *Post-Mortem*-Untersuchungen werden, damit man herausfindet, wie eine Person gestorben ist. Heute achtet man nur darauf, ob jemand eines natürlichen Todes gestorben ist oder vergiftet oder ermordet wurde oder Selbstmord begangen hat – alles ganz gewöhnliche Dinge. Aber das Wesentliche wird übersehen, was eigentlich auf jedem Totenschein stehen sollte: Wie ist der Mensch gestorben? Vom Sexzentrum, vom Herzzentrum oder vom *Sahasrar?*

Von wo aus ist er gestorben. Es gibt eine Möglichkeit, es am Körper festzustellen – und die Yogis haben auf diesem Gebiet große Arbeit geleistet –, denn das jeweilige Zentrum bricht auf, so wie ein Ei zerbricht und etwas herauskommt. Eine gewisse Aktivität oder eine Bewegung am Scheitelpunkt des Kopfes setzt drei Tage vor dem Tod ein.

Diese Anzeichen können dich darauf vorbereiten, den Tod zu empfangen, und wenn du den Tod mit einem großen Fest, mit großer Freude und mit Entzücken empfangen kannst – sozusagen tanzend und ekstatisch – dann wirst du nicht wiedergeboren. Deine Lektion ist abgeschlossen. Du hast alles gelernt, was es hier auf dieser Erde zu lernen gab. Nun bist du bereit, darüber hinaus zu gehen, bereit für ein noch großartigeres und noch grenzenloseres Leben. Nun bist du bereit, im Kosmos, im Ganzen aufzugehen. Du hast es verdient.

5. Unerledigte Angelegenheiten

Wenn du dir etwas wünschst, was du nicht hast, wird dich der Wunsch so lange plagen, wie er unerfüllt bleibt. Wenn also alle Wünsche sterben, warum sollte jemand dann noch in die Welt zurückkehren wollen? Aber du kommst zurück, weil du unerfüllt stirbst. Und das geschieht immer wieder. Du bist immer noch am weltlichen Glück interessiert. Es sind immer noch Wünsche da, die dir zurufen: „Wohin gehst du? Komm zurück!"

Niemand schickt dich zurück in diese Welt. Du kommst von selbst wegen deiner Wünsche. Du kehrst selber zurück, du wanderst über die Brücke deiner eigenen Wünsche. Der Körper wird zurückgelassen, aber du kommst mit demselben Geist zurück und beginnst deine Reise von Neuem. Du trittst in den Schoß einer neuen Mutter ein und wiederholst dasselbe Programm.

Der Tod, der nur als Weg in die nächste Geburt dient, ist eigentlich kein richtiger Tod. Der Mystiker Kabir nennt es einen unvollkommenen Tod. Er ist unreif, ein Tod, der noch nicht ganz ausgereift ist. Du bist noch nicht ganz erwachsen, du bist noch nicht weise genug, um einen reifen Tod zu sterben. Du hast noch nicht die Weisheit erlangt, um in Reife zu sterben. Weisheit kommt nicht unbedingt Hand in Hand mit dem Alter. Es ist der natürliche Lauf der Dinge, dass die Haare grau werden, aber graue Haare zu bekommen bedeutet noch lange nicht, Weisheit zu erlangen. Weisheit erlangt jemand erst dann, wenn seine Wünsche alt und brüchig werden, erst dann, wenn sie endgültig verschwunden sind.

Tiere werden alt, Bäume werden alt und auch du wirst eines Tages alt sein. Eines Tages wirst auch du sterben. Doch ein Mensch, dessen Wünsche altern, der weiß, was Wünsche sind; ein Mensch, dessen Wünsche schließlich sterben, das ist ein Mensch, der Weisheit erlangt hat. Der Tod eines solchen Menschen ist vollkommen anders. Kabir stirbt, Buddha stirbt, und auch du wirst sterben, doch es besteht ein qualitativer Unterschied zwischen deinem Tod und dem eines Kabir, zwischen deinem Tod und dem eines Buddha. Kabir sagt, dass jeder auf dieser Welt stirbt, aber niemand richtig und anständig stirbt. Er sagt, was auch andere Erleuchtete schon immer gesagt haben, nämlich dass Sterben eine Kunst ist.

Vielleicht hast du so noch nie über den Tod nachgedacht. Für dich ist noch nicht einmal das Leben eine Kunst. Du lebst wie ein Stück Treibholz auf dem Fluss, das sich dahin treiben lässt, wo die Strömung hingeht. Dein Leben ist eine Tragödie. Es ist noch nicht zur Kunst geworden. Bevor du einen Schritt machst, hältst du nicht einmal inne, um zu überlegen.

Wenn dich jemand fragt: „Warum hast du das getan?", hast du nicht wirklich eine Antwort. Selbst wenn du eine Antwort parat hast und sie gibst, weißt du innerlich ganz genau, dass es gar keine Antwort ist. Du lebst so, als würdest du dich im Dunkeln vorwärts tasten. Dein Leben ist nicht zur Kunst ausgereift. Aus diesem Grund weißt du am Ende deines Lebens nicht, was Schönheit ist, was Wahrheit ist, was Glückseligkeit ist. Du hast keines dieser Dinge wirklich erfahren. Du hast das Gefühl, dein ganzes Leben durch eine Wüste gewandert zu sein. Du hast das Gefühl, in deinem Leben nichts erreicht zu haben.

All das ist ganz natürlich, solange dein Leben noch nicht zum Kunstwerk geworden ist. Wenn es eines wäre, hättest du das Leben zu einer wunderschönen Skulptur machen können. Du hättest deinem Leben eine bestimmte Form geben können, hättest es säubern und polieren und ihm so seinen eigenen Glanz verleihen können. Hättest du allen Müll in deinem Leben verbrennen können, dann wäre es jetzt nur noch pures Gold. Hättest du allen überflüssigen Stein weggemeißelt, wäre deine Statue bis zum letzten Glied künstlerisch vollkommen.

Du hättest eine schöne Skulptur deines Lebens, ein wunderschönes Kunstwerk erschaffen können. Aber nein, auch wenn du noch so viele Dinge in deinem Leben getan hast – etwas Wesentliches hast du nicht erreicht.

Dein Leben ist keine Kunst, es ist noch nicht durch und durch zur Kunst geworden. Kabir sagt, dass selbst der Tod ganz und gar Kunst sein muss. Der Tod ist ebenso eine Kunst wie das Leben. Und der Tod ist die Prüfung. Wenn du richtig gelebt hast, kannst du richtig sterben.

Hast du nicht richtig gelebt, wirst du auch nicht in der Lage sein, richtig zu sterben. Der Tod ist die letzte Opfergabe. Er ist das Höchste, die Krönung, der Gipfelpunkt. Der Tod ist die Essenz und die Blüte des Lebens. Wie kann dein Tod richtig sein, wenn du dein Leben falsch verbracht hast? Wie kann dein Tod bedeutungsvoll sein, wenn dein Leben vergeudet war? Wie kann ein Baum, dessen Wurzeln verfault sind, süße Früchte tragen? Es ist unmöglich.

Worin liegt das Geheimnis der Kunst des Lebens? Das Geheimnis ist: Lebe mit vollem Bewusstsein. Tappe nicht im Dunkeln, wandle nicht im Schlaf, sondern gehe mit Bewusstsein durchs Leben. Was immer du tust – ganz, egal, was es ist, auch wenn es etwas so Unbedeutendes ist wie das Öffnen und Schließen der Augen – tu es mit Achtsamkeit, mit Bewusstheit. Wer weiß? Alles kann von einer so winzigen Handlung abhängen, wie dem Öffnen und Schließen der Augen. Vielleicht gehst du gerade eine Straße entlang und siehst eine Frau, mit der du vielleicht dein ganzes Leben verbringen wirst. Selbst beim Öffnen und Schließen der Augenlider bleibe wach!

Buddha sagte seinen Schülern immer, sie sollten beim Gehen nie weiter als vier Fuß nach vorne schauen. „Zum Gehen reicht das völlig aus", sagte er. „Es ist nicht nötig herumzuschauen und ständig nach allen Seiten zu blicken. Wenn du die ersten vier Fuß gegangen bist, siehst du die nächsten vier Fuß vor dir. Das ist genug. Du kannst auf diese Weise Tausende von Meilen reisen. Wozu soll man sich umschauen? Man braucht nicht überallhin zu schauen." Eine solche Reise hat niemals ein Ende.

Untersuche einmal dein Leben und du wirst feststellen können, dass alles, was in deinem Leben geschehen ist, willkürlich und durch Zufall geschehen ist. Irgendetwas geschieht zufällig, und auf Grund dieses Zufalls ändert sich der ganze Verlauf deines Lebens. Du gingst beispielsweise eine Straße entlang auf dem Weg zum Tempel, und eine Frau hat dich angelächelt. Anstatt an deinem Ziel anzukommen, bist du woanders angekommen. Du hast die Frau geheiratet und Kinder bekommen. Du warst sehr bestrebt sie zu heiraten und hast dich in dem riesigen Rad des Lebens verfangen, das sich immer weiter und weiter dreht. Ist dir nie aufgefallen, dass all dies durch einen Zufall ausgelöst wurde, durch ein zufälliges Ereignis? Hättest du Buddhas Rat an seine Jünger befolgt, wäre vielleicht gar nichts davon geschehen.

Um die Kunst des Lebens zu erlernen, sollte man dies nie vergessen: Handle nie unbewusst. Handle nie im Schlaf. Lass niemals etwas von selbst passieren. Betrachte es zuerst richtig. Überlege es dir richtig. Schau dir eine Sache mit Umsicht und Weisheit genau an, bevor du sie in die Tat umsetzt. Wenn du dies tust, wirst du feststellen, dass dein Leben eine gewisse Schönheit bekommt, eine gewisse Eleganz. Du selbst wirst wie eine Skulptur, wie eine Situation, wo Bildhauer und Stein nicht mehr voneinander getrennt sind. Du selbst bist der Bildhauer; du selbst bist die Statue. Du selbst bist der Stein, und du selbst bist der Meißel. Du bist alles, du bist das Ganze.

Wenn du in Bewusstheit lebst, wirst du feststellen, dass der Meißel seine Arbeit gut gemacht hat. Er hat allen unnützen Stein abgeschlagen und nichts Nutzloses stehen lassen. Der Meißel hat das Überflüssige entfernt und ist direkt zur Essenz vorgedrungen. Und so wirst du eines Tages feststellen, dass du am Tempel angekommen bist, dass du selbst zum Abbild Gottes geworden bist. Du wirst feststellen, dass du eine bestimmte Schönheit hast, dass du einen tiefen Bewusstseinszustand erlangt hast. Wenn du bis zu deinem Tod wach und bewusst bleibst, hast du richtig gelebt. Und dann wirst du in der Lage sein, auch den Tod auf die richtige Art zu empfangen.

Kabir besingt den Tod in seinen Gedichten: *„Sterben, sterben, alles liegt ständig im Sterben."*

Kabir meint damit, dass alle auf der Welt sterben, dass der Tod ein alltägliches Ereignis ist, dass er jeden Moment geschieht. Er sagt, wir sind von allen Seiten vom Meer des Todes umgeben. Das Ganze versinkt ununterbrochen darin.

„Keiner stirbt einen anständigen Tod." Kabir meint damit, niemand stirbt auf die korrekte Art, niemand stirbt mit Bewusstsein. Weiter sagt er: *„Kabir begegnete dem Tod, um nie wieder zu sterben."*

Das ist die Kunst. Das ist die Bestätigung, dass es keinen Tod mehr gibt. Wenn du eine Sache einmal richtig gemacht hast, brauchst du sie nicht mehr zu wiederholen. Du musst etwas nur dann wieder von Neuem tun, wenn du vorher nicht in der Lage warst, es richtig zu machen. Gott gibt uns eine Gelegenheit nach der anderen, richtig zu leben. Er hat es nicht eilig, er hat jede Menge Zeit. Und so lange, wie du immer wieder Fehler machst, wirst du in die Welt zurückgeworfen. Du wirst erst dann in seinem Netz gefangen, wenn du mit der vollkommenen Erfahrung eines erfüllten Lebens zu Gott zurückkehrst.

Du bist wie ein Kind, das immer wieder in dieselbe Klasse zurückgeschickt wird, bis es gute Noten bekommt. Wir sagen ihm, dass es so lange nicht in die nächste Klasse versetzt wird, bis es diese abgeschlossen hat. Genauso bleibt dir das, was Kabir den „Wohnsitz der Liebe" nennt, so lange verschlossen, bis du im Leben alles erledigt hast.

Die Kunst des Lebens besteht darin, dass es einem gelingt, in seinem Leben alles zu erledigen. Und wer alles im Leben erledigt hat, hat auf dieser Welt nichts mehr zu lernen. Er hat alles gelernt, was es in dieser Welt der Materie zu lernen gibt. Er hat die Prüfung der Sehnsüchte bestanden, er ist durch das Feuer der Begierden hindurchgegangen. Nun öffnet sich ihm die Tür zur nächsten Stufe, nun wird er in die höhere Klasse versetzt. Er hat alles gelernt, was es auf dieser Welt zu lernen gibt. Also schließt sich für ihn diese Tür. Jetzt kann er nicht mehr zurück: „Kabir begegnete dem Tod, um nie wieder zu sterben."

Lebe in einer Weise, dass es nie wieder eine Geburt gibt, und stirb in einer Weise, dass es nie wieder einen Tod gibt. Wo eine Geburt ist, gibt es mit Sicherheit auch den Tod, er kommt ganz von selbst. Lebe deshalb so, dass du nicht mehr geboren werden brauchst, dann brauchst du auch nicht mehr zu sterben.

Alle wollen vom Tod errettet werden. Kennst du jemanden, der sich nicht vom Tod retten will? Warum wird dann keiner vom Tod erlöst? Du kannst nicht vom Tod erlöst werden, wenn du nicht von der Geburt erlöst wirst. Die Geburt ist das andere Ende des Todes. Wenn du sagst, du willst immer und immer wieder geboren werden, redest du Unsinn. Das heißt einfach, dass du eine ganz simple arithmetische Regel noch nicht verstanden hast, nämlich dass die Geburt nur ein Pol des Lebens ist und der Tod der andere.

Ein Mensch, der geboren wird, muss sterben. Eine Sache, die beginnt, muss auch enden. Wenn es jedoch kein Ende gibt, dann kann es auch keinen Anfang geben. Wenn du dir also das Ende ersparen willst, solltest du niemals den Anfang wollen. Wünsche dir keinen Anfang, wenn du das willst, was ohne Anfang ist, wenn du das Unendliche willst. Versuche einfach, dir den Anfang zu ersparen.

Selbst kleine Erfahrungen im Leben können dir bei dieser Bemühung helfen. Manchmal fragen mich Leute: „Was können wir tun, um nicht mehr wütend zu werden?“ Ich rate ihnen, gleich von Anfang an wach zu bleiben. Wenn dich die Wut schon gepackt hat, ist es sehr schwer. Dann ist es eigentlich unmöglich, Wut zu vermeiden oder sich davon zu befreien. Dann musst du durch. Es spielt keine Rolle, ob du langsam oder schnell hindurchgehst – du musst sie einfach durchmachen. Es kann eine Weile dauern, aber alles, was einmal begonnen hat, wird sicher irgendwann auch enden.

Du willst dich vor dem Tod retten. Doch du weißt nicht einmal, wann der Tod beginnt. Die Leute meinen, der Tod beginnt, wenn man alt wird, wenn der Körper allmählich untauglich wird, wenn die Medizin nichts mehr tun kann, wenn die Ärzte hilflos sind. Wenn du das glaubst, liegst du falsch. Dann musst du immer wieder von Neuem sterben, dann bist du noch nicht in der Lage, die Wahrheit über das Leben zu verstehen.

Der Beginn des Todes kommt mit der Geburt. Wenn du noch tiefer blickst, wirst du auch sehen, dass der Tod bereits bei der Zeugung stattfindet. Bei der Geburt bist du bereits seit neun Monaten tot, weil du schon neun Monate im Mutterleib gelebt hast. Diese neun Monate, die im Moment der Zeugung beginnen, müssen auf jeden Fall in die Reise zum Tod mit einbezogen werden. Bei deiner Geburt bist du schon neun Monate alt. So weit hat dich da schon das Alter eingeholt. Deine Geburt beginnt eigentlich mit dem Augenblick, in dem deine Essenz in den Leib der Mutter eintritt. Und dieser Augenblick ist auch der Beginn deines Todes. Du stirbst jeden Tag. Es ist nicht ein Ereignis, das am Ende deines Lebens stattfindet.

Der Tod ist kein Wunder. Der Tod ist kein Zaubertrick. Der Tod ist ein Prozess. Du stirbst langsam, jeden Tag stirbst du ganz langsam dahin und es wird ein Tag kommen, an dem dieser Prozess des Sterbens aufhört. Der Tod ist das Finale dieses Prozesses. Der Tod ist das Ende des Beginns. Und er hat lange gedauert, etwa siebzig Jahre!

Wenn du dich vom Tod befreien willst, dann versuche, dich davon zu befreien in einen neuen Schoß einzutreten. Willst du nicht in einen neuen Mutterschoß hineingehen, dann gehe immer tiefer in dich selbst hinein. Auf diesem Wege wirst du eines Tages die wahre Kunst des Lebens und des Sterbens erkennen und wirst sie verstehen. Du wirst erfahren, was Leben und Tod wirklich sind. Wenn du nicht wiedergeboren werden willst, musst du dich selbst von Begierden, von Wünschen befreien.

Ein alter Mensch, der im Sterben liegt, der an der Schwelle des Todes steht und noch am Leben hängt, sagt: „Hätte ich doch nur ein bisschen mehr Zeit! Dann könnte ich noch all meine Wünsche erfüllen. Mein Haus ist noch nicht fertig und ich muss meinen Sohn noch verheiratet sehen. Und es gibt noch so viele andere Wünsche zu erfüllen. Ich habe erst vor kurzem damit angefangen. Ist es etwa gerecht oder anständig, dass ich jetzt schon aus der Welt weggeholt werde? Erst jetzt habe ich angefangen die Dinge besser zu organisieren. Und ich hatte gerade geplant, etwas für mich selbst zu tun! Jetzt, wo die Kinder erwachsen sind und ihren eigenen Lebensunterhalt verdienen, dachte ich, ich hätte ein bisschen Zeit, um zu beten, in die Kirche zu gehen, fromme Lieder zu singen…!“

Niemand tut es jemals. Doch wenn der Tod kommt, denkt jeder: „Hätte ich noch ein bisschen Zeit gehabt, hätte ich sie damit verbracht, zu Gott zu beten. Es ist ungerecht, dass Gott mir das Leben nimmt, ohne mich meine Wünsche erfüllen zu lassen!"

Das ist die Schwierigkeit, wenn der Tod kommt. Die Begierden des Menschen sind noch nicht befriedigt, doch der Körper ist bereit, ihn im Stich zu lassen. Deshalb streben diese unbefriedigten, unerfüllten Wünsche sofort nach einer neuen Geburt. Sie wollen erfüllt werden. Vorher kannst du nicht frei von der Welt sein. Dein Wunsch nach ein wenig mehr Leben, ein bisschen länger zu leben, ist die Ursache für deine nächste Geburt.

Versteht man das, wird klar, dass der Beginn des Todes nicht einmal beim Eintritt in den Mutterschoß, sondern in Wirklichkeit noch vorher stattfindet. Diese Kette des Sterbens ist ausgelöst worden, als du dir zum Zeitpunkt deines letzten Todes mehr Leben wünschtest. Und wenn man diese Angelegenheit noch genauer betrachtet, stellt man fest, dass Wünsche wie die Glieder einer Kette vieler Tode sind. Ob einer jung oder alt ist – er hat Wünsche, die er sich erfüllen will. Und das ist die Ursache der langen Reihe von Geburt und Tod. Buddha sagte es immer wieder: „Sei frei von Begierden, und du bist frei von *Samsara* – von dieser Welt."

Kultiviere also keine Wünsche mehr – egal welche! Sei glücklich mit dem, was du bist. Sei zufrieden mit dem, was du bist. Dann wird es keine Geburt mehr für dich geben. Gib dich zufrieden – so, als hättest du dein Ziel erreicht, als gäbe es keine weitere Reise mehr zu unternehmen, als brauchte man nirgendwo mehr hingehen. Ganz egal, wo du gerade stehst – es sollte mehr als genug sein. Man sollte überhaupt keinen Gedanken verschwenden, dass man noch mehr erreichen will als man schon hat.

Wenn das mit dir geschieht, wie sollst du dann wiedergeboren werden? Du wirst vollkommen zufrieden sterben. Und ein Mensch, der vollkommen zufrieden stirbt, hat keinen Grund zurückzukommen. Ein solcher Mensch beherrscht die Kunst des Sterbens. Einer, der wunschlos stirbt, kennt die Kunst des Sterbens.

Kabir stirbt, nachdem er Weisheit erlangt hat und erfüllt ist. Er stirbt, nachdem er die Wirklichkeit, die Wahrheit erfahren hat. Aber du hast, wenn du stirbst, nichts davon erfahren. Du stirbst, ohne erfüllt zu sein, ohne erwacht zu sein, ohne Weisheit. Du stirbst, wenn du alt geworden bist. Erleuchtete sterben, wenn sie Weisheit erlangt haben. Genau davon spricht Kabir. Du stirbst in einem Zustand der Hilflosigkeit, du rufst nach Hilfe, jammerst nach einem Arzt und nach Medikamenten.

Der Mensch stirbt, will aber gar nicht sterben. Er stirbt, weil er hilflos ist. Man probiert so viele Tricks aus, um nicht zu sterben. Man glaubt an falsche Versprechungen, die einem von Astrologen und sogenannten Heiligen gegeben werden. Manche Leute tragen sogar Amulette, um sich vor dem Tod zu schützen. Man probiert alles Mögliche aus, um seine Haut zu retten.

Alt zu werden, heißt nicht, weise zu werden. Weisheit zu erlangen heißt, dass du erkannt hast, dass es in diesem Leben nichts gibt, was es wert ist erreicht zu werden, und dass es nichts gibt, was es wert ist gerettet zu werden. Weisheit zu erlangen heißt, dass du alle deine Begierden und Wünsche erforscht hast, und sie als substanzlos befunden hast. Du hast geliebt und erkannt, dass die Liebe nichts als sexuelle Begierde war; du hast erkannt, dass die Natur dich einfach als Werkzeug für die Fortpflanzung der Spezies benutzt. Du hast Geld verdient und erkannt, dass es zwar von der Gesellschaft als Wert anerkannt wird, aber nichts weiter ist als verschmutzte Papierfetzen. Du hast eine hohe Stellung erreicht und Hunderttausende haben mit Ehrfurcht und Respekt zu dir aufgeblickt, doch du hast erkannt, dass dir deine Stellung keinerlei Zufriedenheit beschert hat, dass dein Geist unzufrieden geblieben ist.

Du hast die höchsten Höhen des Egos erklommen und erkannt, dass auch dort Kleinlichkeit und Gemeinheit herrscht. Du hast in Palästen gewohnt, doch deine innere Armut ist nicht verschwunden.

Du magst alles verdient haben, alles erreicht haben, doch erst wenn du erkennst, dass alles Gewinnen in Wirklichkeit nichts anderes ist als Verlieren, dann wirst du zum Weisen. Dann erkennst du, dass es nichts im Leben gibt, was es wert ist, erreicht zu werden. Trotz der Tatsache, dass du in jedem Winkel und jeder Ecke gesucht hast, hast du in deinem Leben nichts gefunden, was von Substanz ist.

Du kannst dies allerdings nur durch deinen eigenen riesigen Schatz an Erfahrungen lernen. Es passiert nicht dadurch, dass du auf andere hörst, nicht indem du Kabir liest oder mir zuhörst, dass du plötzlich erkennst, dass du dein Leben in Ignoranz verspielst. Du erkennst es nur, indem du es selbst austestest, durch deine eigene Erfahrung.

Auf dieser Welt gibt es keinen Platz für Erleuchtete. Für einen Erleuchteten gibt es hier nichts zu tun. Diese Welt ist eine Spielzeugwelt für Kinder. Es sind Kinder, die darin spielen, die davon ganz in Anspruch genommen sind. Wenn du erleuchtet bist, kannst du darüber lachen; dann kannst auch du sehen, dass alles Kinderei ist. Dann hast du es erfahren. Dann bist du erleuchtet. Und sobald du dies erkennst, ist die Kette der Wünsche gebrochen.

Wenn der Tod kommt, tust du dein Möglichstes, um dich zu retten. Du hast schreckliche Angst, du zitterst und bebst. Du versinkst in einem Meer von Schrecken und Erschütterung. Du wirst gegen deinen Willen in den Tod gerissen; du willst nicht, dass die Lebenskraft deinen Körper verlässt. Du klammerst dich an den Körper, sosehr du kannst, und wirst gezwungen, dich davon zu trennen. Du stirbst jammernd und leidend. Du gibst dich geschlagen und stirbst in völliger Hilflosigkeit.

Sitze einmal bei einem Sterbenden. Man kann oft sehen, wie verzweifelt er sich bemüht, am Leben festzuhalten. Schau es dir an, denn vielleicht bist du zur Zeit deines eigenen Todes nicht bewusst genug, um alles mitzubekommen. Sterbende klammern sich oft an jeden Strohhalm, um ein bisschen länger am Leben zu bleiben, um noch ein kleines Weilchen an diesem Ufer zu bleiben. Der Ruf von der anderen Welt ist gekommen, das Boot wartet am Ufer auf dich, der Steuermann winkt dir zu und ruft, du sollst dich sputen.

Er sagt: „Deine Zeit ist um“, und fragt: „Warum klammerst du dich immer noch ans Ufer?“

Du sagst: „Warte noch einen Moment. Lass mich noch ein bisschen mehr Glück haben. Ich hatte noch keines in meinem Leben!“ Du warst dein Leben lang unglücklich und willst trotzdem noch einen Moment länger leben, in der Hoffnung, ein bisschen mehr

Glück zu bekommen. Das ist die Tragödie. Du stirbst unzufrieden. Du stirbst durstig. Du hast von verschiedenen Bächen getrunken, aber dein Durst ist noch nicht gestillt. Dein Hunger war unersättlich, du hast es nicht geschafft, ihn nach deinem Geschmack zu befriedigen, und deshalb sind deine Wünsche so geblieben, wie sie waren. Obwohl du alle möglichen Erfahrungen gemacht hast, sind deine Begierden geblieben. Sie haben dich selbst bis auf dein Totenbett verfolgt. Diese Art von Tod ist der Tod eines unbewussten und einfältigen Menschen.

Wenn jedoch deine Wünsche, nachdem du alle möglichen Erfahrungen gemacht hast, zu verschwinden anfangen und du über sie lachen kannst … Wenn du erkennst, dass der Versuch, das Glück aus dem Leben herauszupressen, genauso ist wie Öl aus dem Sand zu pressen … Wenn du siehst, dass es überhaupt keine authentische Beziehung in diesem Leben geben kann und es keine Mittel und Wege gibt, Glück in diesem Leben zu erreichen … Wenn du siehst, dass du umsonst umhergewandert bist und auf all deinen Reisen einem Traum hinterhergerannt bist … Wenn dir das alles bewusst wird, dann bist du weise geworden. Werde noch vor deinem Tod weise! Du bist schon so viele Male gestorben.

Wenn der Tod an deine Tür klopft, gehe mit vollem Bewusstsein mit ihm mit. Begleite den Tod so, wie es ein Erleuchteter tun würde. Gehe nicht heulend und jammernd und schreiend wie ein Kind, dem man das Spielzeug weggenommen hat. Sei nicht kindisch, wenn der Tod kommt. Stirb mit einem Lächeln auf dem Gesicht. Sag zum Tod: „Du bist willkommen. Ich bin bereit für dich.“ Und wenn du es sagst, sollte nicht der geringste Anflug von Reue dabei sein. Im Gegenteil, wenn du das Leben wirklich voll erfahren hast, wird in deiner Stimme Glück und Ekstase zum Ausdruck kommen, ohne jede Sorge.

Ein junger Sänger kam in eine Stadt, in der hauptsächlich Musiker lebten. Die ganze Stadt versammelte sich, um dem neuen Musiker zuzuhören, gleich nachdem er angekommen war. Er war wirklich ein Anfänger, er war noch dabei zu lernen. Er kannte kaum das ABC der Musik, doch normalerweise besuchte er Orte, wo sich die Leute mit Musik nicht auskannten, und deshalb waren seine begrenzten Fähigkeiten bisher gut angekommen. Aber in dieser Stadt lebten die Experten; die klassische Musik lag ihnen im Blut.

Kaum hatte er die erste Note gesungen, begann das ganze Publikum zu rufen: „Zugabe!" Er verstand es falsch. Er dachte: „Wie nett sind doch diese Leute! Das sind wirklich große Musikliebhaber – genau das, was man mir über sie gesagt hatte." So sang er weiter und wieder schrie die ganze Halle: „Zugabe!" Und so ging es sieben, acht Mal.

Nun begann ihm die Kehle weh zu tun und er war erschöpft. Schließlich sagte er: „Freunde, ich bin zutiefst berührt von eurer Liebe, aber entschuldigt mich bitte. Ich kann nicht mehr. Mir bricht gleich die Stimme!"

Da rief das Publikum: „Du musst weiter singen, bis du es richtig kannst!"

Die ganze Zeit hatte der Neuling gedacht, die „Zugabe!"-Rufe seien ein Lob für seinen Gesang gewesen. Doch diese Leute waren Experten. „Wenn deine Stimme bricht", riefen sie, „dann lass sie brechen, aber du musst weiter singen, bis du es richtig singst."

Du wirst immer wieder zurückgeschickt ins *Samsara*, in diese Welt, aber glaube nicht, es läge daran, dass du in diesem Leben so wichtig bist oder weil du so wertvoll bist. Die Tatsache, dass du zurückgeschickt wirst, ist der Auftrag der Existenz, dass du weiter singen musst, bis du gelernt hast, das Lied des Lebens richtig zu singen. Du brauchst diese Übung, diese Wiederholung, weil du jedes Mal ins Leben zurückkommst, ohne alles abgeschlossen zu haben.

Die Existenz akzeptiert keine unfertigen Dinge. Nur was vollendet ist, wird angenommen. Ein Mensch, der die Wahrheit des Lebens erkannt hat, ist von Freude erfüllt, wenn der Tod kommt, da er nun bald von den Verstrickungen des *Samsara* frei sein wird, von den Verstrickungen der Welt. Bald wird dieses ganze Theater ein Ende haben, bald wird man dieses kindische Spielzeug weglegen.

Ein solcher Mensch hat es nun verdient, zu dem Ort zu reisen, von dem es keine Rückkehr mehr gibt.

6. Fragen und Antworten

Gibt es ein Leben nach dem Tode?

Das ist die falsche Frage, sie ist im Grunde sinnlos. Man sollte niemals sich selbst überspringen, das birgt die Gefahr, auf die Nase zu fallen. Man sollte die wirklich grundlegende Frage stellen. Man sollte mit dem Anfang beginnen. Mein Vorschlag ist: Stelle eine Frage, die den Dingen mehr auf den Grund geht.

Du kannst zum Beispiel fragen: „Gibt es ein Leben nach der Geburt?" Das wäre grundlegender, denn viele Menschen werden geboren, aber nur sehr wenige leben wirklich. Geboren zu werden, heißt noch lange nicht, dass du lebendig bist. Du existierst natürlich, aber das Leben ist mehr als nur Existieren. Geboren wirst du, aber wenn du nicht in dein wahres Sein wiedergeboren wirst, lebst du nicht, lebst du niemals.

Die Geburt ist notwendig, aber nicht genug. Man braucht noch etwas anderes, sonst vegetiert man bloß vor sich hin, man stirbt einfach vor sich hin. Natürlich ist dieser Tod ein sehr langsam fortschreitender Prozess, und du bist so unbewusst, dass du es gar nicht weißt, du merkst es einfach nicht. Von der Geburt bis zum Tod ist es ein langer, fortschreitender Tod. Es kommt sehr selten vor, dass man einem wahrhaft lebendigen Menschen begegnet. Ein Buddha, ein Jesus, ein Kabir – sie sind lebendig! Und dies ist ein Wunder: Diejenigen, die wirklich am Leben sind, stellen nie die Frage, ob es ein Leben nach dem Tode gibt. Sie wissen es. Sie wissen, was Leben ist; für sie gibt es keinen Tod.

Den Tod gibt es nur, weil du nicht weißt, was Leben ist, weil dir das Leben und seine Unsterblichkeit noch nicht bewusst geworden ist. Du hast das Leben niemals berührt, daher kommt die Angst vor dem Tod. Hast du einmal erfahren, was Leben ist, existiert im selben Moment der Tod nicht mehr.

Bringst du Licht in einen dunklen Raum, verschwindet die Dunkelheit. Erfährst du das Leben, verschwindet der Tod. Jemand, der wirklich lebendig ist, lacht darüber, dass der Tod möglich sein soll. Der Tod ist unmöglich. Der Tod kann überhaupt nicht existieren. Das ist die Natur der Dinge: Was ist, wird auch bleiben, ist schon immer da gewesen. Was ist, kann nicht verschwinden. Aber nicht theoretisch; du musst diese Erfahrung existentiell selbst machen.

Normalerweise haben alle diese Frage im Kopf, ob sie sie nun stellen oder nicht: „Was passiert nach dem Tod?" Denn es ist schon vor dem Tod nichts passiert, daher die Frage. Da das Leben nach der Geburt nicht wirklich stattgefunden hat, wie kannst du dann glauben oder vertrauen, dass es nach dem Tod ein Leben geben soll? Es ist ja nicht einmal nach der Geburt geschehen, wie kann es dann nach dem Tod geschehen? Und jemand, der Leben erfahren hat, weiß, dass der Tod eine andere Geburt ist und sonst nichts. Der Tod ist eine andere Geburt; eine neue Tür öffnet sich. Der Tod ist die andere Seite derselben Tür, die du Geburt nennst. Von der einen Seite ist die Tür als Tod bekannt, von der anderen Seite ist sie als Geburt bekannt.

Der Tod bringt eine andere Geburt mit sich, einen neuen Anfang, eine neue Reise. Aber das ist für dich reine Spekulation. Es wird dir nicht viel bedeuten, bevor du nicht weißt, was Leben ist. Deshalb sage ich: Stelle die richtige Frage. Eine falsche Frage kann nicht beantwortet werden, oder sie kann nur falsch beantwortet werden. Eine falsche Frage setzt eine falsche Antwort voraus. Ich bin hier, um euch zu helfen, etwas zu erfahren, nicht um euch zu helfen, gut im Spekulieren oder große Denker zu werden. Etwas zu erfahren, ist das Ziel, nicht zu philosophieren. Und nur die Erfahrung kann das Rätsel lösen.

Du wurdest geboren, bist aber noch nicht wirklich geboren. Eine Wiedergeburt ist nötig. Du musst zwei Mal geboren werden. Die erste

Geburt ist nur die physische Geburt, die zweite Geburt ist die wirkliche Geburt – die spirituelle Geburt. Du musst dich selbst erkennen. Wer bist du? Diese Frage muss man sich stellen: Wer bin ich? Und wenn das Leben schon da ist, warum untersucht man dann nicht das Leben selbst näher? Warum sich um den Tod kümmern? Wenn er kommt, kannst du dich ihm stellen und kannst ihn erfahren.

Verpasse nicht diese Gelegenheit, das Leben zu erfahren, während es dich umgibt. Hast du das Leben wirklich erfahren, wirst du sicher auch den Tod erfahren haben. Und dann ist der Tod nicht der Feind. Der Tod ist ein Freund. Dann ist der Tod nichts anderes als tiefer Schlaf. Dann wird es wieder Morgen und alles fängt wieder an. Dann ist der Tod nichts anderes als Ausruhen – eine große Ruhepause, eine nötige Ruhepause. Nach diesem anstrengenden und ermüdenden Leben braucht man eine große Ruhepause. Im Tod geht man zurück zur Quelle, genau wie im Schlaf.

Jede Nacht stirbst du einen kleinen Tod. Du nennst es Schlaf, aber es wäre besser, es einen kleinen Tod zu nennen. Du verschwindest von der Oberfläche und gehst in dein innerstes Wesen. Du gehst verloren, weißt nicht, wo du bist. Du vergisst alles über die Welt, über deine Beziehungen und die anderen Leute. Du stirbst einen kleinen Tod, einen winzigen Tod, aber selbst dieser winzige Tod belebt dich neu. Am Morgen bist du wieder voller Schwung und Saft, es pulsiert wieder das Leben in dir, bereit, in Tausende von Abenteuern zu springen, bereit, die Herausforderungen anzunehmen. Und abends bist du dann wieder müde.

Das geschieht jeden Tag. Du weißt noch nicht einmal, was Schlaf ist. Wie kannst du dann wissen, was Tod ist? Tod ist der große Schlaf, eine tiefe Ruhe nach dem ganzen Leben. Er macht dich wieder neu, er macht dich frisch, er lässt dich wieder auferstehen.

Gibt es die Hölle wirklich?

Ich habe eine Geschichte gehört: Ein Atheist wandte sich einmal an einen Priester, der in seiner Predigt gesagt hatte, dass alle, die an Gott glauben und tugendhaft handeln, in den Himmel kommen, während alle, die nicht an Gott glauben und Sünder sind, zur Hölle fahren.

Der Atheist hob die Hand und sagte: „Sir! In diesem Fall muss eine Frage gelöst werden. Was ist mit den Leuten, die nicht an Gott glauben und trotzdem tugendhaft handeln? Wo gehen die hin? Und was ist mit den Leuten, die an Gott glauben und trotzdem Sünder sind? Wohin kommen die?"

Der Priester war natürlich in großer Verlegenheit. Wenn er sagt, dass die tugendhaften Menschen in die Hölle kommen, weil sie nicht an Gott glauben, sieht es nicht gut aus. Denn wozu soll man dann tugendhaft sein? Dann braucht man nur an Gott glauben und kann alle Sünden genießen, die es zu genießen gibt. Was kümmert einen dann noch die Tugend? Wenn er sagt, dass die Leute, die an Gott glauben und Sünder sind, in den Himmel kommen, dann ist der Glauben allein auch genug. Gott wäre also nicht daran interessiert, was du tust, er wäre an deinen Handlungen nicht interessiert. Du kannst morden, du kannst Dschingis Khan oder Adolf Hitler sein, wenn du nur an Gott glaubst.

Und wohlgemerkt: Hitler glaubte an Gott. Auch Dschingis Khan glaubte an Gott. Bevor er Tausende von Menschen niedermetzeln ließ, rezitierte er jeden Morgen den Koran. Seine erste Handlung war *Namaz*, das Gebet, und dann beging er alle möglichen Widerwärtigkeiten, unglaubliche Gemetzel!

Dieser Priester muss ein sensibler Mensch gewesen sein, aufgeweckt. Er sagte: „Bitte geben Sie mir Zeit. Die Frage ist schwierig, nicht so einfach. Ich werde sie am nächsten Sonntag beantworten."

Diese sieben Tage waren wirklich die Hölle für den Priester. Er versuchte es auf diese und auf jene Weise, aber es kam nichts dabei heraus. Der Sonntag kam, und er wusste, der Atheist würde da sein. Nicht aufzutauchen, wäre zu peinlich gewesen. Also kam er ein wenig früher, um zu Jesus zu beten: „Hilf mir! Ich bin dein Diener. Ich habe in deinem Namen gesprochen. Jetzt hilf mir! Was ist die Lösung? Dieser Mann hat mich so in Verlegenheit gebracht."

Während er zu Christus betete – und er hatte sieben Tage lang nicht geschlafen, Tag und Nacht hatte er über die Antwort nachgedacht –, schlief er vor dem Kruzifix ein und hatte einen Traum. In dem Traum sah er einen Zug, der gerade in Richtung Himmel abfuhr. Er sprang hinein und sagte sich: „Das ist genau das Richtige. Warum gehe ich nicht einfach hin und sehe es mit eigenen Augen? Wenn ich Adolf Hitler, Dschingis Khan und Tamerlan im Himmel sehe, ist die Frage gelöst. Oder wenn ich Sokrates sehe, der nicht an Gott glaubte, aber ein sehr tugendhafter Mann war; wenn ich Buddha sehe, der nicht an Gott glaubte, aber einer der frömmsten Menschen war, die je auf der Erde wandelten, auch dann ist die Frage gelöst. Er sprang auf und der Zug fuhr ab. Er kam im Himmel an. Er war ein bisschen überrascht, denn der Himmel sah nicht sehr himmlisch aus. Es ging sehr traurig zu, öde und lahm, keine Freude, nichts Sonniges, keine Lieder. Er hatte so viel von den Engeln gehört, die dort angeblich Harfe spielten und tanzten und sangen. Keine Harfen, kein Gesang, kein Tanz. Nur ein paar dümmlich aussehende Heilige saßen unter ihren Bäumen, mit einer Staubschicht bedeckt.

Er erkundigte sich beim Bahnhofsvorsteher und fragte: „Ist das vielleicht ein Irrtum? Ist das wirklich der Himmel?"

Der Bahnhofsvorsteher sagte: „Ja. Und es ist kein Irrtum."

Doch der Priester meinte: „Das sieht eher wie die Hölle aus! Fährt auch ein Zug zur Hölle? Ich möchte nämlich gerne auch die Hölle sehen. Dann kann ich vergleichen."

Er reservierte einen Platz und fuhr zur Hölle. Und jetzt war er noch erstaunter als dort, wo er den Himmel sah! Hier herrschte eitel Freude, es wurde gesungen und Musik gespielt, alles war hell und sonnig. Die Leute arbeiteten und hatten strahlende Augen. Kein Teufel, kein Höllenfeuer, keine Höllenqualen – nichts! Er erkundigte sich wieder: „Das sieht ja wie der Himmel aus!"

Der Bahnhofsvorsteher sagte: „Ja, das ist richtig, aber vorher sah es so aus, wie es in euren heiligen Schriften steht. Seit Buddha, Mahavir und Sokrates hier sind, hat sich der Platz verändert."

Es hängt ganz von dir ab. Die Hölle ist auf der Landkarte nicht zu finden, sie ist ein Teil deiner Psychologie. Und der Himmel ist es ebenso. Du schaffst dir deine Hölle, du schaffst dir deinen Himmel. Und sie sind nicht in der Zukunft. Hier und jetzt leben manche Leute im Himmel und manche Leute in der Hölle. Und vielleicht sitzen sie nebeneinander. Vielleicht sind sie Freunde.

Mache dir keine Sorgen um Hölle und Himmel. Sie sind nur Zustände deines Seins. Wenn du zu sehr im Kopf bist, lebst du in der Hölle. Wenn du nicht in deinem Kopf lebst, lebst du im Himmel.

Wenn Gott gut ist, warum gibt es den Tod?

Du siehst jemanden sterben und im westlichen Denken, das auf Aristoteles basiert, wird sofort ein Problem daraus gemacht: Wenn Gott gut ist, warum dann der Tod? Wenn Gott gut ist, warum gibt es Armut? Wenn Gott gut ist, warum gibt es Krebs? Wenn Gott gut ist, dann muss alles gut sein. Wenn nicht, dann kommen Zweifel auf: Dann kann es Gott nicht geben. Oder wenn es ihn gibt, dann kann er nicht gut sein. Wie kann man einen Gott „Gott" nennen, wenn er nicht einmal gut ist? Seit Jahrhunderten hat sich die ganze christliche Theologie mit diesem Problem herumgeschlagen. Wie erklärt man es weg? Doch das ist unmöglich, denn das aristotelische Denken lässt es nicht zu. Man kann es vermeiden, aber man kann es nicht völlig auflösen, da es aus der Struktur dieses Denkens selbst entsteht.

Im Osten sagen wir, dass Gott weder gut noch böse ist. Was immer geschieht, geschieht einfach. Es wird nicht moralisch bewertet, man kann nichts als gut oder schlecht bezeichnen. Du nennst es so, weil du eine bestimmte Denkweise hast. Es hat mit deinem Denken zu tun, dass eine Sache gut wird und eine andere schlecht.

Überlege einmal: Adolf Hitler wurde geboren. Wenn seine Mutter ihn getötet hätte, wäre es gut oder schlecht gewesen? Heute wissen wir, dass es sehr gut für die Welt gewesen wäre, wenn Hitlers Mutter ihren Sohn umgebracht hätte. Millionen von Menschen wurden umgebracht. Da wäre es doch besser gewesen, nur diese eine Person umzubringen. Wenn aber Hitler von seiner Mutter umgebracht worden wäre, dann wäre sie sehr hart bestraft worden. Vielleicht hätte man sie lebenslänglich eingesperrt oder der Staat, die Polizei oder das Gericht hätte sie erschießen lassen. Niemand hätte damals gesagt, dass dieses Urteil unrecht gewesen wäre, denn es ist eine Sünde, ein Kind umzubringen. Doch kannst du sehen, was dies bedeutet?

Was immer wir als gut befinden, ist nur von einer engen Denkweise vorgegeben. Und auch was wir für schlecht halten, ist von unserem engen Denken vorgegeben.

Wenn ich meinen Glauben aufgebe, woran kann ich mich dann festhalten, wenn ich einmal sterbe?

Wenn der Tod einmal an deine Tür klopft, wirst du feststellen, dass alle deine Glaubenssätze verschwunden sind. Der Glaube an die Unsterblichkeit der Seele wird dir nicht helfen, wenn der Tod anklopft. Du wirst weinen und jammern, wirst am Leben festhalten wollen. Wenn der Tod kommt, wirst du Gott völlig vergessen. Wenn der Tod kommt, wirst du nicht in der Lage sein, dich an die Reinkarnationslehre zu erinnern – und an ihre ganzen komplizierten Zusammenhänge! Wenn der Tod anklopft, dann stößt er das ganze Gebäude deines Wissens um, das du dir so sorgfältig aufgebaut hast. Er lässt dich absolut leer zurück, mit dem Bewusstsein, dass du dein ganzes Leben vergeudet hast.

Weisheit ist eine völlig andere Qualität. Sie ist nicht Glaube, sondern Erfahrung. Sie ist existentielle Erfahrung, nicht, was man „über" irgendetwas erfährt. Du glaubst nicht an Gott, sondern du kennst ihn. Du glaubst nicht an die Unsterblichkeit der Seele, sondern du hast davon gekostet. Du glaubst nicht an Reinkarnation, sondern du erinnerst dich daran. Du erinnerst dich, dass du schon viele Male hier gewesen bist. Und wenn es in der Vergangenheit so war, dann wird es auch in der Zukunft so sein.

Du erinnerst dich, dass du in vielen Körpern gewohnt hast – du warst ein Stein, ein Baum, Tiere, Vögel, du bist Mann, Frau gewesen. Du hast in so vielen Formen gelebt. Du siehst, wie sich die Form verändert, aber das innere Bewusstsein dasselbe bleibt. Also kannst du sehen, dass sich nur die Oberfläche verändert, die Essenz jedoch ewig ist.

Das ist Sehen, nicht Glauben. Jeder wahre Meister möchte dir helfen zu sehen, nicht zu glauben. Weisheit entsteht nur in dir – sie ist keine heilige Schrift. Du beginnst, in deinem eigenen Bewusstsein zu lesen.

Mir scheint, das christliche Konzept von der Seele entspricht dem, was du als das „wahre Ich“ bezeichnest, als den Beobachter. Warum hat Jesus nicht erwähnt, dass die Reinkarnation der Seele möglich ist? Hier scheint ein grundlegender Unterschied zwischen westlicher und östlicher Religion zu bestehen. Kannst du darüber etwas sagen?

Jesus wusste über die Reinkarnation genau Bescheid. Überall in den Evangelien findet man indirekte Hinweise darauf. Gerade vor ein paar Tagen habe ich über ein Zitat Jesu gesprochen: „Ich war, bevor Abraham jemals war.“ Jesus sagt auch: „Ich werde wiederkommen.“ Und es gibt mindestens tausend weitere indirekte Hinweise auf die Wiedergeburt. Er wusste genau darüber Bescheid. Es gibt jedoch einen Grund, warum er sie nicht erwähnt hat, warum er nicht darüber gesprochen hat. Jesus war in Indien gewesen und hatte gesehen, was aufgrund der Reinkarnationslehre geschehen war. Diese Theorie wurde in Indien zu Jesu Lebzeiten bereits seit fünftausend Jahren gelehrt. Und es ist die Wahrheit, nicht nur eine Theorie. Die Theorie basiert auf der Wahrheit. Der Mensch hat Millionen von Leben. Das wurde von Mahavir, von Buddha, von Krishna, von Rama gelehrt. Alle indischen Religionen sind sich darüber einig. Es ist erstaunlich, denn sonst sind sie sich über nichts einig, nur über diese Theorie.

Die Hindus glauben an Gott und die Seele. Die Jains glauben zwar an keinen Gott, aber an die Seele. Und die Buddhisten glauben weder an die Seele noch an Gott. Aber über die Reinkarnation sind sich alle einig – selbst die Buddhisten stimmen da zu, die doch gar nicht an die

Seele glauben. Sehr merkwürdig: Wer inkarniert sich denn dann? Selbst sie konnten nicht leugnen, dass Reinkarnation stattfindet, auch wenn sie die Existenz der Seele leugnen konnten. Sie sagen, es gibt keine Seele, aber es gibt Reinkarnation. Es fiel ihnen natürlich schwer zu beweisen, dass Reinkarnation ohne Seele möglich ist – es scheint eigentlich ausgeschlossen zu sein. Aber sie haben einen Weg gefunden. Es ist natürlich sehr kompliziert und sehr schwer zu verstehen, aber sie scheinen näher an der Wahrheit zu sein. Sie sind ihr mit ihrer Anschauung am nächsten gekommen.

Es ist leicht zu verstehen, dass es eine Seele gibt. Wenn du stirbst, bleibt der Körper auf der Erde zurück und die Seele tritt in einen neuen Körper ein, in den Schoß einer anderen Mutter. Das ist eine einfache, mathematische Formel. Doch Buddha behauptet, es gebe keine Seele, sondern nur ein Kontinuum.

Es ist wie eine Kerze, die du abends anzündest, und am darauffolgenden Morgen, wenn du sie wieder ausbläst, stellt man dir die Frage: „Bläst du dasselbe Licht aus, das du am Abend angezündet hast?" Nein, es ist nicht dasselbe Licht, und trotzdem ist eine Kontinuität da. Das Licht, das du am Abend entzündet hast, diese Flamme ist nicht mehr da. Diese Flamme verschwindet kontinuierlich, sie wird von einer anderen Flamme abgelöst. Diese Ablösung findet so schnell statt, dass du die Zwischenräume nicht sehen kannst. Doch mit komplizierten wissenschaftlichen Instrumenten kann man diese Zwischenräume sehen: Eine Flamme geht aus, die nächste kommt und geht wieder aus; die nächste kommt ... Dazwischen liegen zwangsläufig winzige Pausen, die man allerdings mit dem bloßen Auge nicht sehen kann.

Buddha sagt, dass in der gleichen Weise, wie eine Kerzenflamme niemals dieselbe ist – sie ändert sich ständig, obwohl sie in einem gewissen Sinn dieselbe ist, da sie ein Kontinuum ist –, es genau in derselben Weise keine Seele als eigenständiges Wesen gibt, sondern so etwas wie eine Flamme. Sie verändert sich ununterbrochen. Sie ist wie ein Fluss.

Buddha glaubt nicht an Substantive, er glaubt nur an Verben. Und ich stimme ihm voll und ganz zu. Er ist der Wahrheit am nächsten gekommen, zumindest ist er in seiner Ausdrucksweise am gründlichsten. Aber warum haben Jesus, Moses und Mohammed, die Gründer der drei Religionen, die außerhalb von Indien entstanden sind, nicht direkt über die Reinkarnation gesprochen. Es hatte einen Grund.

Auch Moses wusste Bescheid. Ägypten hatte nämlich schon immer Kontakt mit Indien gehabt. Man nimmt ja an, dass Afrika und Asien einmal ein Kontinent waren und sich dann langsam auseinanderbewegt haben. Indien und Ägypten waren verbunden; daher kommen auch die vielen Ähnlichkeiten. Und dass die Menschen in Südindien schwarz sind, ist kein Wunder: Sie haben teilweise das Blut der Schwarzen Afrikas auch in ihren Adern. Moses hat wahrscheinlich Indien gekannt. Erstaunlicherweise behauptet man ja in Kaschmir, dass sowohl Moses als auch Jesus dort begraben liegen. Die Gräber sind dort: eines von Moses, eines von Jesus. Sie beide konnten sehen, was mit Indien in Folge der Reinkarnationstheorie passiert war.

Durch die Reinkarnationstheorie ist Indien sehr lethargisch geworden; es gibt keine Eile. Selbst bis heute gibt es in Indien kein Zeitgefühl. Obwohl heute jeder eine Armbanduhr trägt, hat niemand ein Gefühl für die Zeit. Wenn dir einer sagt: „Ich treffe mich mit dir heute Nachmittag um fünf Uhr", kann das alles heißen. Vielleicht taucht er schon um vier auf, vielleicht taucht er um sechs auf, vielleicht taucht er überhaupt nicht auf – es wird nicht ernst genommen. Es bedeutet nicht, dass er sein Versprechen nicht erfüllt. Er hat einfach kein Zeitgefühl! Wie kann man ein Gefühl für die Zeit haben, wenn einem die Ewigkeit offen steht? Wenn es so viele Leben gibt, wozu soll man sich so beeilen? Man kann doch langsam machen! Eines schönen Tages wird man sowieso ankommen.

Die Reinkarnationstheorie hat Indien sehr lethargisch gemacht, sehr träge. Indien hat deshalb überhaupt kein Bewusstsein für die Zeit entwickelt. Das hat die Menschen nur dazu gebracht, alles aufzuschieben. Und wenn du alles auf morgen verschieben kann, bleibst du heute derselbe, der du schon immer warst. Morgen kommt niemals. Und Indien versteht es nicht nur, auf morgen zu verschieben, sondern auch auf das nächste Leben.

Sowohl Moses als auch Jesus haben Indien besucht. Beide wussten Bescheid. Mohammed hat Indien nie besucht, aber auch er wusste Bescheid, denn Indien war nicht weit entfernt, und es herrschte ein ständiger Verkehr zwischen Indien und Arabien. Sie hatten beschlossen, dass es besser ist, den Leuten zu sagen: „Es gibt nur ein Leben. Dieses Leben ist die letzte Chance – die erste und die letzte. Wenn ihr sie verpasst, habt ihr sie endgültig verpasst." Das ist ein Mittel, mit dem eine intensive Sehnsucht erzeugt wird. Dadurch wird bei den Leuten eine solche Intensität wachgerufen, dass die Transformation einfacher ist.

Dann kommt natürlich die Frage auf: „Ist dies Mahavir, Buddha und Krishna denn nicht bewusst gewesen? Haben sie nicht gesehen, dass die Reinkarnationstheorie Lethargie erzeugt?" Sie versuchten es mit einem völlig anderen Mittel. Und jedes Mittel erfüllt seinen Zweck zu seiner Zeit. Es einmal zu verwenden, heißt nicht, dass es auf ewig eingesetzt werden kann. Die Leute haben sich einfach daran gewöhnt. Als Buddha, Mahavir und Krishna es mit der Reinkarnationslehre versuchten, gingen sie von völlig anderen Voraussetzungen aus.

Zu jener Zeit war Indien ein sehr reiches Land. Es galt damals als die Goldgrube der Welt, das reichste Land. Und in einem reichen Land ist das eigentliche Problem, das größte Problem, die Langeweile. Das geschieht heute im Westen. Heute ist Amerika in derselben Situation: Langeweile ist zum größten Problem geworden. Die Menschen sind zu Tode gelangweilt, so gelangweilt, dass sie sterben möchten.

Krishna, Mahavir und Buddha benutzten diese Situation. Sie sagten den Leuten: „Das ist noch gar nichts. Die Langeweile eines Lebens ist nichts. Ihr habt schon viele Leben hinter euch. Merkt euch: Wenn ihr nicht auf uns hört, werdet ihr noch viele Leben vor euch haben; ihr werdet euch immer wieder und wieder langweilen. Es ist dasselbe Rad von Leben und Tod, das sich immer weiter dreht."

Sie malten die Langeweile in so düsteren Farben aus, dass sich die Menschen der damaligen Zeit, die schon mit einem Leben so gelangweilt waren, wirklich tief auf die Religion einließen. Man muss Leben und Tod hinter sich lassen, aus diesem Rad aussteigen, aus diesem Teufelskreis von Geburt und Tod herauskommen!

Deshalb war es damals so wichtig. Dann verarmte Indien. Als das Land arm war, verschwand die Langeweile. Einem armen Menschen ist es wohlgemerkt nie langweilig. Nur die Reichen können sich Langeweile leisten. Sie ist das Privileg des reichen Mannes. Einem Armen ist es unmöglich, sich zu langweilen. Er hat keine Zeit dazu. Den ganzen Tag arbeitet er. Wenn er nach Hause kommt, ist er so müde, dass er einschläft. Er braucht nicht so viel Unterhaltung – Fernsehen, Filme, Musik, Kunst, Museum… All diese Dinge braucht er nicht zu haben; er kann sie gar nicht haben. Seine einzige Unterhaltung ist der Sex – eine natürliche Sache, die eingebaut ist. Deswegen werden in den armen Ländern immer mehr Kinder produziert als in den reichen Ländern. Es ist die einzige Ablenkung.

Will man die Bevölkerung in den armen Ländern reduzieren, muss man ihnen nur Unterhaltung geben. Gebt ihnen Fernseher, Radios und Filme – irgendetwas, das sie vom Sex ablenkt.

Ich habe gehört, dass amerikanische Paare so besessen sind vom Fernsehen, dass sie sogar beim Liebesakt weiter fernsehen müssen. Die Liebe wird zweitrangig; das Fernsehen hat Vorrang. Sie wollen das laufende Programm nicht verpassen.

Ein armes Land kennt nur eine Unterhaltung, weil es sich eine andere nicht leisten kann. Es kann sich nur die natürliche, eingebaute Unterhaltung leisten. Deshalb produziert ein armes Land immer mehr Menschen; es wird immer voller mit Menschenmassen. Und sie haben das Leben noch nicht satt. Was für ein Leben haben sie schon? Man muss erst einmal ein Leben haben, um es satt zu haben. Man muss Geld haben, um die Nase voll zu haben. Man muss viele Frauen haben, um von ihnen die Nase voll zu haben. Man muss viele Erfahrungen mit der Welt haben, um mit ihr abzuschließen.

In dem Moment, als Indien verarmte, wurde die Reinkarnationslehre zur Flucht, zur Hoffnung – statt unendlicher Langeweile ist sie heute eine Hoffnung, eine Möglichkeit, Dinge aufzuschieben. „In diesem Leben bin ich arm. Aber das macht nichts, es gibt ja viele Leben. Im nächsten Leben werde ich mich etwas mehr anstrengen und reicher sein. In diesem Leben habe ich eine hässliche Frau. Das macht ja nichts, es ist ja nur für ein Leben. Nächstes Mal mache ich nicht wieder denselben Fehler. Diesmal muss ich für mein vergangenes Karma büßen. In diesem Leben werde ich nichts Böses tun, damit ich das nächste Leben genießen kann." Reinkarnation wurde zum Mittel, alles aufzuschieben.

Jesus sah, dass das Mittel nicht mehr so wirkte, wie es eigentlich gemeint war. Die Situation hatte sich geändert. Nun musste Jesus ein anderes Mittel anwenden: dass es nur ein Leben gibt. Wenn du also religiös werden willst, meditieren willst, wenn du ein Sucher sein willst, dann sei es jetzt! Denn auf morgen kann man sich nicht verlassen. Vielleicht gibt es gar kein Morgen.

Aus diesem Grund ist im Westen das Zeitbewusstsein irgendwann zu stark geworden. Alle sind ständig in Eile. Der Grund für diese Hetzerei ist das Christentum. Wieder hat das Mittel versagt. Kein Mittel kann ewig wirken. Meiner Erfahrung nach ist ein bestimmtes Mittel nur so lange wirksam, wie der Meister am Leben ist. Denn er ist die Seele davon. Er kann es so vermitteln, dass es auch wirkt. Wenn er nicht mehr da ist, verliert es die Wirkung, oder die Leute finden neue Interpretationen dafür.

Heute verfehlt dieses Mittel im Westen völlig seinen Zweck. Heute ist es zum Problem geworden. Die Menschen hetzen sich ständig, sind angespannt und voller Angst, weil sie nur ein Mal leben. Jesus wollte sie erinnern: „Es gibt nur ein Leben, deshalb vergesst Gott nicht." Und was tun sie? Da sie nur ein Leben haben, wollen sie einfach essen, trinken und genießen. Da man ja nur ein Mal lebt, muss man sich völlig austoben, den ganzen Saft jetzt sofort aus dem Leben herauspressen. Und wen kümmert schon das Jüngste Gericht? Wer weiß, ob es so etwas wie das Jüngste Gericht überhaupt gibt? Im Westen hetzt man sich heute bei allem, da es kein anderes Leben gibt.

Mary und John leben beide in einem riesigen Wohnblock in New York City. Eines Tages begegnen sie sich im Aufzug und verlieben sich sofort ineinander, machen aber kein Treffen aus. Das geht sechs Monate so, bis John die Anspannung nicht mehr aushält und sie auf einen Drink in seine Wohnung einlädt. Zögernd sagt sie Ja und als sie in seine Wohnung kommen, schließen sie die Tür hinter sich, rennen ins Schlafzimmer und werfen sich aufs Bett.

Nach ein paar Minuten sagt John mit heiserer Stimme: „Hör mal, es tut mir ja leid, aber wenn ich gewusst hätte, dass du noch Jungfrau bist, hätte ich mir mehr Zeit genommen."

„Na ja", antwortet Mary, „wenn ich gewusst hätte, dass du mehr Zeit hast, hätte ich mein Höschen ausgezogen."

So eine Eile! Geschwindigkeit ist eine Manie – immer schneller und schneller! Es kümmert keinen, wohin du gehst, aber schnell musst du sein. Immer schnellere Verkehrsmittel werden erfunden.

Und das alles ist wegen dieses Hilfsmittels passiert. Zu Lebzeiten Jesu hat es gewirkt. Er hat seine Jünger ständig darauf aufmerksam gemacht: „Hütet euch! Das Jüngste Gericht ist nahe. Ihr werdet das Ende der Welt noch selbst erleben, und ein anderes Leben gibt es nicht. Und wenn ihr es verpasst, kommt ihr auf ewig in die Hölle." Er hat nur eine bestimmte psychologische Atmosphäre geschaffen. Solange er am Leben war, hat es gewirkt. Und es wirkte noch ein paar Tage, nachdem er fort war. Es wirkte deshalb etwas länger, weil seine nächsten Jünger etwas von dieser Atmosphäre vermitteln konnten, weil sie eine bestimmte Aura hatten. Aber danach hat es genau das Gegenteil bewirkt.

Dadurch ist die weltlichste Zivilisation entstanden, die es je auf der Welt gegeben hat. Dabei ging es Jesus darum, dass die Vorstellung von *einem* Leben die Menschen so wach und bewusst machen würde, dass sie das Göttliche suchen und alle anderen Begierden und Beschäftigungen aufgeben würden. Ihr ganzes Leben sollte zur Suche werden, die nur auf ein Ziel ausgerichtet ist: die Suche nach dem, was jenseits des Weltlichen ist. Das war die Idee dahinter. Doch das Ergebnis davon ist, dass die Menschen absolut weltlich geworden sind, weil sie kein anderes Leben haben. „Es gibt nur ein Leben, also genieße es, so viel du nur kannst! Genieße es jetzt, schiebe es nicht auf morgen!"

In Indien verfehlte das Mittel seinen Zweck, weil die Menschen lethargisch wurden. Bei Buddha wirkte es noch. Er schuf wirklich eine der größten Bewegungen auf der Welt. Tausende entsagten der Welt, sie wurden Sannyasins – Wahrheitssucher. Das heißt, sie setzten alle ihre Kräfte für die Suche nach der Wahrheit ein, da um ihn herum eine solche Atmosphäre herrschte, dass man fürchtete, sich auf ewig zu langweilen, wenn man diese Gelegenheit verpasste.

Was aber später passierte, war genau das Gegenteil. So wird es immer sein. Die Meister werden immer missverstanden. Die Menschen sind so trickreich und diplomatisch, dass sie immer Mittel und Wege finden, um das beabsichtigte Ergebnis zu zerstören.

Jesus weiß genau, dass das Leben ewig währt, dass die Reinkarnation eine Tatsache ist. Er weist indirekt darauf hin. Seinen nächsten Schülern hat er es vielleicht gesagt, aber nicht der Masse, aus dem ganz einfachen Grund, weil er gesehen hat, wozu es in Indien geführt hatte. Er musste es auf andere Weise versuchen.

Du sagst, Buddha hätte nicht von Gott geredet, weil man ihn nicht nachweisen kann. Im selben Atemzug spricht er aber von anderen Leben und Reinkarnation. Wie passt das mit den wissenschaftlichen Tatsachen zusammen? Buddha sagt, es gäbe keine Seele. Was ist es dann, was nach dem Tod bleibt? Was ist Reinkarnation? Ich habe eine vage Vorstellung, dass es das Formlose ist, was bleibt, aber kann das eine Individualität haben? Dieselbe Welle wird nicht wiedergeboren.

Diese Frage ist sehr wichtig. Einer der wichtigsten Beiträge Buddhas zur Entwicklung des menschlichen Bewusstseins ist die Idee vom „Nicht-Selbst“. Sie ist sehr komplex. Ihr müsst ganz aufmerksam und still zuhören, um dies zu verstehen, denn es widerspricht allen Denkmustern, die euch seit jeher vorgegeben wurden.

Zuerst einige Analogien, damit ihr eine gewisse Vorstellung davon bekommt, was er mit „Nicht-Selbst“ meint.

Dein Körper ist nur ein Sack aus Haut. Die Haut grenzt den Körper ab. Sie legt die Grenze zwischen dir und der Welt fest. Sie ist wie eine Demarkationslinie um dich herum. Sie schützt dich vor der Welt, sie trennt dich von der Welt und lässt dich nur durch ganz bestimmte Öffnungen in die Welt eintreten oder die Welt in dich eintreten. Gäbe es keine Haut, könntest du gar nicht existieren. Du würdest deine Abgrenzung von allem, was dich umgibt, verlieren. Doch bist du nicht deine Haut. Und die Haut verändert sich ständig.

Es ist wie bei einer Schlange, die immer wieder aus ihrer alten Haut herausschlüpft. Auch du wechselst deine Haut immer und immer wieder. Fragt man die Physiologen, erklären sie, dass ein Mensch, der siebzig Jahre lebt, etwa zehn Mal seine Haut vollkommen auswechselt. Dieser Vorgang geht jedoch sehr langsam, sodass er dir nie bewusst wird. Jeden Moment verändert sich ein so winziger Teil, dass du es nicht spürst; solche Feinheiten fühlt man nicht. Die Veränderung ist sehr subtil. Die Haut verändert sich, und du glaubst immer noch, es sei dein Körper – derselbe Körper. Es ist nie derselbe Körper. Er ist ein Kontinuum.

Im Bauch deiner Mutter warst du am ersten Tag eine winzige Zelle, die mit bloßem Auge nicht zu sehen war. Das war damals deine Haut, das war dein Körper. Dann fingst du an zu wachsen. Nach neun Monaten wurdest du geboren – da hattest du einen ganz anderen Körper. Wenn du dich plötzlich sehen könntest, wie du einen Tag alt warst, als Neugeborenes, wärest du nicht in der Lage, dich selbst zu erkennen. Du hast dich zu sehr verändert. In einer Weise bist du der- oder dieselbe, da du dieselbe Kontinuität bist. In einer anderen Weise bist du es nicht mehr, weil du dich ständig veränderst.

So etwas Ähnliches wie die Haut ist auch das Ego. Die Haut hält deinen Körper zusammen, hält ihn in bestimmten Grenzen. Das Ego hält den Inhalt deines Geistes in Grenzen. Das Ego ist deine innere Haut, damit du weißt, wer du bist. Sonst gehst du verloren, weißt nicht, wer wer ist; wer ich und wer der andere ist.

Die Vorstellung vom Selbst, vom Ich – das Ego – gibt dir eine Definition, eine zweckmäßige Definition. Sie grenzt dich klar von den anderen ab. Doch auch das ist eine Haut, eine sehr feine Haut, die den ganzen Inhalt deines Geistes enthält – deine Erinnerungen, deine Vergangenheit, deine Wünsche, deine Pläne, deine Zukunft, deine

Gegenwart, deine Liebe, deinen Hass, deine Wut, Traurigkeit, Freude – all das hält das Ego in einem Sack zusammen. Doch auch das Ego bist nicht du. Denn auch das ändert sich ständig, und zwar noch viel mehr als die körperliche Haut. Es ändert sich jeden Moment.

Buddha benutzt als Analogie eine Flamme. Du entzündest ein Licht und siehst die Flamme, die sich jedoch ununterbrochen verändert. Sie ist nie dieselbe. Wenn du am Morgen das Licht ausmachst, bläst du nicht dieselbe Flamme aus. Sie hat sich die ganze Nacht ununterbrochen verändert. In jedem einzelnen Augenblick verschwindet die Flamme im Rauch und wird durch eine neue Flamme ersetzt. Doch dieser Vorgang geht so schnell, dass du nicht siehst, dass sie weg ist – wie eine Flamme fortgeht und die nächste kommt. Die eine ist fort, die nächste ist gekommen. Die Bewegung ist so schnell, dass du die Pause dazwischen nicht sehen kannst. Ansonsten ist nur die Kontinuität da, die flamme ist nicht dieselbe. Und doch ist es in gewisser Weise dieselbe flamme, denn es ist die Kontinuität einer Flamme. Sie wird aus derselben Flamme geboren. Ebenso bist du aus deinen Eltern geboren worden – auch du bist eine Kontinuität. Du bist nicht dasselbe. Du bist nicht dein Vater, du bist nicht deine Mutter und dennoch bist du auch dein Vater und deine Mutter, weil du dieselbe Tradition, dieselbe Linie, dasselbe Erbe fortsetzt.

Buddha sagt, das Ego ist eine Kontinuität, keine Substanz. Es ist kontinuierlich wie eine Flamme, wie ein Fluss, kontinuierlich wie der Körper. Hier entsteht das Problem. Wir können zugestehen: Okay, das mag ja so sein. Wenn jemand stirbt und beim Tod alles verschwindet, dann ist es ganz richtig – vielleicht ist es nur eine Flamme. Doch Buddha sagt ja auch, dass man wiedergeboren wird. Da liegt das Problem. Wer wird denn dann wiedergeboren?

Auch hierfür gibt es Analogien. Hast du schon einmal ein großes Haus brennen sehen oder einen Waldbrand miterlebt? Wenn man da zuschaut, sieht man ein Phänomen. Eine Flamme springt von einem Baum zum anderen Baum. Sie hat keine Substanz, es ist nur eine Flamme. Sie ist keine Materie, sie ist reine Energie, ein Quantum an Energie, eine bestimmte Energiemenge, die von einem Baum zum anderen springt. Und dann brennt der andere Baum. Oder bringe eine Fackel, die nicht brennt, in die Nähe einer brennenden Fackel. Was passiert? Die Flamme von der brennenden Fackel springt über zu der unangezündeten Fackel. Es ist ein Quantensprung, es ist ein Sprung. Die reine Flamme springt auf die andere Fackel über und beginnt ein neues Kontinuum.

Oder: Im Moment hört ihr mir zu. Wenn man jetzt ein Radio anschaltet, hört ihr plötzlich eine bestimmte Sendung, die jetzt gerade von einer Radiostation gesendet wird. Man braucht nur ein Empfangsgerät. Ist das Empfangsgerät da, dann kannst du etwas einfangen, das aus London oder aus Moskau oder aus Peking kommt. Es kommt keine Substanz an, sondern es springen lediglich reine Gedankenwellen von Peking nach Pune – nur Wellen, nichts von Substanz. Du kannst sie nicht in der Hand halten, du kannst sie nicht sehen, aber sie sind da, denn dein Radiogerät empfängt sie, dein Fernsehgerät empfängt sie.

Buddha sagt, wenn jemand stirbt, dann springen die Wünsche, die er in seinem ganzen Leben angesammelt hat, die Erinnerungen, die in seinem ganzen Leben angesammelt wurden, die Karmas aus allen seinen Leben – sie springen wie Energiewellen in einen neuen Mutterschoß. Es ist ein Sprung. Die Physik benutzt das richtige Wort: Sie nennt es Quantensprung – ein Sprung reiner Energie ohne jede Substanz. Buddha war der erste Quantenphysiker. Einstein folgte ihm erst nach fünfundzwanzig Jahrhunderten, aber sie sprechen dieselbe Sprache. Und ich sage immer noch, dass Buddha wissenschaftlich ist. Seine Sprache ist die der modernen Physik. Er lebte fünfundzwanzig Jahrhunderte vor seiner Zeit.

Wenn jemand stirbt, verschwindet der Körper, verschwindet der materielle Teil, doch der immaterielle Teil, der geistige Teil ist eine Schwingung. Diese Schwingung wird freigesetzt, wird ausgesendet. Wenn nun ein passender Mutterschoß bereit ist, diese Schwingung zu empfangen, wird sie dort aufgenommen.

Es gibt kein „Selbst“, das dorthin geht. Niemand geht, kein Ego macht sich auf den Weg. Es braucht gar nichts Substantielles loszugehen, es ist einfach ein Energiestoß. Betont werden muss, dass es wieder derselbe Sack voller Ego ist, der den Sprung macht. Ein Haus ist unbewohnbar geworden, ein Körper kann nicht mehr zum Leben benutzt werden. Das alte Verlangen, die Gier zu leben – Buddha nennt die Lebensgier *Tanha* – ist jedoch lebendig und brennt weiter. Dieses Verlangen selbst macht den Sprung.

Man höre sich die moderne Physik an. Sie sagt, es gibt keine Materie. Seht ihr diese Wand hinter mir, die sehr substantiell aussieht? Man kann nicht hindurchgehen. Wenn du es versuchst, tut es weh. Doch die moderne Physik behauptet, sie sei nichts, nichts von Substanz. Sie ist einfach pure Energie, die sich mit einer so hohen Geschwindigkeit bewegt, dass diese Bewegung die Erscheinung, die Illusion von Substanz vortäuscht.

Du hast sicher schon einmal einen Ventilator in schneller Bewegung gesehen – da kann man die Blätter auch nicht sehen. Er hat nur drei Blätter, aber die bewegen sich so schnell, dass es wie ein Kreis aussieht, wie ein Teller. Du kannst den Zwischenraum zwischen den Blättern nicht sehen. Wenn man einen Ventilator mit derselben Geschwindigkeit laufen lässt, mit der sich Elektronen bewegen – eine ungeheuer hohe Geschwindigkeit –, dann kannst du auf dem Ventilator sitzen, ohne herunterzufallen. Du kannst so darauf sitzen, wie ich auf diesem Stuhl sitze, ohne die Bewegung zu spüren, weil die Bewegung so schnell ist.

Genau dasselbe geschieht mit diesem Stuhl und dasselbe geschieht mit dem Boden unter euren Füßen. Das ist kein Marmorboden – es scheint nur so –, sondern die Energiepartikel bewegen sich so schnell, dass allein ihre Bewegung, ihre Schnelligkeit die Illusion von Substanz hervorruft. Substanz gibt es gar nicht, es gibt nur reine Energie. Die moderne Physik sagt, dass Materie nicht existiert. Es existiert nur immaterielle Energie.

Deshalb meine ich, dass Buddha sehr wissenschaftlich ist. Er spricht nicht von Gott, sondern er spricht von einem immateriellen Nicht-Selbst. So wie die moderne Wissenschaft der Physik die Substanz weggenommen hat, hat Buddha der Metaphysik die Vorstellung vom

Selbst weggenommen. Substanz und Selbst entsprechen einander. Es ist schwer zu glauben, dass diese Wand keine Substanz hat. Und ebenso schwer ist es zu glauben, dass in dir kein Selbst existiert.

Nun noch ein paar Dinge, die es klarer machen. Ich kann nicht sagen, dass ihr es verstehen werdet, aber sie machen es klarer.

Du gehst. Du gehst spazieren, machst einen Morgenspaziergang. Schon die Sprache, mit der wir sagen „du gehst“, zeigt das Problem. Sobald wir sagen, jemand geht, dann gehen wir davon aus, dass jemand da ist, der geht – der Gehende. Wir fragen: Wie ist Gehen möglich, wenn es keinen Gehenden gibt?

Buddha sagt: Es gibt niemanden, der geht; es gibt nur Gehen. Das Leben besteht nicht aus Dingen. Buddha sagt, das Leben besteht aus Ereignissen. Und genau das sagt auch die moderne Wissenschaft. Es gibt nur Prozesse, keine Dinge, sondern Ereignisse.

Es ist eigentlich nicht einmal richtig zu sagen, dass das Leben existiert. Nur Tausende und Abertausende von Lebensprozessen existieren. Das Leben ist nur eine Idee. So etwas wie das Leben gibt es nicht.

Manchmal siehst du, wie sich schwarze Wolken am Himmel zusammenballen, und es blitzt und donnert. Wenn es blitzt, dann sagst du nicht: „Macht etwas den Blitz? Wer blitzt da? Und was blitzt da?“ Du sagst: „Ein Blitz ist eben ein Blitz. Niemand steckt dahinter. Es ist ein Vorgang. Es gibt nichts, was blitzt. Es blitzt einfach.“

Dualität entsteht durch die Sprache. Du gehst, und Buddha sagt: Nur Gehen ist da. Du denkst, und Buddha sagt: Nur Denken ist da, kein Denkender. Der Denker entsteht nur durch die Sprache. Da die Sprache, die wir benutzen, auf Dualität basiert, teilt sie alles in zwei auf. Während du denkst, ist ein Wust von Gedanken da, das stimmt – aber eigentlich ist kein Denker da. Wenn du das wirklich grundlegend verstehen willst, musst du dich in tiefe Meditation begeben, bis du an einen Punkt kommst, wo das Denken aufhört.

In dem Moment, wenn die Gedanken verschwinden, wirst du staunen: Der Denker ist auch weg! Mit den Gedanken verschwindet auch der Denkende. Er war nur eine Begleiterscheinung der ständig laufenden Gedanken.

Du siehst einen Fluss. Existiert der Fluss wirklich oder ist er nur eine Bewegung? Nimmst du die Bewegung weg, gibt es dann noch einen Fluss? Ist die Bewegung einmal fort, verschwindet der Fluss. Es ist nicht so, dass der Fluss sich bewegt, sondern der Fluss ist nichts anderes als ständiges Fließen.

Die Sprache macht es schwierig. Vielleicht ist Buddha wegen dieser besonderen Struktur in gewissen Sprachen nur in Japan, China, Burma so wichtig geworden, dort wurde er bedeutungsvoll und hat Wurzeln schlagen können. Denn diese Völker haben eine völlig andere Sprache. Es ist sehr wichtig, zu verstehen, warum er im chinesischen Denken so gut angekommen ist, warum China ihn verstehen konnte, Indien aber nicht. China hat eine andere Sprache, die sehr gut mit der buddhistischen Ideologie zusammenpasst. In der chinesischen Sprache gibt es keine Zweiteilung. In der chinesischen Sprache oder im Koreanischen, Japanischen oder Burmesischen ist die Struktur ganz anders als im Sanskrit oder Hindi, im Englischen, Griechischen, Lateinischen, Französischen oder Deutschen – eine völlig andere Struktur.

Als die Bibel zum ersten Mal ins Burmesische übersetzt wurde, gab es Schwierigkeiten, da ein paar Sätze überhaupt nicht übersetzt werden konnten. Sobald man sie übersetzt, geht ihre ganze Bedeutung verloren. Zum Beispiel den einfachen Satz „Gott ist“ kann man nicht ins Burmesische übersetzen. Übersetzt man es, wird es zu „Gott wird“. „Gott ist“ kann nicht übersetzt werden, da es keinen äquivalenten Begriff für „ist“ gibt, denn „ist“ beschreibt etwas Statisches.

Wir können sagen: „Der Baum ist.“ Aber in Burma muss man sagen: „Der Baum wird“, nicht „ist“. Es gibt kein Äquivalent für „ist“. Der Baum „wird“. Schon während man gesagt hat: „Der Baum ist“, ist er schon nicht mehr derselbe, weshalb sagt man dann „ist“? „Ist“ gibt ihm eine statische Eigenschaft. Er ist eher etwas Flussartiges: „Der Baum ist am Werden.“ Ich muss sagen „Der Baum ist am Werden“, aber in Burma würde man nur sagen „Baumwerden“, ohne ist und der. Will man „Der Fluss ist...“ übersetzen, wird es zu „Flussbewegen“. „Flussfließen“ wäre die exakte Übersetzung ins Burmesische.

Aber es ist sehr schwierig „Gottwerden“ zu sagen, da Christen so etwas nicht sagen dürfen. Gott ist perfekt, er kann nicht zu etwas werden. Er ist kein Prozess, hat keine Wachstumsmöglichkeiten. Er ist bereits angekommen. Er ist doch das Absolute – was heißt denn da „Gott werden"? Werden kann nur jemand, der nicht perfekt ist. Gott ist perfekt; er kann nichts mehr werden. Wie soll man es also übersetzen? Sehr schwierig!

Doch in Burma, China, Japan und Korea ist Buddha angenommen worden; in das Denken dieser Länder ist er sofort eingedrungen. Schon die Struktur ihrer Sprache hat es möglich gemacht. Sie konnten Buddha sehr leicht verstehen.

Es gibt im Leben nur Ereignisse. Essen gibt es, aber keinen Essenden. Schau beim Essen genau hin! Ist da wirklich ein Essender? Du bist hungrig, ja. Hunger ist da, aber es ist keiner da, der hungrig ist. Dann isst du. Essen findet statt, aber es ist niemand da, der ein Essender ist. Dann ist der Hunger gestillt, er ist befriedigt. Diese Befriedigung ist da, aber keiner, der befriedigt ist.

Buddha sagt, das Leben besteht aus Ereignissen. Leben bedeutet zu leben. Das Leben ist kein Substantiv, es ist ein Verbum. Und alles ist ein Verbum, ein Zeitwort. Beobachte es einmal und du wirst sehen, dass alles im Werden ist. Nichts ist statisch.

Eddington hat einmal gesagt, es gäbe in der englischen Sprache einige Wörter, die absolut falsch sind, zum Beispiel das Wort rest – Ruhe. Nichts ist jemals in Ruhe. Das Wort als solches ist falsch, da es in der Realität keine Entsprechung dafür gibt. Hast du jemals etwas „in Ruhe" gesehen? Selbst wenn du mal Ruhe hast, ist es Ruhen, nicht Ruhe. Es ist ein Prozess, es geschieht etwas, du atmest dabei noch.

Man legt sich hin, entspannt sich, aber Ruhe ist es nicht. Es geschehen dabei viele Dinge, Tausende von Dingen. Hast du jemals Ruhe gesehen? Es ist unmöglich. Ruhe gibt es gar nicht. Selbst wenn jemand tot ist, gehen die Prozesse im Körper weiter.

Vielleicht habt ihr noch nicht gehört, was manchmal geschieht: Die Moslems und die Christen, die Traditionen also, die ihre Toten in der Erde begraben, haben manchmal festgestellt, dass bei jemandem, der schon tot war, der Bart gewachsen ist, die Haare länger geworden und die Nägel gewachsen sind. Bei einem Toten! Das ist schon sehr unheimlich. Wenn du einen frisch rasierten Mann begräbst und das Grab nach sechs Monaten öffnest, und dann hat er einen Bart… Was soll man denn da sagen: Ist er lebendig oder tot? Das würde dir ziemliche Angst einjagen; du würdest nach Hause rennen und das Gesicht würde dir nachts erscheinen. Was ist passiert? Der Mann ist tot. Wie kommt es dann, dass sein Bart gewachsen ist? Und wenn der Bart wachsen kann, ist er dann wirklich tot, oder tut er nur so?

Das Leben besteht aus Millionen von Prozessen. Selbst wenn dein Ego von diesem Stützpunkt verschwindet, von diesem Flughafen abhebt, um wieder in einem neuen Mutterschoß zu landen, gehen noch viele andere Prozesse weiter. Nicht alle Prozesse hören auf, denn es gibt Prozesse, die mit deinem Ego nichts zu tun haben – überhaupt nichts. Dein Ego kann gehen, und sie laufen weiter; die Haare wachsen, die Nägel wachsen … sie haben nichts damit zu tun.

Und sofort, in dem Moment, in dem dein Ego fort ist, erwachen Millionen von kleinen Mikroben zum Leben und beginnen zu wirken und zu arbeiten. Du wirst geradezu zum Marktplatz. In gewisser Weise bist du äußerst lebendig. Es passiert eine Menge: Viele Mikroben rennen hin und her, lieben sich, heiraten, sterben – alles passiert da. Sobald du also deinen Körper verlässt, wird dein Körper zur Landebahn für eine Menge anderer Leute, die schon gewartet und gesagt haben: „Bitte geh schon! Lass uns rein!"

Das Leben ist ein ununterbrochener Prozess – nicht nur einer, sondern Prozesse, eine kontinuierliche Folge. Buddha sagt, schon die Vorstellung von einem Selbst liegt an der Sprache. Du bist hungrig, mit der Sprache sagst du: „Ich habe Hunger." Die Sprache erzeugt die Vorstellung von einem „Ich". Wie soll man es sonst sagen? Um ganz exakt zu sein, könntest du einfach „Hunger" sagen. Das reicht.

Beobachte, was in dir vorgeht, und du wirst es merken. Wenn du heute hungrig bist, schau genau hin. Ist da jemand, der Hunger hat, oder ist einfach Hunger da? Und ist es nicht nur ein Sprachmuster, das die Sache herumdreht und in zwei Dinge aufteilt, sodass du meinst: „Ich habe Hunger."

Der Buddhismus ist die erste Religion, die der Welt diese Botschaft vermittelt hat: dass die Religionen, Philosophien viel mehr auf Sprachmustern beruhen als auf irgendeiner Realität. Und je mehr du von der Sprache verstehst, desto eher bist du in der Lage, deine inneren Prozesse zu verstehen.

Du sagst, Buddha hätte nicht über Gott geredet, weil man ihn nicht beweisen kann. Ja, er hat nicht über Gott geredet, weil man ihn nicht beweisen kann, und er sprach auch deshalb nicht von Gott, weil es den Gott, von dem man gemeinhin glaubt, es gäbe ihn, nicht gibt.

Dieser Gott ist wieder dieselbe alte Täuschung wie die vom Selbst. Man glaubt, man hätte ein Selbst, und deshalb muss das ganze Universum auch ein Selbst haben. Weil du ein Selbst hast, muss das Universum ein höchstes Selbst haben. Und das höchste Selbst ist Gott. Buddha sagt, du hast gar kein Selbst. Das Universum existiert, aber es gibt kein höheres Selbst darin. Millionen von Prozessen, aber kein höchstes Selbst. Es hat kein Zentrum, alles ist Peripherie. Sehr schwer zu begreifen, wenn man nicht meditiert. Deshalb lässt sich Buddha nie auf metaphysische Diskussionen ein. Er sagt: „Meditiere." Denn in der Meditation werden diese Dinge so klar. Wenn das Denken aufhört, sieht man plötzlich, dass der Denkende verschwunden ist. Er war nur ein Schatten. Und wenn derjenige, der denkt, nicht da ist, wie kannst du dann sagen, wie kannst du dann noch fühlen: „Ich bin"? Es ist kein Ich mehr da, du bist purer Raum. Buddha nennt dies *Anatta*, der reine Raum des Nicht-Selbst. Es ist eine unbeschreibliche Erfahrung.

„… Im selben Atemzug redet er aber von anderen Leben und Reinkarnation." Er redet davon und die Buddhisten sind deshalb schon immer in Verlegenheit geraten. Buddha ist so wissenschaftlich, dass er eigentlich die Tatsachen nicht verdrehen kann. Wäre er nicht so wissenschaftlich gewesen, wäre er nur Metaphysiker gewesen, hätte er entweder ein „Selbst" akzeptieren müssen, um seine ganze Philosophie konsequent aussehen zu lassen, oder er hätte die Vorstellung von der Reinkarnation aufgeben müssen, da beides zusammen widersprüchlich erscheint. Er ist allerdings so durch und durch Wissenschaftler, dass er keinen seiner Gedanken der Realität aufzwingt.

Er hat einfach die Tatsachen festgestellt. Wenn es widersprüchlich ist, dann sagt er: „Vielleicht ist es ja widersprüchlich, aber es ist so."

Genau dasselbe sagt heute die moderne Wissenschaft. Als die Wissenschaftler vor erst fünfzig Jahren zum innersten Kern der Materie vorstießen, staunten sie nicht schlecht, denn die Elektronen verhielten sich sehr unlogisch. Du kannst Elektronen nicht sagen, sie sollen logisch sein. Du kannst sie nicht auf die Universität schicken, damit sie Aristoteles lernen. Und du kannst ihnen nicht sagen: „Ihr verhaltet euch völlig unlogisch. Benehmt euch! Das gehört sich nicht!" Man kann ihnen nichts erzählen. Wenn sie sich unlogisch verhalten, dann verhalten sie sich eben unlogisch. Man muss es verstehen – das ist alles. Man kann nichts daran ändern.

Und wie unlogisch sie waren, war wirklich großartig! Es war keine normale Angelegenheit. Manchmal verhielt sich dasselbe Elektron wie eine Welle und manchmal wiederum wie ein Quantum, ein Partikel. Diese beiden Dinge sind eigentlich unmöglich – ausgesprochen uneuklidisch und unaristotelisch! Als ob diese Elektronen nicht an Euklid oder Aristoteles glauben würden. Was tun sie da? Haben sie noch nie von Euklid gehört?

Dabei ist es die einfachste Geometrie, die wir alle in der Schule gelernt haben: Ein Punkt kann nicht eine Linie sein, und eine Linie kann nicht ein Punkt sein. Eine Linie besteht aus vielen aneinandergesetzten Punkten und deshalb kann sich ein einzelner Punkt nicht wie eine Linie verhalten, sonst wird die ganze Geometrie gestört. Du setzt einen Punkt hin, gehst auf die Toilette und wenn du wiederkommst, ist er eine Linie geworden! Was machst du dann?

Aber genau das passiert im innersten Kern der Materie. Schaut man immer weiter hin, ist das, was wie ein Punkt aussah, plötzlich eine Linie geworden. Und der Sprung geht so vor sich, dass man es nicht einmal sehen kann, wie er zur Linie wird.

In einem Augenblick ist es ein Punkt, im nächsten Augenblick ist es eine Linie. Die Linie ist nicht einmal gewachsen – einfach ein Sprung, so plötzlich, so unlogisch. Wenn sie langsam wüchse, könnten wir es ja noch verstehen, vielleicht ist es wie ein Samen, der austreibt und schließlich zum Baum wird. Okay, das können wir verstehen: In einem Moment ist es ein Samen, in einem zeitlich anderen Moment wächst er, und im Laufe der Zeit wird er allmählich zum Baum. Das können wir verstehen.

Auch wenn ein Punkt langsam zu einer Linie wird, können wir es verstehen. Aber plötzlich? Und nicht nur plötzlich, sondern noch unlogischer ist, dass zwei Beobachter in einem zeitlich einzigen Moment, also gleichzeitig beobachten können … Der eine kann einen Punkt sehen, der andere kann eine Linie sehen. In einem einzigen Moment!

Die gesamte westliche Wissenschaft ist aus der griechischen Logik entstanden. Diese Elektronen haben gegen Aristoteles rebelliert, und es gab keine Möglichkeit, sie zurechtzuweisen. Wissenschaftler haben es auf viele verschiedene Arten probiert, da der Verstand dazu tendiert, an seinen eigenen Konzepten und Mustern festzuhalten. Es ist nicht so einfach, sich zu entspannen und vor diesen dussligen Elektronen zu kapitulieren.

Etwa zwei bis drei Jahrzehnte lang zerbrachen sich die Wissenschaftler den Kopf und versuchten herauszufinden, wie man das erklären kann, oder zumindest wie man es wegerklären kann, warum es geschieht. Doch schließlich mussten sie sich geschlagen geben und die Tatsache akzeptieren. So kam es zur Theorie der Quantenphysik.

Quant – das Wort wurde erfunden. Es hatte vorher noch nicht existiert, da man noch nie vor einem so unlogischen Phänomen gestanden hatte. Ein Quant bedeutet ein Punkt und eine Linie zusammen, gleichzeitig. Quant bedeutet ein Partikel und eine Welle zusammen, gleichzeitig. Wir mussten einen Namen für etwas finden, das absolut unlogisch war, und wir hatten kein Symbol dafür.

Und fragt man die Wissenschaftler: „Wie erklärt ihr das? Es ist unlogisch“, dann sagen sie: „Es ist unlogisch, aber so ist es nun einmal. Wir können nichts dagegen tun. Wir müssen der Realität gehorchen. Wenn die Realität unlogisch ist, dann stimmt etwas mit unserer Logik nicht, sonst nichts. Wir können unsere Logik ändern, aber die Realität können wir nicht ändern.“

Genau dasselbe passierte, als Buddha kam. Er drang zum innersten

Kern des sogenannten Selbst vor und auch er war verwundert. Was tun? Es gibt kein Selbst und es gibt die Wiedergeburt. Wenn er nun nicht wirklich ein so guter Wissenschaftler gewesen wäre, wenn er einfach nur ein gewöhnlicher Philosoph gewesen wäre, dann hätte er es vergessen. Er hätte gar nicht erst über diese Tatsache gesprochen, sondern hätte gewählt. Die Wahl ist einfach: Entweder sagst du, es gibt keine Reinkarnation, oder du sagst, es gibt kein Selbst.

Genau das haben die Leute, die nicht an die Seele glauben, schon immer gesagt. Die Atheisten, die Epikuräer – sie haben immer gesagt, dass es kein Selbst gibt: Wenn du stirbst, dann stirbst du einfach. Nichts überlebt und es gibt keine Wiedergeburt. Das ist simpel und logisch. Oder es gibt die Jenseitsgläubigen, die Theisten, die Leute, die an das Selbst glauben. Sie sagen, du stirbst zwar, aber nur der Körper stirbt; dein Selbst, dein Zentrum überlebt. Deine Seele, dein *Atma*, überlebt und ist ewig. Auch das ist logisch.

Buddha ist äußerst unlogisch. Er ist so unlogisch, weil er mit absoluter Konsequenz der Realität treu bleibt. Er beharrt darauf, dass wir allem folgen müssen, was die Realität offenbart. Wir sind schließlich nicht hier, um ihr unsere eigenen Ideologien überzustülpen. Wer sind wir schon? Wenn dies den Tatsachen entspricht, dann stimmt etwas mit unserer Logik nicht, mit unserer Denkweise. Diese müssen wir ändern, anstatt die Realität zu vermeiden, anstatt vor ihr zu fliehen. Deshalb ist Buddha scheinbar einer der absurdesten Denker auf der Welt, denn seine Aussage ist eine der absurdesten: Du existierst zwar nicht, aber du wirst wiedergeboren. Es ist ganz offensichtlich absurd. Wenn es dich nicht gibt, wie kannst du wiedergeboren werden?

Seine Antwort ist: „Das weiß ich nicht. Du existierst nicht und du wirst wiedergeboren – so viel weiß ich. Das habe ich erfahren, das habe ich gesehen. Und wenn du es selbst sehen willst, meditiere. Dringe tief in dein inneres Wesen ein, ebenso wie ich es getan habe, und du wirst ebenso erstaunt sein; es ist sehr verwirrend. Doch im Laufe der Zeit wirst du dich mit der Realität abfinden. Und dann wirst du deine ganze Sprache ändern."

Buddha hat die Sprache völlig verändert, den ganzen philosophischen Stil. Nie zuvor hat es einen so originellen Menschen gegeben. Es war fast unmöglich, ihn zu verstehen, da er nicht dieselbe Sprache sprach wie andere Menschen; und er hat der Welt einige völlig neue Sichtweisen beschert. Menschen, die nicht an die Seele glauben, gibt es schon seit langem. Das ist nichts Neues. Marx hat nichts Neues gesagt. Schon seit Jahrtausenden hat es Atheisten gegeben, die die Existenz einer Seele leugneten, die nicht an die Wiedergeburt glaubten.

Weder Mahavir noch Patanjali haben etwas Neues gesagt, da es auch schon immer Leute gegeben hat, die an die Seele und die Wiedergeburt glaubten. Buddha hat eine ganz neuartige Sichtweise der Realität. Er sagt: Es gibt keine Seele und doch gibt es Reinkarnation. Das ist ein Quantensprung.

Wenn ich also sage, dass er Wissenschaftler ist, dann meine ich es. Und wer die Sprache der modernen Physik verstehen kann, der kann auch Buddha verstehen. Eigentlich ist es nicht einmal möglich, Buddha zu verstehen, wenn man nichts von der modernen Physik versteht. Die moderne Physik hat erstmalig eine Parallele hergestellt. Heisenberg, Planck und Einstein haben die Parallele mit Buddha hergestellt. Die Materie ist verschwunden. Es gibt nur noch Energie, ohne ein Selbst zu enthalten, ohne jegliche Substanz.

Und Buddha sagt genau dasselbe: *Anatta* – Nicht-Selbst.

„Wie passt das zu den wissenschaftlichen Tatsachen?“ Es passt hervorragend. Wenn der Fragesteller von wissenschaftlichen Tatsachen spricht, dann stammt seine Vorstellung von Wissenschaft aus dem neunzehnten Jahrhundert. Er hat keine Ahnung von der modernen Wissenschaft, kennt nicht die neuesten Entwicklungen. Seine Vorstellung von Wissenschaft ist sehr orthodox und altmodisch. Die Wissenschaft hat ungeheure Veränderungen durchgemacht. Wenn Newton heute zurückkäme, wäre er nicht mehr in der Lage, die Wissenschaft zu verstehen. Denn die Wissenschaft hat sich so rapide verändert, und die neuesten Einsichten sind so verwirrend, dass die Wissenschaftler heute die Sprache der Metaphysik, der Mystiker benutzen. Sie sprechen nicht wie Mathematiker; sie sprechen wie Dichter und Mystiker.

„Ich habe eine vage Vorstellung, dass es das Formlose ist, was bleibt ...“ Nein, du wirst es mit dem Intellekt nicht verstehen können, da dein „Formloses“ schon wieder eine gewisse Form hat. Wie kannst du dir das Formlose vorstellen? Das Wort ist in Ordnung, aber sobald du versuchst, dir das Formlose vorzustellen, bekommt es sofort wieder eine Form. Denn nur Form kann man sich vorstellen. Das Formlose kann man sich nicht vorstellen. Es ist ein leeres Wort.

Du kannst auch Gott immer als das Formlose bezeichnen, aber vorstellen kannst du dir das nicht. Und selbst Leute wie Shankara, die immer von einem formlosen Gott sprechen, beten eine gewisse Form an. Und dann singen sie Lieder von der Hingabe zu Gott. Und schon ist wieder eine Statue da, ein Ritus, ein Gott, eine Göttin ...

Selbst ein Mann wie Shankara, der immer vom Formlosen gesprochen hat, von Nirguna, dem Attributlosen, wendet sich in seinem Gebet, in seinem Gottesdienst an Saguna – mit einem Attribut, mit einer Form, da man sich das Formlose einfach nicht vorstellen kann. Die Vorstellung kann nur von einer Form sein – beziehungsweise alles, was du dir vorstellen kannst, nimmt schon allein durch die Tatsache, dass du es dir vorstellen kannst, eine Form an. Deshalb ist es nur eine vage Vorstellung.

Du sagst: *„Ich habe eine vage Vorstellung, dass es das Formlose ist, was bleibt.“* Nein, es geht nicht darum, es vage zu verstehen. Mit dem Intellekt ist es ausgeschlossen. Es ist nur durch Meditation, nur existentiell möglich. Du kommst mit dem Intellekt nicht dahinter. Gehe einfach in deiner Meditation tiefer, öffne dich für neue Dimensionen in deiner Sichtweise. Niemand hat der Meditation so viel Bedeutung beigemessen wie Buddha. Seine ganze Methode basiert auf Meditation.

Und was ist Meditation? Meditation bedeutet, dass man allmählich frei von Gedanken wird, ohne dabei einzuschlafen. Wach zu bleiben und dabei von Gedanken frei zu sein. Die Gedanken verschwinden, alles ist kristallklar – der Denkende war nur ein Nebenprodukt der ständig laufenden Gedanken. Er war ein Gedankenbündel – sonst nichts. Er hatte keine getrennte Existenz. Dann gehst du, aber der Gehende ist nicht mehr da. Dann isst du, aber der Essende ist nicht mehr da. Dann schläfst du, aber der Schlafende ist nicht mehr da. Dann lebst du, aber es ist keiner da, der lebt. Dann stirbst du und es ist keiner da, der stirbt. Du bist nur reiner Raum, und darin existieren Millionen von Abläufen, in denen das Leben mit all seinen Prozessen fließt – und du bleibst unbehelligt davon. Du bist wie ein offener Himmel – die Wolken kommen und gehen.

Einer der schönsten Namen, die man Buddha gegeben hat, ist *Tathagata.* Er bedeutet: „so gekommen, so gegangen". Es war keiner da, der kam, und es war keiner da, der wieder ging – nur ein Kommen und Gehen. Das ist die Bedeutung von *Tathagata* – nur der Vorgang des Kommens und der Vorgang des Gehens. Niemand ist gekommen und niemand ist gegangen.

Die Zenmeister haben schon immer gesagt, dass dieser Mann nie existiert hat; diesen Mann namens Gautama Buddha hat es nie gegeben. Ja, selbstverständlich kam er und er ging auch. Aber er hat nie existiert. Es ist einfach ein Ablauf wie in einem Traum. Ein Traum kommt und geht und am Morgen weißt du, dass er nie existiert hat.

Wenn du dich selbst als reinen Raum verstehst, in dem viele Dinge geschehen, bleibst du davon unberührt. Dann hast du keine Angst mehr, denn es gibt nichts mehr zu verlieren; es gibt ja niemanden, der etwas zu verlieren hätte. Dann bist du nicht mehr voller Gier nach dem Leben, da du dir überhaupt kein Selbst mehr vorstellst. Dann hast du keine Angst vor dem Tod und du hast keine Gier nach dem Leben. Dann denkst du nicht an die Vergangenheit und planst nicht mehr die Zukunft. Dann bist du einfach. So klar und unendlich, wie der Himmel draußen ist, bist du auch innerlich nur noch klarer Himmel. Und das Zusammentreffen dieser beiden Himmel, des inneren mit dem äußeren, ist es, was Buddha *Nirvana* nennt.

„Ich habe eine vage Vorstellung, dass es das Formlose ist, was bleibt, aber kann das eine Individualität haben?" Nein, es hat keine Individualität. Dieselbe Welle wird nicht wiedergeboren. Das ist wahr. Eigentlich – wenn man genau hinschaut ... Gehe an den Fluss oder ans Meer und beobachte die Wellen. Lass dich überraschen von etwas Neuem, was dir vorher nie aufgefallen ist: Wenn du eine Welle auf dich zukommen

siehst, kommt gar nichts. Die Welle kommt nie zu dir. Du siehst, wie sie sich auf dich zubewegt, aber sie bewegt sich nicht. Eine Welle hilft nur den anderen Wellen daneben zu entstehen. Und die andere Welle hilft wieder einer anderen Welle zu entstehen. Aber es passiert so schnell, dass dadurch ein Trugbild erscheint, eine Illusion. Du denkst, es sei dieselbe Welle, die auf dich zukommt. Dabei kommt gar nichts auf dich zu.

Eine Welle gibt, während sie entsteht, den Anstoß für weitere Wellen; direkt in ihrer Nähe entsteht wieder eine Welle. Durch die Kraft der ersten Welle entsteht die zweite, durch die Kraft der zweiten Welle die dritte, durch die Kraft der dritten die vierte – so entstehen Wellen. Aber sie bewirken die Illusion, als ob ein und dieselbe Welle auf dich zukäme. Sie kommen nie. Wenn du in der Ferne am Horizont eine Welle entstehen siehst, bleibt sie dort. Sie kommt niemals zu dir. Es kann passieren, dass ein Stück Treibholz von der Mitte des Flusses zu dir hin getrieben wird. Das Treibholz kommt zu dir, aber lass dich davon nicht täuschen – die Welle kommt nicht. Wenn eine Welle hoch aufsteigt, dann wird auch die nächste Welle hoch, und dann geht es auf die dritte Welle über. Mit dem Steigen und Fallen der Wellen wird das Treibholz ans Ufer getrieben, aber die Wellen kommen niemals ans Ufer. Das ist eine wissenschaftliche Tatsache. Sie kommen nur scheinbar am Ufer an.

Du hast recht. Genau das sagt auch Buddha: Dieselbe Welle wird nicht wiedergeboren. Er sagt nicht, dass du wiedergeboren wirst. Er sagt nur, dass es die Wiedergeburt gibt. Aber in gewisser Weise kann man doch sagen, dass du wiedergeboren wirst, weil eine Kontinuität da ist. Dieselbe Welle: Welle A macht Welle B, Welle B macht Welle C; es ist eine ununterbrochene Folge, ein Kontinuum – das ist das richtige Wort. Auch das stammt aus der modernen Physik: Kontinuum.

Buddha nennt es *Santati*. Es ist, wie wenn du ein Kind bekommst – in gewisser Weise ist es du und doch bist du es nicht, nicht ganz. Es entwickelt seine eigene Persönlichkeit, aber du hast die Welle entstehen lassen. Die Energien des Vaters und der Mutter lassen eine neue Welle entstehen. Diese Welle wird verschwinden – der Vater wird sterben, die Mutter wird sterben. Die neue Welle wird fortgesetzt und wird andere Wellen entstehen lassen, auf ihre Art, zu ihrer Zeit.

Santati – Kontinuum. Du wirst nicht wiedergeboren, nur deine Wünsche und Begierden werden wiedergeboren, denn dich gibt es gar nicht – also kannst du auch nicht wiedergeboren werden. Wenn du also einmal die Sinnlosigkeit jedes Begehrens durchschaut hast, hörst du auf zu begehren. Dann wird es für dich keine Geburt mehr geben.

Heute möchte ich euch eines sagen: Das ganze Konzept von der Reinkarnation stimmt nicht. Es ist so: Wenn jemand stirbt, wird sein Wesen Teil des Ganzen. Ob er ein Sünder oder ein Heiliger war, spielt keine Rolle. Allerdings hatte er noch etwas anderes, was wir *mind* nennen, (engl.: Geist, Verstand, Psyche), sein Gedächtnis. In der Vergangenheit hatten wir noch nicht genug Informationen, um das Gedächtnis als ein Bündel von Gedanken oder Gedankenwellen zu erklären. Heute ist es einfacher.

Und deshalb meine ich, dass Gautama Buddha seiner Zeit in vielen Punkten weit voraus war. Er ist der Einzige, der mit meiner Interpretation einverstanden wäre. Er hat Hinweise gegeben, aber er konnte keine Beweise dafür anführen. Es gab nichts, womit er es erklären konnte. Er sagte, dass beim Tod eines Menschen das Gedächtnis – nicht das Selbst – einen neuen Mutterschoß sucht. Heute können wir es so verstehen: Bei deinem Tod schwirren deine Erinnerungen überall durch die Luft. Hast du gelitten, findet dein ganzes Leiden wieder einen neuen Platz. Es tritt in ein anderes Gedächtnissystem ein. Entweder kommen diese Gedanken und Gefühle als Gesamtheit in den Schoß einer neuen Mutter, daher erinnern sich manche Leute an vergangene Leben. Aber es ist nicht „deine" Vergangenheit – du hast das Gedächtnis von jemand anderem geerbt!

Die meisten Menschen erinnern sich nicht daran, da sie nicht alles auf einmal mitbekommen haben; sie haben nicht das ganze Gedächtnissystem eines einzigen Individuums geerbt. Sie haben vielleicht Bruchstücke von da und dort übernommen, und diese Bruchstücke bilden dein Leidenssystem.

Fast alle Menschen, die auf der Erde gestorben sind, sind unglücklich gestorben. Nur wenige Menschen sind mit Freude gestorben. Nur wenige Menschen sind mit einem befreiten Geist gestorben. Sie hinterlassen keine Spuren. Sie belasten keinen anderen mit ihren Erinnerungen. Sie lösen sich einfach ins Universum auf. Sie haben keine Psyche, kein Gedächtnissystem mehr. Das haben sie bereits in ihrer Meditation aufgelöst.

Deshalb wird ein Erleuchteter nie mehr geboren.

Die Unerleuchteten werfen jedoch bei jedem Tod alle möglichen Leidensmuster hinaus. Und ebenso wie Reichtum mehr Reichtum anzieht, zieht auch Leiden mehr Leiden an. Bist du unglücklich, dann wird das Unglück meilenweit zu dir reisen – du bist das richtige Fahrzeug dafür. Dieser Vorgang ist völlig unsichtbar, genau wie Radiowellen. Sie schwirren um dich herum, ohne dass du etwas hörst. Doch hast du das geeignete Gerät, um sie zu empfangen, sind sie sofort da. Selbst bevor das Radio da war, sind sie an dir vorbei geschwirrt.

Es gibt keine Inkarnation außer der Inkarnation des Leidens. Die Wunden von Millionen von Menschen schwirren um euch herum, auf der Suche nach jemandem, der bereit ist, unglücklich zu sein. Wer selig ist, hinterlässt natürlich keine Spuren. Ein Erwachter stirbt wie ein Vogel, der sich in die Lüfte schwingt, ohne einen Pfad oder eine Spur zu machen. Der Himmel bleibt leer. Seligkeit hinterlässt keine Spuren. Deshalb erbt man nichts von den Buddhas. Sie verschwinden einfach. Doch alle möglichen Dummköpfe und beschränkte Menschen reinkarnieren sich mit ihren Erinnerungen, die jeden Tag immer dichter werden. Heute ist vielleicht ein Punkt erreicht, wo dies verstanden und aufgelöst werden kann. Sonst wird es so dicht, dass niemand mehr leben kann und niemand mehr lachen kann.

Euer eigenes Bewusstsein hat keine Wunden. Euer eigenes Bewusstsein kennt kein Leiden. Euer eigenes Bewusstsein ist unschuldig und unendlich glückselig. Um euch mit eurem Bewusstsein selbst in Berührung zu bringen, tue ich alles, um euch von eurem Gedächtnissystem abzulenken. Dieses enthält euer ganzes Leiden, alle eure Wunden. Und es erzeugt immer wieder neue Wunden, sodass ihr, wenn ihr nicht bewusst seid, nicht einmal merkt, wie sie entstehen.

Ich lehre euch Beobachten.

Es gibt nur eine Möglichkeit, aus diesen Leidensmustern, ob uralten oder neuen, auszusteigen, nämlich alles als Zeuge zu beobachten. Ich sage, es ist die einzige Möglichkeit, da noch nie jemand aus seinem Kopf aussteigen konnte, ohne zum Zeugen zu werden.

Bleibe einfach Zeuge und plötzlich fängst du an, über dein eigenes Unglück zu lachen. Euer ganzes Leiden ist so oberflächlich – und überdies auch noch von anderen übernommen!

Wenn alle Menschen wach und meditativ werden, wird es keine Wunden mehr auf der Welt geben. Sie werden einfach verschwinden. Sie werden weder ein Haus noch sonst irgendeine Unterkunft finden. Das ist möglich. Wenn es für mich möglich ist, ist es für alle möglich.

TEIL 2

SICH DER ANGST STELLEN UND SIE VERSTEHEN

Dinge kannst du auf immer und ewig haben,
außerdem kann man sie immer ersetzen.
Wenn ein Auto kaputt geht, kannst du es durch ein anderes Auto
von genau derselben Art ersetzen.
Aber einen Menschen kannst du nicht ersetzen.
Wenn deine Frau stirbt, stirbt sie für immer.
Du kannst eine andere Frau nehmen,
doch keine andere Frau wird sie je ersetzen –
mit allen Vor- und Nachteilen,
keine andere Frau kann diese Frau sein.

1. Auf der Suche nach der Unsterblichkeit

Wir glauben fest daran, dass wir getrennte Wesen seien. Wir sind es nicht – nicht einmal für einen einzigen Moment. Trotz des falschen Glaubens sind wir eins mit dem Ganzen. Doch dieser Glauben kann uns Albträume machen, das ist unvermeidlich. Denn zu glauben, man sei getrennt, macht jedem große Angst.

Wärest du vom Ganzen getrennt, könntest du diese Angst niemals loswerden. Denn das Ganze ist so unendlich groß und du bist so klein, so winzig wie ein Atom und musst ständig gegen das Ganze ankämpfen, damit es dich nicht aufsaugt. Also musst du ständig aufpassen, auf der Hut sein, damit dich der Ozean nicht einfach verschlingt. Du musst dich schützen, abgrenzen, eine Mauer nach der anderen um dich herum ziehen. All diese Bemühungen sind nichts anderes als Angst. Denn irgendwo ist dir immer bewusst, dass der Tod auf dich zukommt, dass er deine Abgetrenntheit zerstören wird.

Das ist die eigentliche Bedeutung des Todes: Der Tod ist das Ganze, das den Teil zurückfordert. Und du hast Angst davor, dass der Tod kommt und du sterben wirst. Wie kann man länger leben? Wie kann man eine Art Unsterblichkeit erlangen? Der Mensch versucht es auf jede erdenkliche Weise.

Kinder zu haben ist ein Weg, deshalb hat man so ein starkes Bedürfnis danach. Die Ursache für den Wunsch, Kinder zu haben, hat überhaupt nichts mit Kindern zu tun. Sie hat etwas mit dem Tod zu tun. Du weißt, dass du nicht ewig hier sein kannst. Sosehr du es auch versuchst – es wird dir nicht gelingen. Du weißt es, da es Millionen anderen auch nicht gelungen ist. Niemand hat es je geschafft. Und doch gibst du die Hoffnung nicht auf und versuchst einen anderen Weg zu finden. Einer der einfachsten Wege, der älteste Weg, ist es, Kinder zu haben. Du wirst nicht mehr hier sein, aber wenigstens etwas von dir, ein Teil von dir, ein Partikel von dir, eine Zelle von dir wird weiter leben. Das ist Unsterblichkeit aus zweiter Hand.

Heute findet die Wissenschaft raffiniertere Methoden, denn dein Kind sieht ja nur ein bisschen so aus wie du, oder vielleicht sieht es gar nicht so aus wie du. Es hat nur ein wenig von dir übernommen, es hat es schließlich nicht unbedingt nötig, genauso wie du auszusehen. Jetzt hat die Wissenschaft Mittel und Wege gefunden, ein Duplikat von dir herzustellen. Einige deiner Zellen werden konserviert und wenn du stirbst, kann aus diesen Zellen eine Kopie von dir gemacht werden. Diese Kopie ist genauso wie du, nicht einmal Zwillinge sind sich so ähnlich. Wenn du dein Duplikat triffst, wirst du dich wundern: Dieser Mensch ist genau wie du, ganz und gar wie du.

Jetzt sagt man, um ganz sicher zu gehen, kann ja das Duplikat schon hergestellt werden, während du noch am Leben bist, und tiefgefroren bereit gehalten werden, damit man dich im Notfall – falls du bei einem Autounfall stirbst – ersetzen kann. Deine Frau wird es gar nicht merken. Deine Kinder werden nie erfahren, dass dieser Papi nur eine Imitation ist, denn er wird genau wie du sein.

Die Menschen haben es auch auf andere Weise versucht – noch viel raffinierter als diese: Schreibe Bücher, male Bilder, komponiere große Symphonien! Du wirst fort sein, aber die Kunstwerke, die du geschaffen hast, werden bleiben. Sie werden die Menschen an dich erinnern. Du wirst in ihrem Gedächtnis bleiben. Du wirst nicht mehr auf der Erde wandeln können, aber du wirst im Gedächtnis anderer Menschen herumlaufen. Das ist besser als nichts. Werde berühmt und hinterlasse ein paar Spuren in den Geschichtsbüchern. Natürlich werden es nur Fußnoten sein, aber das ist immerhin etwas. Seit Urzeiten hat der Mensch versucht, auf irgendeine Art unsterblich zu werden. Die Angst vor dem Tod ist so groß, dass sie dich dein ganzes Leben lang jagt. Im selben Augenblick, in dem du die Vorstellung aufgibst, dass du getrennt bist, verschwindet auch die Angst vor dem Tod. Deshalb sage ich: Hingabe, Loslassen ist ein ausgesprochen paradoxer Zustand. Wenn du freiwillig stirbst, kannst du nicht mehr sterben, denn das Ganze stirbt niemals. Nur Teile davon werden erneuert.

Wenn du eins wirst mit dem Ganzen, wirst du ewig leben. Du begibst dich jenseits von Leben und Tod. Das ist die Suche nach dem Nirvana, nach Erleuchtung, Befreiung, dem Reich Gottes – nach dem Zustand der Unsterblichkeit. Doch die Bedingung, die man dafür erfüllen muss, ist sehr beängstigend. Die Bedingung ist: Du musst zuerst als abgetrenntes Wesen sterben. Darum geht es bei der Hingabe: um den Tod des abgetrennten Daseins, um den Tod des Egos. Und im Grunde brauchst du dich gar nicht zu ängstigen, denn du bist ja nicht abgetrennt. Du glaubst es nur. Es stirbt also nur der Glaube. Es ist nur eine Vorstellung, eine Idee.

Es ist so, als würdest du nachts in der Dunkelheit ein Stück Seil auf der Straße liegen sehen und meinen, es sei eine Schlange. Du fliehst vor der Schlange, zu Tode erschrocken, zitternd und schweißgebadet. Dann kommt jemand vorbei und sagt: „Hab keine Angst. Ich habe es am Tag schon gesehen und weiß ganz genau, dass es nur ein Seil ist. Wenn du mir nicht glaubst, komm mit mir mit! Ich zeige dir, dass es nur ein Seil ist."

Und das haben die Buddhas schon seit Jahrtausenden gesagt: *„Ihi passiko!* - Komm, folge mir. Komm und schau selbst!" Sie nehmen das Seil in die Hand und zeigen dir, dass es nur ein Seil ist. Die Schlange war von Anfang an gar nicht da. Alle Angst verschwindet und du beginnst zu lachen. Du lachst über dich selbst, dass du so dämlich gewesen bist. Du bist die ganze Zeit vor etwas davongelaufen, das überhaupt nie existiert hat. Aber ob es nun da war oder nicht, deine Schweißtropfen waren echt. Die Angst, das Zittern, der beschleunigte Herzschlag, der erhöhte Blutdruck – all das war Realität.

Dinge, die unwirklich sind, können die Wirklichkeit beeinflussen, das darf man nicht vergessen. Wenn du glaubst, sie seien wirklich, dann wirken sie für dich als Realität – nur für dich. Es ist eine Traumrealität, aber sie kann dich beeinflussen. Sie kann dein ganzes Leben und deinen Lebensstil beeinflussen. Das Ego gibt es nicht. Sobald du ein wenig aufmerksamer, wacher und bewusster wirst, wirst du kein Ego mehr finden. Es ist nur noch ein Stück Seil, das du fälschlich für eine Schlange gehalten hattest. Du wirst die Schlange nirgendwo mehr finden.

Den Tod gibt es nicht. Der Tod ist unwirklich. Aber du hast ihn erschaffen. Du erzeugst ihn, indem du die Trennung vom Ganzen erzeugst. Hingabe bedeutet, dass man die Idee aufgibt, getrennt zu sein. Dann verschwindet der Tod automatisch. Die Angst ist spurlos verschwunden und dein ganzes Leben bekommt ein anderes Aroma. Dann ist jeder Moment von solch kristallklarer Reinheit – voller reiner Freude, Wonne und Seligkeit. Dann ist jeder Moment Ewigkeit. Und so zu leben ist reine Poesie. Von Moment zu Moment ohne das Ego zu leben ist Poesie. Ohne das Ego zu leben ist Anmut, ist Musik. Ohne das Ego zu leben ist Leben, wirkliches Leben! Und ein solches Leben nenne ich Poesie – ein Leben, das sich der Existenz hingibt.

Vergiss nicht – ich möchte es noch einmal wiederholen: Wenn du dich der Existenz hingibst, gibst du nichts Wirkliches auf. Du gibst einfach nur eine falsche Vorstellung auf, du gibst einfach eine Illusion auf, du gibst Maya auf. Du gibst etwas auf, was du ohnehin noch nie hattest. Und gibst du das auf, was du nie hattest, dann bekommst du das, was du wirklich hast.

Du weißt: „Ich bin zu Hause, wo ich schon immer gewesen bin und immer sein werde." Das ist ein großer Augenblick der Entspannung. Du weißt: „Ich bin kein Außenseiter, ich bin kein Fremdling, ich bin nicht entwurzelt." Und: „Ich gehöre zu dieser Existenz und die Existenz gehört zu mir." Dann wird alles still und ruhig. Diese Stille ist Hingabe.

Das Wort Hingabe kann eine ganz falsche Vorstellung bewirken, als ob man etwas aufgeben müsste. Du gibst überhaupt nichts auf, du lässt nur einen Traum los. Du lässt einfach etwas los, was willkürlich von der Gesellschaft geschaffen worden ist. Man braucht das Ego. Es hat in der Gesellschaft gewisse Funktionen zu erfüllen. Auch wenn man sich der Existenz hingegeben hat, benutzt man weiterhin das Wort

„ich". Aber jetzt ist es nur etwas Nützliches, es ist nichts Existentielles. Man weiß, dass man nicht ist. Man benutzt das Wort, weil man den anderen nur unnötig Schwierigkeiten bereitet, wenn man es nicht benutzt. Es würde die Kommunikation unmöglich machen. Sie ist ohnehin unmöglich! Aber es wäre schwieriger, mit anderen zu kommunizieren.

Es ist also nur ein Mittel zum Zweck. Wenn man weiß, dass es nur ein Mittel ist – willkürlich, zweckmäßig und nützlich, doch nichts Existentielles – dann macht es einem nie wieder Probleme.

Der Körper gehört der Erde. Du gehörst dem Himmel. Der Körper gehört zur Materie. Du gehörst zur Existenz. Der Körper ist grob und plump. Du bist es nicht. Der Körper hat seine Grenzen, wird geboren und wird sterben. Du wirst niemals geboren und wirst auch niemals sterben. Das wird zu deiner Erfahrung, es ist kein Glaube mehr.

Glauben richtet sich nach der Angst. Du würdest gerne glauben, dass du unsterblich bist. Aber Glauben ist eben nur Glauben – unecht, von außen aufgemalt. Erfahrung ist etwas völlig anderes. Sie sprudelt aus deinem Inneren heraus und gehört nur dir. In dem Moment, in dem du eine Erfahrung machst, kann dieses Wissen durch nichts mehr erschüttert werden.

Nichts mehr kann dieses Wissen zerstören. Auch wenn die ganze Welt gegen dich ist, weißt du, dass du nicht getrennt bist. Auch wenn die ganze Welt sagt, es gibt keine Seele, weißt du, dass es sie gibt. Auch wenn die ganze Welt sagt, es gibt keinen Gott, wirst du nur lächeln. Denn deine Erfahrung wird durch sich selbst bestätigt, spricht für sich selbst.

2. Tao – das ewige Gesetz

Zu seiner Bestimmung zurückzukehren, ist, das ewige Gesetz zu finden. Das ewige Gesetz zu kennen, ist Erleuchtung. Der Tod ist unsere Bestimmung. Es muss so sein, da er der Ursprung ist. Du kommst vom Tod und du gehst in den Tod. Das Leben ist nur ein Moment zwischen dem Nichts und dem Nichts, nur der Flug eines Vogels zwischen zwei Zuständen des Nicht-Seins.

Wenn der Tod unsere Bestimmung ist, dann ist das ganze Leben eine Vorbereitung darauf, ein Training dafür, eine Disziplin darin, wie man richtig stirbt, wie man total stirbt, ganz und gar stirbt. Das ganze Leben besteht darin zu lernen, wie man stirbt. Irgendwie hat sich jedoch eine falsche Auffassung vom Tod unter der Menschheit verbreitet, die Auffassung, der Tod sei ein Feind.

Dies ist die Grundlage aller Missverständnisse und es ist die Grundlage dafür, dass die Menschheit vom ewigen Gesetz, vom Tao, abgewichen ist. Wie konnte das geschehen? Man sollte es richtig verstehen.

Der Mensch begreift den Tod als Feind des Lebens, als ob der Tod dazu da wäre, das Leben zu zerstören, als ob der Tod gegen das Leben wäre. Mit dieser Auffassung muss man sich natürlich gegen den Tod wehren, und das Leben wird zur Anstrengung, damit man den Tod überlebt. Dann kämpfst du gegen deinen eigenen Ursprung, du kämpfst gegen dein Schicksal. Du kämpfst gegen etwas, das ohnehin geschehen wird. Der ganze Kampf ist absurd, da der Tod unvermeidlich ist. Wenn er etwas wäre, das außerhalb von dir stattfindet, könnte man ihn vermeiden. Aber er ist in dir. Du trägst ihn seit dem ersten Moment deiner Geburt in dir. Eigentlich fängst du schon an zu sterben, wenn du zu atmen anfängst – im selben Moment. Es ist nicht richtig zu sagen, der Tod käme am Ende. Er ist von Anfang an immer bei dir. Er ist ein Teil von dir. Er ist dein innerstes Zentrum, er wächst mit dir und eines Tages gelangt er zur vollen Blüte. Der Tag des Todes ist nicht einfach der Tag, an dem der Tod kommt, sondern der Moment des Erblühens. Der Tod ist die ganze Zeit mit dir gewachsen und jetzt hat er den Gipfelpunkt erreicht. Und sobald er am Gipfel ankommt, kehrst du zurück zum Ursprung.

Der Mensch hat jedoch eine falsche Einstellung dazu, und diese Einstellung führt dazu, dass er kämpft, sich wehrt und Gewalt anwendet. Wer denkt, der Tod sei gegen das Leben, kann niemals gewaltlos sein. Es ist ausgeschlossen. Wer glaubt, der Tod sei ein Feind, kann sich nie ganz wohl in seiner Haut fühlen, sich nie zu Hause fühlen. Es ist ausgeschlossen. Wie kannst du dich wohlfühlen, wenn der Feind dir jeden Moment auflauert? Er wird sich auf dich stürzen und dich vernichten! Der Schatten des Todes fällt immer auf dich. Es kann jeden Moment passieren. Wie kannst du ruhig sein, wenn der Tod da ist? Wie kannst du dich entspannen? Der Feind lässt dich niemals ruhen.

Daher lebt die Menschheit unter solcher Spannung, mit so viel Angst und Leid. Je mehr du gegen den Tod ankämpfst, desto mehr wirst du von Ängsten geplagt, zwangsläufig. Es ist eine natürliche Folge davon. Wenn du gegen den Tod kämpfst, weißt du, dass du verlieren wirst. Wie kannst du mit einem Leben glücklich sein, von dem du weißt, dass es mit einer Niederlage endet? Du weißt: Du kannst dich noch sosehr anstrengen – gegen den Tod wirst du nie gewinnen. Tief in deinem Inneren bist du dir nur einer Sache sicher, und das ist der Tod. Alles andere im Leben ist unsicher. Nur der Tod ist sicher. Es gibt nur eine Sicherheit und diese Sicherheit hast du zum Feind. Wenn du gegen das Sichere ankämpfst und dir Unsicheres erhoffst, wie kannst du da zur Ruhe kommen? Wie kannst du entspannt sein, ruhig und gesammelt? Ausgeschlossen!

Die Leute kommen zu mir und sagen, sie möchten gerne Frieden finden, sie möchten sich in der Welt zu Hause fühlen, sie möchten still sein. Sie möchten sich unbedingt entspannen. Schaue ich ihnen aber in die Augen, sehe ich die Angst vor dem Tod. Vielleicht versuchen sie sich zu entspannen, damit der Kampf mit dem Tod leichter wird. Vielleicht versuchen sie Ruhe zu finden, damit sie stärker werden im Kampf gegen den Tod.

Wenn aber der Tod ständig da ist, wie kannst du entspannt, still und im Frieden sein, dich zu Hause fühlen? Wenn der Tod dein Feind ist, wird im Grunde genommen das ganze Leben zu deinem Feind. Dann fällt in jedem Moment überall sein Schatten auf dich, dann hörst du in jedem Moment überall das Echo des Todes. Das ganze Leben wird feindlich und du musst dich dagegen wehren.

Das westliche Denken ist in erster Linie auf den Kampf ums Überleben ausgerichtet. Das Motto dort ist: „Nur die Tüchtigsten überleben", und „Das Leben ist ein Kampf". Und es ist tatsächlich ein Kampf, da man den Tod als Gegensatz zum Leben begreift. Wenn du verstehst, dass der Tod nicht das Gegenteil vom Leben ist, sondern ein Teil davon, und zwar ein wesentlicher Bestandteil, der niemals davon getrennt sein kann, wenn du den Tod als Freund annimmst, dann bist du plötzlich wie verwandelt. Du bist verklärt, siehst die Welt mit anderen Augen. Nun gibt es keinen Kampf, keinen Krieg mehr, du brauchst gegen nichts und niemanden mehr zu kämpfen. Jetzt kannst du dich entspannen. Jetzt kannst du zu Hause sein. Wenn der Tod zum Freund wird, nur dann ist dir auch das Leben freundlich gesinnt. Dies mag paradox aussehen, doch es ist so. Es ist nur dem Anschein nach paradox. Wer den Tod als Feind sieht, für den ist unbewusst auch das Leben feindlich, denn das Leben führt zum Tod.

Jede Art von Leben führt zum Tod – das Leben des armen Mannes wie das Leben des reichen Mannes, ein Leben voller Erfolg wie ein Leben voller Misserfolg, das Leben eines Weisen wie das Leben eines Narren, das Leben eines Sünders wie das Leben eines Heiligen. Jede Art von Leben – so unterschiedlich es verlaufen mag – führt zum Tod. Wie kannst du das Leben lieben und dabei gegen den Tod sein? Dann ist deine Liebe nichts als Besitzgier, dann ist deine Liebe nur Festhalten. Gegen den Tod klammerst du dich ans Leben, auch wenn dir klar ist, dass genau dieses Leben dich mit jedem Tag dem Tod näherbringt. Also bist du verloren, alle deine Bemühungen sind zum Scheitern verurteilt. Und dann bekommst du Beklemmungen und zitterst innerlich um dein Leben. Du lebst in ständiger Angst, und diese Angst macht dich wahnsinnig und gewalttätig.

Im Westen ist der Anteil von Verrückten sehr viel höher als im Osten. Die Ursache dafür ist klar. Im Westen glaubt man, der Tod sei gegen das Leben. Der Osten hat jedoch eine völlig andere Einstellung: Leben und Tod sind eins, sind zwei Seiten derselben Medaille. Wenn der Tod so akzeptiert ist, wird direkt auch vieles andere akzeptiert. Im Grunde bewirkt das Annehmen des Todes, dass man auch mit allen anderen „Feinden" im Leben Freundschaft schließt, da sich die grundlegende Dualität auflöst – die Dualität von Leben und Tod, von Sein und Nichtsein. Ist diese Grunddualität einmal aufgelöst, dann sind alle anderen Dualitäten nur noch oberflächlich; sie lösen sich auf. Plötzlich bist du zu Hause. Dein Blick ist klar, nicht mehr verschleiert, deine Wahrnehmung ist absolut unverfälscht, und nichts bleibt im Dunkeln.

Aber warum? Warum ist das im Westen geschehen? Und nun geschieht es auch im Osten, da der Osten jeden Tag mehr verwestlicht wird. Die ganze Erziehung und Ausbildung und die wissenschaftlichen Standpunkte sind heute im Osten nicht mehr rein orientalisch, sie sind bereits verwässert. Nun hat man auch im Osten Angst und fürchtet sich. Habt ihr schon beobachtet, dass es im Westen viel mehr Bewusstsein für die Zeit gibt und im Osten weniger? Und wenn überhaupt, ist es dort nur bei den gebildeten, kultivierten Leuten vorhanden. Geht man aufs Dorf, gibt es überhaupt kein Zeitgefühl. Zeitbewusstsein heißt eigentlich, sich des Todes bewusst zu sein. Wenn man Angst vor dem Tod hat, dann wird die Zeit knapp. Du hast so viel zu tun und hast so wenig Zeit dafür, deshalb ist dir jede Sekunde, die vergeht, bewusst. Das Leben wird dadurch kürzer. Darum bist du angespannt, rennst herum, tust unzählige Dinge, versuchst das Ganze auch noch zu genießen, rennst von einem Ort zum nächsten, von einer Vergnügung zur nächsten – und genießt gar nichts, weil dir immer die Zeit bewusst ist.

Im Osten sind die Menschen nicht so zeitbewusst, da sie das Leben akzeptiert haben. Vielleicht wisst ihr nicht, dass wir in Indien den Tod auch Zeit nennen. Tod heißt bei uns *Kai*, und auch Zeit heißt *Kai. Kai* bedeutet Zeit und auch Tod. Dass beides denselben Namen hat, zeugt von einem tiefen Verständnis. Es ist sehr bedeutungsvoll.

Zeit ist Tod. Der Tod ist die Zeit. Je mehr dir der Tod bewusst ist, desto mehr ist dir auch die Zeit bewusst; je weniger der Tod im Bewusstsein ist, desto weniger ist die Zeit im Bewusstsein. Dann ist Zeit keine Frage. Wenn du den Tod ganz in dein Leben aufgenommen hast, verschwindet das Zeitbewusstsein ganz und gar. Warum hat man im Westen und heute auch im Osten so viel Angst vor dem Tod – und zwar so sehr, dass man das Leben überhaupt nicht mehr genießen kann? Selbst Steine sind glücklicher als der Mensch, da sie in einer zeitlosen Welt leben. Bäume sind glücklicher als Menschen, da sie in einer Welt leben, wo man den Tod nicht kennt. Nicht, dass sie nicht sterben, aber der Tod ist unbekannt. Glückliche Tiere, die das Leben feiern, singende Vögel ... Die gesamte Existenz lebt in seliger Ahnungslosigkeit vom Tod – nur der Mensch nicht. Nur der Mensch weiß, dass er stirbt, und das ist die Ursache alle anderen Probleme. Hier liegt das ursprüngliche Problem, die grundlegende Spaltung.

Eigentlich sollte es nicht so sein, denn der Mensch ist das am höchsten entwickelte Lebewesen, die Krönung der Schöpfung! Warum muss es ausgerechnet beim Menschen so sein? Immer wenn man einen Gipfel erreicht, wird das Tal direkt daneben tiefer. Ein hoher Gipfel kann nur mit einem tiefen Tal existieren. Steine können nicht unglücklich sein; sie haben kein Tal, da auch ihr Glück flach ist. Der Mensch ist ein Gipfel, er ist in die Höhe aufgestiegen, doch wegen dieser Höhe ist direkt daneben eine Tiefe, ein Tal. Du schaust hinunter, und dir wird schwindlig; du schaust hinunter und bekommst Angst.

Das Tal gehört zum Gipfel. Es kann ohne den Gipfel nicht existieren und der Gipfel kann ohne das Tal nicht existieren; sie gehören zusammen, sind eins. Aber ein Mensch, der weit oben auf dem Gipfel steht und hinunterschaut, dem wird schlecht und schwindlig, er ist voller Angst und Furcht.

Der Mensch ist bewusst – das ist das ganze Problem. Bewusstsein ist ein zweischneidiges Schwert, es schneidet nach beiden Seiten. Es kann dich so ungemein glücklich machen – nirgendwo sonst in der Existenz ist diese Art von Glück bekannt. Und es kann dich so elend und unglücklich machen – auch diese Art von Unglück ist nirgendwo sonst auf der Welt bekannt. Der Mensch hat ein doppeltes Potenzial: Dadurch dass er bewusst ist, stehen ihm plötzlich zwei Wege offen.

Bewusstsein kann zum Segen werden, doch es kann auch zum Fluch werden. Jeder Segen kommt Hand in Hand mit einem Fluch. Das Problem ist, dass es ganz davon abhängt, wofür man sich entscheidet. Lasst es mich erklären, dann könnt ihr diesen Text aus dem *Tao te King* leicht verstehen.

Der Mensch ist bewusst. Sobald ein Mensch Bewusstsein hat, wird ihm auch das Ende bewusst. Er weiß, dass er sterben wird. Er wird sich der Zukunft bewusst, er wird sich der Zeit bewusst, dass die Zeit vergeht und früher oder später das Ende kommt. Je mehr er sich dessen bewusst wird, desto mehr wird der Tod für ihn zum Problem – zum einzigen Problem. Wie kann man ihm entgehen? So wird Bewusstsein nicht auf die richtige Weise benutzt. Es ist, als würde man einem Kind ein Fernrohr in die Hand geben und es weiß nicht, wie man es benutzt. Es schaut vom falschen Ende durch das Fernrohr.

Bewusstsein ist ein Fernrohr – du kannst vom falschen Ende hindurchschauen. Das falsche Ende hat auch ein paar Vorteile, doch diese machen dann wieder mehr Probleme. Durch das falsche Ende des Fernrohrs sieht man, dass viel Gutes möglich ist – kurzfristig birgt es viele Vorteile. Menschen mit einem Bewusstsein für die Zeit haben einen Vorteil im Vergleich zu Menschen, die kein Zeitgefühl haben. Menschen, denen der Tod bewusst ist, können vieles erreichen im Vergleich zu denjenigen, denen ihr Tod nicht bewusst ist. Deshalb wurde im Westen immer mehr materieller Reichtum angehäuft, während der Osten arm blieb. Wenn du nicht an den Tod denkst, wozu sich Sorgen machen?

Die Menschen leben von einem Moment zum nächsten, als ob es kein Morgen gäbe. Wer spart da schon? Wozu? Heute ist es so schön, warum soll man nicht feiern, und was morgen sein wird, werden wir dann schon sehen.

Im Westen haben die Menschen unendlich viel Reichtum angehäuft, weil ihnen die Zeit so stark bewusst ist. Sie haben ihr ganzes Leben auf Dinge reduziert – materielle Dinge, ganze Wolkenkratzer. Sie sind sehr reich geworden. Das ist der Vorteil, wenn man durch das falsche Ende schaut. Sie können nur bestimmte Dinge sehen, die in der Nähe sind, kurzfristig ... Sie können nicht sehr weit schauen. Ihre Augen sind wie die eines Blinden, der nicht in die Ferne schauen kann. Er achtet nur darauf, was er jetzt zusammenraffen kann, ohne sich zu überlegen, dass er am Ende einen hohen Preis dafür bezahlen muss. Auf lange Sicht erweist sich dieser Vorteil vielleicht gar nicht als Vorteil. Du kannst ein großes Haus bauen, aber wenn es dann fertig ist, bist du bereit zu gehen. Du konntest überhaupt nicht darin wohnen. Du hättest in einem kleinen Haus wunderbar leben können, selbst eine Hütte hätte gereicht. Aber du dachtest, du müsstest in einem Palast leben. Jetzt ist der Palast fertig, aber der Bauherr ist fort. Es gibt ihn nicht mehr.

Die Menschen häufen auf Kosten ihres eigenen Selbst Reichtümer an. Schließlich und endlich wird ihnen eines Tages bewusst, dass sie sich selbst verloren haben und dass sie nutzlose Dinge erworben haben. Der Preis war hoch, doch nun kann nichts mehr daran geändert werden – ihre Zeit ist um. Wer nur zeitbewusst ist, wird wie verrückt Dinge anhäufen. Man setzt seine ganze Lebensenergie in Dinge um. Ein Mensch, dessen Bewusstsein sich auf alle Bereiche ausdehnt, wird diesen jetzigen Moment so intensiv genießen, wie er nur kann. Er lässt sich tragen, ohne sich um morgen zu kümmern, da er weiß, dass morgen niemals kommt. Er weiß ganz genau, dass es letztendlich nur eine Sache zu erreichen gibt: Das ist sein eigenes Selbst.

Lebe! Und lebe so total, dass du mit dir selbst in Kontakt kommst. Und es gibt keine andere Möglichkeit, mit dir selbst in Kontakt zu kommen. Je mehr Tiefe du in dein Leben bringst, desto tiefer lernst du dich selbst kennen – in Beziehungen oder im Alleinsein. Je tiefer du in einer Beziehung, in der Liebe gehen kannst, desto tiefer erfährst du dich selbst. Liebe ist ein Spiegel. Wer nie geliebt hat, kann nicht allein sein. Er kann höchstens einsam sein.

Wer geliebt hat und eine Beziehung erfahren hat, kann auch allein sein. Nun ist sein Alleinsein ganz anders geartet. Es ist nicht mehr Einsamkeit. Er hat in einer Beziehung gelebt, seine Liebe erfüllt, einen anderen erfahren und sich selbst durch den anderen erfahren. Nun kann er sich selbst direkt erfahren, nun braucht er keinen Spiegel mehr. Man braucht sich nur jemanden vorzustellen, der noch nie einen Spiegel gesehen hat. Kann er die Augen schließen und sein eigenes Gesicht sehen? Unmöglich! Er kann es sich nicht vorstellen, er kann nicht darüber meditieren. Wer jedoch einem Spiegel begegnet ist, hineingeschaut und sein eigenes Gesicht darin erkannt hat, kann seine Augen schließen und sein Gesicht auch innen sehen. Das passiert in Beziehungen. Wenn sich jemand auf eine Beziehung einlässt, spiegelt ihn die Beziehung wider, reflektiert ihn, und er erfährt viele Dinge über sich selbst, von denen er nie etwas geahnt hatte.

Durch den anderen erfährt er, dass er wütend ist, gierig ist, eifersüchtig ist, dass er den anderen besitzen will, aber auch sein Mitgefühl, seine Liebe und Tausende anderer Zustände seines Wesens. Viele verschiedene Gemütszustände kann er durch den anderen erleben. Im Laufe der Zeit wird der Moment kommen, in dem er nun allein sein kann. Er kann die Augen schließen und sein eigenes Bewusstsein direkt erfahren. Deshalb meine ich, dass für Menschen, die nie geliebt haben, Meditation sehr, sehr schwierig ist.

Wer zutiefst geliebt hat, kann auch tief in die Meditation gehen. Wer eine tiefe Liebesbeziehung hatte, ist in der Lage, er selbst zu sein. Solche Menschen sind reif geworden, sie brauchen den anderen nicht mehr. Wenn der andere da ist, können sie ihre Liebe teilen. Doch das Bedürfnis ist verschwunden; es besteht keine Abhängigkeit mehr.

Bewusstsein wird sich schließlich des Todes bewusst. Wenn sich das Bewusstsein am Ende auf den Tod richtet, kommt Angst auf. Und diese Angst erzeugt in dir ein ständiges Gefühl von Flucht. Dann fliehst du vor dem Leben. Wo immer Leben ist, entziehst du dich, da überall, wo Leben ist, auch eine Ahnung vom Tod kommt. Menschen, die zu viel Angst vor dem Tod haben, verlieben sich nie in andere Menschen, sondern verlieben sich in Dinge – Dinge, die nicht sterben können, weil sie nie gelebt haben. Dinge kannst du auf immer und ewig haben, außerdem kann man sie immer ersetzen. Wenn ein Auto kaputt geht, kannst du es durch ein anderes Auto von genau derselben Art ersetzen. Aber einen Menschen kannst du nicht ersetzen.

Wenn deine Frau stirbt, stirbt sie für immer. Du kannst eine andere Frau nehmen, doch keine andere Frau wird sie je ersetzen – mit allen Vor- und Nachteilen, keine andere Frau kann diese Frau sein. Wenn dein Kind stirbt, kannst du ein Kind adoptieren, doch mit keinem adoptierten Kind wirst du dieselbe Art von Beziehung haben wie mit deinem eigenen Kind. Die Wunde bleibt und kann nicht geheilt werden. Menschen, die zu große Angst vor dem Tod haben, bekommen Angst vor dem Leben. Und dann beginnen sie, Dinge anzuhäufen: einen großen Palast, ein großes Auto, Millionen von Dollars oder Rupien, dies und das, Dinge, die nicht sterben können. Eine Rupie stirbt nicht so schnell wie eine Rose. Rosen sind solchen Leuten egal, sie häufen immer mehr Rupien an.

Eine Rupie stirbt niemals, sie ist fast unsterblich, aber eine Rose … Am Morgen war sie noch lebendig und schon am Abend ist sie nicht mehr. Diese Leute haben Angst vor Rosen, sie schauen sie nicht einmal an. Oder falls sie doch den Wunsch verspüren, kaufen sie sich Plastikblumen. Sie sind gut. Mit Plastikblumen kann man sich wohlfühlen, da sie das Gefühl der Unsterblichkeit vermitteln. Sie können auf immer und ewig da sein. Eine echte Rose – morgens ist sie noch so lebendig und schon abends ist sie fort, ihre Blütenblätter liegen auf der Erde. Sie ist zum Ursprung zurückgekehrt. Aus der Erde kommt sie, blüht ein Weilchen und schickt ihren Duft in die ganze Existenz hinaus. Dann ist der „Auftrag ausgeführt", die Botschaft verbreitet, und in aller Stille fällt sie zurück auf die Erde und verschwindet, ohne eine Träne zu vergießen, ohne zu kämpfen.

Hast du schon einmal zugeschaut, wie die Blütenblätter einer Blume auf die Erde fallen? Wie schön und anmutig sie fallen, ohne festzuhalten – nicht einmal einen Moment lang versuchen sie, sich festzuhalten.

Nur eine Brise braucht zu kommen und die ganze Blume ist zur Erde gefallen, zu ihrem Ursprung zurückgekehrt.

Wer Angst vor dem Tod hat, hat auch Angst vor dem Leben, hat Angst vor der Liebe, denn Liebe ist eine Blume – Liebe ist keine Rupie. Ein Mann, der vor dem Leben Angst hat, heiratet vielleicht, aber er wird sich nie verlieben. Die Ehe ist wie eine Rupie, Liebe ist wie eine Rosenblüte. Sie ist da und vielleicht ist sie gleich wieder weg. Du kannst dir ihrer nie sicher sein. Sie kann keine gesetzlich verankerte Unsterblichkeit vorweisen. Die Ehe ist etwas, woran man sich festhalten kann: Sie kann eine Urkunde vorweisen, dahinter steht ein Gericht. Sie hat die polizeiliche Gewalt und den Präsidenten hinter sich, und sie alle kommen ins Spiel, wenn etwas schiefgeht.

Aber mit der Liebe ... Natürlich hat eine Rose auch Kraft, aber Rosen sind keine Polizisten, sie sind keine Präsidenten und können keinen Schutz gewähren.

Die Liebe kommt und geht. Die Ehe kommt nur. Sie ist eine tote Angelegenheit, eine Institution. Es ist einfach unglaublich, dass es den Menschen gefällt, in Institutionen zu leben. Sie haben solche Angst, Angst vor dem Tod, dass sie von allen Seiten die Möglichkeit des Todes verhindern wollen. Sie versuchen, um sich herum die Illusion zu erzeugen, dass alles so bleiben wird, wie es ist. Alles ist abgesichert und ungefährlich. Hinter diesen Schutzwällen verborgen haben sie ein gewisses Gefühl von Sicherheit, aber es ist töricht, dumm. Niemand kann sie retten. Der Tod wird kommen und auch an ihre Tür klopfen, und sie werden sterben.

Bewusstsein kann zwei Einstellungen bewirken. Die eine erzeugt Angst vor dem Leben, da durch das Leben der Tod kommt. Die andere liebt das Leben so sehr, dass man auch den Tod zu lieben beginnt, da er im innersten Kern des Lebens steckt. Die erste Einstellung entsteht durch Denken, die zweite Einstellung durch Meditation. Die erste Einstellung entsteht durch zu viele Gedanken, die zweite Einstellung durch einen Geist ohne Gedanken, durch *No Mind* – Nicht-Denken. Bewusstsein kann sich auf Gedanken beschränken, Gedanken können jedoch zerschmelzen und wieder zu Bewusstsein werden.

Stelle dir einfach einen Fluss im Winter vor. Wenn es friert, wird das Wassers teilweise zu Eis. Dann wird es noch kälter, die Temperatur sinkt weit unter Null, und schließlich ist der ganze Fluss zugefroren. Nun ist keine Bewegung mehr da, kein Fluss. Bewusstsein ist wie ein Fluss, ein Strom – je mehr Gedanken da sind, desto mehr Teile des Flusses sind gefroren. Wenn so viele Gedanken da sind, so viele Hindernisse durch Denken, kann der Fluss überhaupt nicht mehr fließen. Dann ist er vollkommen zugefroren. Du bist schon tot.

Wenn jedoch der ganze Fluss ins Fließen kommt, wenn du die Eisberge auftaust, wenn du alles schmelzen lässt, was gefroren war – all die Gedanken … Nur darum geht es bei Meditation: Es geht darum, die Gedanken aufzutauen. Sie können wieder in Bewusstsein umgewandelt werden. Dann fließt der Fluss, dann kommt er ins Fließen, ist lebendig, sprüht vor Leben, tanzt und fließt zum Meer hin. Warum möchten so viele Menschen zugefroren sein? Weil ein gefrorener Fluss nicht zum Meer fließen kann. Mit dem Meer ist der Tod gemeint. Der Fluss wird verschwinden, für immer verschwinden. Er wird eins mit dem Unendlichen, hat keine Individualität mehr. Auch seinen Namen hat er nicht mehr, der Ganges ist nicht mehr der Ganges, die Wolga ist nicht mehr die Wolga. Sie verschwinden im Namenlosen.

Der Verstand hat Angst davor. Er wird zu einem Wirbelwind von Gedanken. Wenn du ein Mensch bist, der zu viel denkt, der ununterbrochen denkt – von morgens bis abends und von abends bis morgens, Gedanken und Gedanken ohne Ende am Tag, Träume und Träume ohne Ende in der Nacht – dann ist dein Fluss zugefroren. Auch das hat mit Angst zu tun: Dein Fluss ist so zugefroren, dass du dich nicht mehr bewegen kannst. So bleibt das Meer weit entfernt. Wenn du dich bewegst, fällst du ins Meer.

Mit Meditation versucht man sich aufzutauen. Die Gedanken schmelzen allmählich dahin wie Schnee, kommen ins Fließen, und der Geist wird zum Strom. Nun gibt es keine Hindernisse, er fließt ungehindert zum Meer hin. Mit einem meditativen Bewusstsein kannst du den Tod akzeptieren. Dann ist der Tod nicht getrennt von dir; du bist der Tod. Dann akzeptierst du den Tod als deine letzte

Ruhestätte, dann akzeptierst du den Tod als endgültige Entspannung, dann akzeptierst du den Tod als letzte Zuflucht. Du begibst dich zur Ruhe. Den ganzen Tag hast du hart gearbeitet. Am Abend kommst du nach Hause und gehst schlafen. Du begibst dich zur Ruhe. Das Leben ist wie der Tag. Der Tod ist wie die Nacht.

Angst, Beklemmungen, Gehetztheit – das sind heute chronische Erscheinungen. Es ist wie zu einer zweiten Natur des Menschen geworden, ständig darauf zu achten, dass die Zeit vergeht und Angst zu haben. Die Angst dreht sich im Grunde immer darum: „Ich habe noch gar nicht leben können und die Zeit rennt mir davon! Ich kann sie nicht zurückholen, ich kann nichts rückgängig machen. Einmal fort ist immer fort! Und mit jedem Tag schrumpft das Leben, wird immer kürzer und kürzer!"

Man hat eigentlich nicht vor dem Tod Angst, sondern vor der Zeit. Betrachte es einmal ganz genau und du wirst feststellen, dass es die Angst um das ungelebte Leben ist. Du hast noch nicht leben können. Wenn du wirklich lebst, hast du keine Angst. Wenn dein Leben Erfüllung findet, hast du keine Angst. Wenn du es genossen hast, die Gipfel erklommen hast, die das Leben dir zu bieten hatte, wenn dein Leben wie eine orgastische Erfahrung gewesen ist, wie ein Gedicht, das tief innen mit dir schwingt, wenn es wie ein Lied, ein Fest, eine Zeremonie gewesen ist und du jeden Moment davon ganz und gar ausgeschöpft hast, dann gibt es keine Angst mehr vor der Zeit. Dann verschwindet die Angst.

Du bist bereit. Selbst wenn der Tod heute noch kommt, bist du bereit. Du hast das Leben erfahren. Du wirst den Tod sogar willkommen heißen, weil sich nun eine neue Gelegenheit bietet. Eine neue Tür öffnet sich, ein neues Geheimnis wird entdeckt. „Ich habe das Leben gelebt. Nun klopft der Tod an meine Tür und ich öffne sie mit freudiger Erwartung. Komm herein! Denn das Leben kenne ich schon. Jetzt möchte ich auch dich kennenlernen!"

So erging es Sokrates, als er im Sterben lag. Seine Schüler weinten und klagten – verständlicherweise. Da öffnete Sokrates die Augen und sagte: „Hört auf! Was macht ihr da? Warum weint ihr? Ich habe mein

Leben gelebt, und zwar total. Jetzt kommt der Tod und ich bin ganz begeistert. Ich warte mit so großer Liebe, Sehnsucht und Hoffnung darauf. Eine neue Tür öffnet sich, das Leben verrät mir ein neues Geheimnis!"

Jemand fragte: „Hast du denn keine Angst?"

Sokrates antwortete: „Ich sehe keinen Grund, warum man vor dem Tod Angst haben sollte. Denn erstens weiß ich ja gar nicht, was kommt. Zweitens gibt es nur zwei Möglichkeiten: Entweder überlebe ich, dann gibt es kein Problem, vor dem man Angst haben müsste. Oder ich überlebe nicht. Auch dann gibt es kein Problem, vor dem man Angst haben müsste. Wenn ich nicht überlebe, gibt es kein Problem. Wenn es mich nicht mehr gibt, kann es gar kein Problem sein. Und wenn ich überlebe, so wie ich hier bin, wenn mein Bewusstsein überlebt, dann gibt es auch kein Problem, weil ich dann noch da bin. Probleme hatte ich im Leben genug. Ich habe sie gelöst. Wenn ich also dableibe und Probleme auftauchen sollten, werde ich sie lösen."

Es macht immer Freude, ein Problem zu lösen. Es ist eine Herausforderung. Man nimmt die Herausforderung an, lässt sich darauf ein, und wenn man sie gelöst hat, ist das Glücksgefühl so herrlich!

Die Angst vor dem Tod ist die Angst vor der Zeit. Und diese Zeitangst ist im Grunde genommen Angst vor ungelebten Momenten, vor einem ungelebten Leben.

Was soll man also tun? Mehr leben und intensiver leben! Lebe gefährlich! Es ist dein Leben! Opfere es nicht für irgendwelchen Blödsinn, den man dir beigebracht hat. Es ist dein Leben. Lebe es! Opfere es nicht für Worte, für Theorien, für ein Vaterland oder die Politik. Opfere es überhaupt niemandem. Lebe es! Glaube nicht, es sei mutig, zu sterben. Wirklicher Mut bedeutet, sein Leben total zu leben. Einen anderen Mut gibt es nicht.

Sterben ist ganz simpel und einfach. Du kannst hingehen und von einer Felsklippe springen oder dich aufhängen, das ist so einfach. Du kannst zum Märtyrer werden, für dein Land, für Gott, für die Kirchen – alles Schlächter und Mörder! Opfere dich nicht auf. Du bist für dich hier und nicht für irgendjemand anderen.

Lebe! Und lebe in völliger Freiheit so intensiv, dass jeder Moment sich in eine Ewigkeit verwandelt. Wenn du auch nur einen Augenblick intensiv lebst, wird er zur Ewigkeit. Wenn du auch nur einen Augenblick intensiv lebst, bewegst du dich in der vertikalen Richtung. Du verlässt die Horizontale.

Es gibt zwei Möglichkeiten, sich auf die Zeit zu beziehen: Bei der ersten schwimmt man nur auf der Oberfläche des Meeres. Bei der anderen taucht man in die Tiefe, begibt sich tief hinein.

Wenn du nur auf dem Meer der Zeit dahin schwimmst, wirst du immer Angst haben, denn die Oberfläche ist nicht die Realität. Die Oberfläche ist nicht wirklich das Meer. Sie ist nur die Grenze, nur die Peripherie. Gehe in die Tiefe, tauche in die Tiefe ein. Wenn du einen Moment lang mit Tiefe lebst, gehörst du nicht mehr der Zeit an.

Wenn du einmal geliebt hast, weißt du es: In tiefer Liebe verschwindet die Zeit. Wenn du mit deiner Geliebten oder deinem Liebhaber zusammen bist, ist die Zeit plötzlich nicht mehr da. Ihr bewegt euch in der Tiefe. Wenn du gerne Musik hörst, wenn du ein Herz für Musik hast, weißt du es: Die Zeit hält an. Wenn du einen Sinn für Schönheit hast, sensibel für das Ästhetische bist, schaust du eine Rose an und die Zeit verschwindet. Schau den Mond an, und wo ist die Zeit geblieben? Die Uhr hält unvermittelt an. Die Zeiger bewegen sich weiter, aber die Zeit hält an. Wenn du jemals etwas zutiefst geliebt hast, weißt du, dass du die Zeit transzendieren kannst. Das Geheimnis ist dir schon viele Male offenbart worden. Das Leben selbst offenbart es dir.

Das Leben möchte genossen werden. Das Leben möchte gefeiert werden. Das Leben möchte, dass du mit solcher Tiefe daran teilnimmst, dass du die Vergangenheit nicht bereuen brauchst, dass du nicht einmal mehr an die Vergangenheit denkst, weil du in jedem Moment immer tiefer gehst. In jedem Moment wird das Leben immer schöner, immer orgastischer. Jeder Moment wird als Gipfelpunkt erfahren. Im Laufe der Zeit passt du dich an die Gipfel an. Sie werden zu deinem Zuhause. So lebt ein Erleuchteter. Er lebt total und von einem Moment zum nächsten.

Ein Zenmeister wurde gefragt: „Was hast du seit deiner Erleuchtung getan?"

Er sagte: „Ich hole Wasser vom Brunnen und säge Holz im Wald. Wenn ich Hunger habe, esse ich. Wenn ich müde bin, schlafe ich. Das ist alles."

Wenn ein Mensch, der in die Tiefe seines eigenen Wesens gelangt ist, Holz sägt, dann sägt er nur Holz. Sonst ist keiner da. Der Sägende ist nicht da, nur das Sägen des Holzes. Der Holzhacker ist nicht da, denn der Holzhacker ist die Vergangenheit. Wenn er isst, dann isst er einfach.

Ein anderer großer Zenmeister hat gesagt: „Wenn du sitzt, sitze. Wenn du gehst, gehe. Und vor allem: Nicht wackeln!"

Die Zeit ist zum Problem geworden, weil man nicht richtig lebt. Das ist symbolisch. Das ist symptomatisch. Wenn man richtig lebt, verschwindet das Problem Zeit, verschwindet die Angst vor der Zeit.

Was soll man also tun? Bei allem, was du tust, in jedem Moment – sei total dabei! Einfache Dinge: Wenn du ein Bad nimmst, sei total dabei. Vergiss die ganze Welt. Wenn du sitzt, sitze. Wenn du gehst, gehe. Und vor allem: Nicht wackeln! Steh unter der Dusche und lass die ganze Existenz auf dich herabduschen. Gehe auf in den herrlichen Wassertropfen, die auf dich fallen. Bei den kleinsten Dingen: Beim Putzen, beim Kochen, beim Wäschewaschen oder bei einem Morgenspaziergang – sei total dabei! Dann ist es nicht nötig zu meditieren.

Meditation ist nur ein Hilfsmittel, um zu lernen, etwas total zu tun. Hast du das einmal gelernt, hast du dein ganzes Leben zur Meditation gemacht. Dann kannst du die Meditationstechniken völlig vergessen; dann lass das Leben das einzige Gesetz sein. Dann verschwindet die Zeit. Und vergiss nicht, wenn die Zeit verschwindet, verschwindet auch der Tod. Dann hast du keine Angst mehr vor dem Tod. Du wartest sogar auf ihn.

Überlege einmal, wie das möglich ist: Wenn man auf den Tod wartet, wie kann der Tod existieren? Dieses Warten ist nicht selbstmörderisch, dieses Warten ist nicht pathologisch. Du hast dein Leben gelebt. Wenn du dein Leben wirklich gelebt hast, wird der Tod selbst zum Gipfelpunkt von allem. Der Tod ist der Höhepunkt des Lebens – wie eine Bergspitze, ein Crescendo.

Du hast alle kleinen Wellen erlebt, wie Essen, Trinken, Schlafen, Gehen, Liebemachen – kleine Wellen. Und auch große Wellen hast du erlebt. Dann kommt die größte Welle: Du stirbst. Auch das musst du in seiner Totalität erleben. Dann bist du bereit zu sterben. Und mit dieser Bereitschaft stirbt der Tod selbst.

Nur so haben Menschen die Erfahrung gemacht, dass nichts stirbt. Der Tod ist impotent, wenn man bereit ist, ihn zu leben. Der Tod ist sehr mächtig, wenn man Angst davor hat.

Ungelebtes Leben gibt dem Tod Macht. Ein total gelebtes Leben nimmt dem Tod alle Macht. Tod gibt es nicht.

3. Der Mut zu leben

Niemand hat wirklich Angst vor dem Tod, sonst wäre es unmöglich zu leben. Es gibt eine natürliche Sicherheitsmaßnahme, sie ist so etwas wie ein Grundgesetz der Natur. Die Natur will nicht, dass man Todesangst hat, ganz einfach, weil du nicht leben könntest, wenn die Angst vor dem Tod überwältigend wäre. Leben ist eigentlich nur möglich, wenn du immer daran glauben kannst, dass du ewig hier sein wirst. Die Dinge ändern sich, andere Menschen sterben, aber du bleibst außerhalb dieser Veränderungen. Und das basiert auf deiner Erfahrung.

Der Dichter sagt: „Frage nie, für wen die Totenglocke läutet. Sie läutet für dich." Aber wenn sie für dich läutet, bist du ja nicht da, um sie zu hören – das ist das Problem. Ich sage: „Sie läutet immer für jemand anderen. Deshalb kannst du sie hören. Der Dichter kennt die tieferen Schichten des menschlichen Bewusstseins nicht. In gewisser Weise sagt er die Wahrheit. Ja, sie läutet für dich. Aber du hörst sie. Du kannst verstehen, was es bedeutet, aber diese Schlussfolgerung macht dir keine Angst. Das kann ich mit Sicherheit sagen, denn selbst der Dichter, der das schrieb, hatte keine Angst vor dem Tod. Selbst er hätte niemals gedacht, dass die Glocke für ihn läutete, als er sie läuten hörte. Sie läutet immer für jemand anderen, sie ist immer für andere.

Man hat Angst, Krebs zu bekommen; man hat Angst, Aids zu bekommen; man hat Angst, blind zu werden; man hat Angst, verkrüppelt zu werden; man hat Angst vor allen möglichen Dingen, die einem im Alter passieren können. Man hat Angst vor dem Alter. Niemand hat Angst vor dem Tod. Der Tod ist so sauber – warum sollte man davor

Angst haben? Je näher das Alter kommt und je näher der Tod kommt, desto mehr beginnt man sogar zu hoffen, dass der Tod bald kommt. Der Tod ist absolut sauber und rein. Er hat noch nie jemanden gestört, er hat noch nie jemanden gequält.

Niemand hat Angst vor dem Tod. Ich bin noch nie jemandem begegnet, der Angst vor dem Tod hat. Natürlich haben die Leute Angst, sich in die sonderbaren Krankenhausbetten zu legen – Füße nach oben, Hände nach unten, und dann werden alle möglichen Instrumente am Kopf und an der Brust angebracht ... Davor haben die Leute Angst, aber vor dem Tod? Hast du jemals gesehen, dass der Tod irgendjemandem etwas zu Leide getan hätte. Warum soll man ihn fürchten?

Die Menschen haben Angst vor dem Leben, nicht vor dem Tod. Denn das Leben ist ein Problem, das man lösen muss. Das Leben birgt Tausende von Schwierigkeiten, die aufgelöst werden müssen. Das Leben hat so viele Dimensionen, dass man ständig in Sorge ist: Stimmt die Dimension, in der man sich gerade aufhält, oder hat man die richtige Dimension schon verlassen?

Bei allem, was du tust, lässt dich dieses Fragezeichen niemals ruhen: Ist diese Sache jetzt wirklich das, was du immer tun wolltest? Bist du wirklich dazu bestimmt, das zu tun? Alle sind ständig im Aufruhr wegen ihres Lebens. Die Menschen haben Angst davor zu leben, also versuchen sie so beschränkt wie nur möglich zu leben. Sie haben ihr Leben zu einer beschränkten Angelegenheit gemacht.

Sie versuchen, einen Zaun um ihr Leben zu ziehen. Sie wollen nicht in der Wildnis des Lebens sein, das macht zu viel Angst. Sie ziehen einen hübschen Zaun um ihr Haus und legen darinnen einen schönen englischen Garten an, alles symmetrisch, zugeschnitten, gepflegt, und sie glauben, das sei Leben. Das ist nicht Leben, das ist nur ein Versuch, Leben zu vermeiden.

Leben kann nur wild sein. Es kann keine Zäune haben, es kann nicht wie ein englischer Garten sein. Es ist nicht viktorianisch, wo alles symmetrisch ist. Viele Menschen haben Angst vor dem Leben und zwar deshalb, weil Leben nur möglich ist, wenn du wild sein kannst – wild in deiner Liebe, wild in deinem Lied, wild in deinem Tanz. Genau davor hat man Angst.

Habe keine Angst vor dem Leben. Denn du kannst nur entweder Angst haben oder du kannst leben, es hängt ganz an dir. Und was gibt es schon, wovor man Angst haben müsste? Du hast nichts zu verlieren. Du hast alles zu gewinnen. Lass alle Ängste los und springe total ins Leben. Dann wird der Tod eines Tages dein willkommener Gast sein, nicht dein Feind. Und du wirst den Tod mehr genießen als du das Leben genossen hast, denn der Tod hat seine eigenen schönen Seiten. Und der Tod ist etwas sehr Rares, da er nur ab und zu stattfindet. Leben hat man ja jeden Tag ...

In dir sind viele Möglichkeiten verborgen und zwar in vielen übereinanderliegenden Schichten. Die erste Schicht ist der Körper. Identifizierst du dich mit dem Körper, dann bist du mit dem Irdischen, dem Vergänglichen identifiziert. Dann ist zwangsläufig Angst vor dem Tod da. Der Körper ist etwas Fließendes, wie ein Fluss – er ändert sich ununterbrochen, ist immer in Bewegung. Er enthält nichts Ewiges. Jeden Moment ändert sich der Körper. Eigentlich stirbt der Körper jeden Moment. Es ist nicht so, dass du nach siebzig Jahren plötzlich eines Tages stirbst, sondern der Körper stirbt tagtäglich. Der Tod dauert siebzig Jahre. Er ist ein Prozess. Der Tod ist kein Ereignis, er ist ein langer Prozess. Ganz allmählich und langsam kommt der Körper an einen Punkt, wo er sich nicht mehr zusammenhalten kann; er zerfällt.

Ist man mit dem Körper identifiziert, ist die Angst natürlich ständig da, denn der Tod kommt immer näher. Man kann leben, aber man kann nur in Angst leben. Und was für ein Leben ist denn möglich, wenn man in seinen Grundfesten ständig erschüttert ist? Wenn man auf einem Vulkan sitzt und jeden Moment der Tod kommen kann? Wenn nur eines sicher ist: dass der Tod kommt und alles andere ist unsicher? Wie kann man da leben? Wie kann man feiern? Wie kann man tanzen und singen und sein? Unmöglich! Der Tod lässt es nicht zu. Der Tod ist zu bedrohlich und zu nahe.

Dann gibt es eine zweite Schicht in dir: die des Geistes, des Verstands, die sogar noch vergänglicher, noch flüchtiger ist als der Körper.

Auch diese Schicht ist ständig im Verfall. Der Geist ist das Innere des Körpers, und der Körper ist das Äußere des Geists. Sie sind nicht zwei Dinge. Geist und Körper ist nicht der richtige Ausdruck. Der richtige Begriff wäre Geistkörper. Du bist psychosomatisch. Es stimmt nicht, dass man einen Körper hat und außerdem einen Geist. Der Körper ist der grobstoffliche Geist, und der Geist ist der feinstoffliche Körper. Es sind zwei Seiten oder Aspekte derselben Medaille – ein äußerer und ein innerer.

Es gibt also Menschen, die mit dem Körper identifiziert sind. Das sind die Materialisten. Sie können nicht leben. Sie versuchen es natürlich verzweifelt, aber sie können nicht leben. Ein Materialist gibt nur vor, dass er lebt. Er kann nicht leben. Sein Leben kann nicht sehr tief gehen, es kann nur oberflächlich und flach sein, da er versucht, durch den Körper zu leben, der ständig vor sich hin stirbt. Er lebt in einem brennenden Haus. Er versucht, sich in einem Haus auszuruhen, das in Flammen steht. Wie kann man da ruhen? Wie kann man lieben?

Ein Materialist kann nur Sex haben. Er kann nicht lieben. Denn Sex ist vergänglich, und Liebe ist etwas Ewiges. Er kann nur kurzlebige Kontakte mit anderen machen, aber er kann keine Beziehungen haben. Er ist ständig am Rennen, weil er mit dem Körper identifiziert ist. Der Körper kommt nie zur Ruhe, er ist ständige Bewegung. Er kann höchstens Sex haben – eine flüchtige, vorübergehende Begegnung, aber nichts Tieferes, nichts, was die Seele, den innersten Kern berührt. Das Sein bleibt in weiter Ferne, nur die Körper treffen sich, verbinden sich und trennen sich wieder. Materialist zu sein ist am idiotischsten, weil man versucht, durch den Tod zu leben. Das ist Dummheit.

Dann gibt es einen anderen Typus: den Idealisten – einer, der mit Ideen, Ideologien und Idealen identifiziert ist. Er lebt in einer sehr flüchtigen Welt – in keiner Weise besser als es der Materialist tut. Natürlich ist sein Ego viel mehr erfüllt, da er den Materialisten verdammen kann. Er spricht von Gott und von der Seele, er spricht über Religion und andere großartige Dinge. Er spricht von einer anderen Welt, aber es ist alles nur Gerede. Er lebt im Kopf, ist ständig am Nachdenken und Brüten, er spielt mit Ideen und Worten. Im Kopf erschafft er Utopien, großartige und wunderschöne Träume, doch er vergeudet alle Gelegenheiten, denn Gelegenheiten gibt es nur hier und jetzt – und er denkt immer an etwas anderes.

Utopie ist ein schönes Wort. Es heißt: „Das, was niemals kommt." Er denkt an etwas, was niemals kommt und auch nicht kommen kann. Er lebt woanders. Er existiert hier und lebt woanders. Er lebt in einer Zweiteilung, in einem Dualismus. Er steht unter großer Spannung. Politiker, Revolutionäre, sogenannte Theologen und Priester – sie alle führen ein Leben, das mit dem Geist identifiziert ist. Dabei ist das wirkliche Leben jenseits von beidem – von Körper und Geist. Du bist im Körper und du bist im Geist, aber du bist weder das eine noch das andere.

Der Körper ist deine äußere Schale, und der Geist ist deine innere Schale. Du bist jenseits von beidem. Diese Einsicht ist der Anfang des wirklichen Lebens. Wie fängt man es an, diese Einsicht zu verwirklichen? Nur darum geht es bei der Meditation. Fange an, ein beobachtender Zeuge zu sein. Wenn du auf der Straße gehst, werde zum Zeugen. Sieh zu, wie der Körper geht. Du schaust aus deinem innersten Zentrum einfach zu, bist Zeuge, beobachtest. Plötzlich wirst du dich frei fühlen. Plötzlich wirst du erkennen, dass der Körper geht, und du gehst nicht.

Manchmal ist der Körper gesund und manchmal ist er krank. Schau ihm zu. Schau einfach zu, und plötzlich wirst du einen völlig anderen Seinszustand erleben. Du bist nicht der Körper. Der Körper ist natürlich krank, aber du bist nicht krank. Der Körper ist gesund, aber das hat nichts mit dir zu tun. Du bist Zeuge davon, ein Wächter auf dem Berge … weit jenseits davon. Natürlich an den Körper gebunden, aber nicht damit identifiziert; im Körper verwurzelt, aber immer jenseits davon und darüber stehend.

Zunächst dient Meditation dazu, dich vom Körper zu trennen. Und im Laufe der Zeit, wenn du ein immer feineres Gespür beim Beobachten des Körpers bekommen hast, beginnst du die Gedanken zu beobachten, die dir ständig durch den Kopf gehen. Aber schau zuerst dem Körper zu. Er ist grobstofflich und deshalb leichter zu beobachten; er braucht nicht so viel Bewusstheit. Bist du darauf eingespielt, beginne die Gedanken zu beobachten.

Alles, was man beobachten kann, wird von dir getrennt. Alles, was du als Zeuge sehen oder fühlen kannst, bist du nicht. Du bist das Bewusstsein, das Zeuge ist. Alles, was du als Zeuge siehst, ist Objekt. Du bist Subjektivität. Körper und Geist bleiben in weiter Ferne, wenn du zum Zeugen wirst. Plötzlich bist du da – ohne Körper, ohne Gedanken – als reines Bewusstsein, nur Reinheit, Unschuld, wie ein Spiegel.

In dieser Unschuld erkennst du endlich, wer du bist. In dieser Reinheit ist deine Existenz endlich zum Leben erwacht. Zum ersten Mal bist du. Davor hattest du nur geschlafen, geträumt. Nun bist du.

Und wenn du *bist*, gibt es keinen Tod. Dann weißt du, dass du auch bei deinem Tod Zeuge sein wirst. Wer in der Lage ist Zeuge seines Lebens zu sein, ist auch in der Lage Zeuge seines Todes zu sein. Denn der Tod ist nicht das Ende des Lebens. Er ist sogar der Höhepunkt des Lebens, sein höchster Gipfel. Im Tod erreicht das Leben seinen Höhepunkt. Weil man sich fürchtet, versäumt man diesen Moment. Ansonsten ist der Tod die größte Ekstase, der größte Orgasmus, den es gibt.

Beim Sex hast du kleine Orgasmen erlebt. Auch beim Sex stirbt man einen kleinen Tod. Etwas Lebensenergie aus dem Körper wird freigesetzt und du fühlst dich orgasmisch, erleichtert und entspannt. Nun stell dir den Tod vor: Die gesamte Energie, die du hast, wird freigesetzt! Der Tod ist der größte Orgasmus. Beim sexuellen Orgasmus entspannt sich nur ein kleiner, winziger Teil deiner Energie. Schon das ist so ein schönes Gefühl! Schon dabei fühlst du dich so entspannt, fällst in tiefen Schlaf, und alle Spannungen sind aufgelöst. Du spürst Harmonie. Stelle dir den Tod so vor, dass dabei dein ganzes Leben freigesetzt wird, aus jeder Pore deines Körpers löst sich das ganze Leben und kehrt zurück zum Ganzen. Das ist der allergrößte Orgasmus.

Ja, der Tod ist der größte Orgasmus, aber die meisten Leute erleben ihn nicht, weil sie Angst haben. Dasselbe ist beim sexuellen Orgasmus der Fall. Viele Leute erleben ihn nie. Sie können vor lauter Angst keinen Orgasmus haben; sie können sich nicht total darauf einlassen. Wohlgemerkt: Wer Angst vor dem Tod hat, hat auch Angst vor Sex.

Man kann es in Indien beobachten. Dieses Land hat seine Angst vor dem Sex nicht verloren, und dieses Land hat auch große Angst vor dem Tod. Nirgendwo auf der Welt findet man größere Feiglinge, solche feigen Menschen gibt es sonst nirgends. Woran liegt das? Menschen, die Angst vor dem Tod haben, fürchten sich auch vor dem Sex, denn im Sex stirbt man einen kleinen Tod. Und Menschen, die Angst vor Sex haben, klammern sich zu sehr ans Leben. Sie werden geizig. Wer geizig ist, kann keinen sexuellen Orgasmus erleben und dann auch nicht den großen Orgasmus – die Erfüllung der Gesamtheit des Lebens. Hast du erfahren, was Tod ist, wirst du ihn mit offenen Armen feierlich empfangen. Du wirst ihn willkommen heißen. Er ist die Erfüllung aller Bemühungen in deinem Leben. Die Reise ist zu Ende. Man kehrt nach Hause zurück. Im Tod stirbt man nicht. Es wird einfach nur die Energie freigesetzt, die dir durch den Körper und den Geist verliehen worden war: Sie geht in die Welt zurück. Du kehrst nach Hause zurück.

Stirbst du nicht richtig, wirst du wiedergeboren. Lass es mich so erklären: Wenn du nicht richtig stirbst, wenn du dich nicht im totalen Orgasmus des Todes auflöst, wirst du wiedergeboren, weil du diese Gelegenheit versäumt hast und eine neue bekommen musst.

Gott ist sehr geduldig mit dir. Er gibt dir ständig neue Gelegenheiten. Er ist mitfühlend. Wenn du dieses Leben nicht genutzt hast, gibt dir Gott ein neues. Wenn du dieses Mal die Prüfung nicht bestanden hast, wirst du zum nächsten Semester in die Welt zurückgeschickt. Du wirst so lange immer wieder zurückgeschickt, bis du das Klassenziel erreicht hast. Das ist die Bedeutung der Reinkarnationstheorie.

Der christliche Gott ist ein bisschen geizig. Er vergibt nur ein Leben. Das macht ziemlich viel Stress. Nur ein Leben? Kein bisschen Zeit, sich mal zu irren, keine Zeit, auf Abwege zu geraten. Das erzeugt eine tiefe innere Spannung. Im Osten haben wir die Idee von einem Gott geschaffen, der mehr Mitgefühl hat und mehr Leben gibt. Hast du es diesmal nicht geschafft, nimm noch eins! Und was in gewisser Hinsicht auch vernünftig ist: Es gibt keinen personifizierten Gott, der dir das Leben schenkt. Im Grunde bist du es selbst.

Vielleicht hast du schon einmal Folgendes bemerkt, sonst probier es aus: Wenn du dich nachts schlafen legst, pass auf. Beobachte beim Einschlafen, kurz bevor du wegsinkst, deinen letzten Gedanken, den letzten Wunsch und den letzten Gedankenfetzen. Wenn du dann morgens merkst, dass du aufwachst, öffne nicht gleich die Augen. Beobachte wieder aufmerksam: Der letzte Gedankenfetzen vom Abend wird auch der erste Gedanke am Morgen sein.

Wenn du beim Einschlafen an Geld gedacht hast, wird genau derselbe Gedanke auch der erste am Morgen sein. Du wirst wieder an Geld denken, da dieser Gedanke in deinem Geist geblieben ist und nur darauf gewartet hat, dass du ihn morgens wieder aufnimmst. Wenn du an Sex gedacht hast, wirst du auch am Morgen an Sex denken. Was immer es war – hast du an Gott gedacht und gebetet und war das das Letzte, was du nachts getan hast, dann wirst du morgens mit einem Gebet aufwachen.

Der letzte Gedanke am Abend ist der erste Gedanke am Morgen. Der letzte Gedanke in diesem Leben wird der erste Gedanke in einem anderen Leben sein: Dein letzter Gedanke beim Sterben dieses Mal wird der erste Same in deinem nächsten Leben sein.

Und wenn ein Buddha stirbt, ein Mensch, der angekommen ist, stirbt er einfach ohne einen Gedanken. Er genießt den Orgasmus. Das ist so erfüllend, eine so totale Erfüllung, dass es nicht mehr nötig ist zurückzukommen. Er verschwindet im Kosmos. Es ist nicht nötig für ihn, sich wieder zu verkörpern. Im Osten hat man immer beobachtet, wie Menschen den Tod erfahren. In der Art, wie du stirbst, spiegelt sich dein ganzes Leben wider, es zeigt, wie du gelebt hast. Auch wenn ich nur deinen Tod sähe, könnte ich deine ganze Biografie schreiben. Denn in diesem einen Moment verdichtet sich dein ganzes Leben. In diesem einen Moment zeigst du blitzartig alles.

Ein geiziger Mensch wird mit geballten Fäusten sterben – er wird sich weiter festhalten und festklammern, immer noch versuchen, nicht zu sterben, sich nicht zu entspannen. Ein liebevoller Mensch wird mit offenen Händen sterben und alles teilen, selbst seinen Tod wird er mit anderen teilen, so wie er sein Leben geteilt hat. Man kann alles im Gesicht eines Menschen geschrieben sehen, auch, ob er sein Leben mit Wachheit und Bewusstheit gelebt hat. Wenn dies der Fall ist, sieht man auf seinem Gesicht ein Licht scheinen und um seinen Körper ist eine Aura. In seiner Nähe wird man still, nicht traurig, sondern still. Und wenn ein Mensch glückselig gestorben ist, in einem totalen Orgasmus, dann fühlt man sich in seiner Nähe plötzlich sehr glücklich.

Das ist in meiner Kindheit geschehen. Ein sehr frommer Mann in meinem Dorf starb. Ich hatte eine gewisse Zuneigung für ihn. Er war Priester in einem kleinen Tempel gewesen, ein sehr armer Mann. Wenn ich vorbeikam – ich ging mindestens zweimal am Tag dort vorbei, da der Tempel an meinem Schulweg lag –, rief er mich und gab mir immer etwas Obst oder Süßigkeiten.

Als er starb, ging ich als einziges Kind hin, um den Leichnam zu sehen. Die ganze Stadt hatte sich versammelt. Plötzlich – ich konnte kaum glauben, was geschah – fing ich an zu lachen. Mein Vater war auch da. Er versuchte mir Einhalt zu gebieten, weil es ihm peinlich war. Er sagte immer wieder: „Sei still!"

Ich habe diesen Drang allerdings nie wieder verspürt. Seitdem habe ich ihn nie wieder gehabt und auch nie zuvor hatte ich den Drang, so laut zu lachen, als ob etwas Wunderbares geschehen sei. Ich konnte mich nicht halten, ich lachte so laut, dass alle böse wurden.

Ich wurde hinausgeschickt und mein Vater sagte zu mir: „Nie wieder werde ich dir erlauben, bei einem ernsten Anlass dabei zu sein. Wegen dir war ich in großer Verlegenheit. Warum hast du gelacht? Was war denn los? Was gibt es bei einem Tod zu lachen? Alle haben geweint und geklagt und du hast gelacht."

„Etwas ist geschehen", sagte ich. „Dieser alte Mann hat etwas ausgestrahlt und das war unheimlich schön. Sein Tod war orgastisch." Natürlich benutzte ich nicht diese Worte, aber ich sagte ihm, dass ich gespürt habe, dass er im Tod sehr glücklich war, dass er glückselig gestorben ist, und dass ich in sein Lachen einstimmte. Er lachte, seine Energie lachte immer noch. Man hielt mich für verrückt. Wie kann jemand lachend sterben? Seitdem habe ich viele Sterbende beobachtet, aber nie mehr habe ich so einen Tod erlebt.

Wenn du stirbst, setzt du deine Energie frei, und mit dieser Energie auch deine gesamte Lebenserfahrung. Alles, was du gewesen bist – traurig, glücklich, liebevoll, wütend, leidenschaftlich, mitfühlend, was immer du gewesen bist – die freigesetzte Energie enthält die Schwingungen deines ganzen Lebens. Wenn ein Heiliger stirbt, ist es ein großes Geschenk, in seiner Nähe zu sein. Schon allein sich dieser überströmenden Energie auszusetzen, ist ein sehr inspirierendes Erlebnis. Du wirst dabei in eine völlig andere Dimension versetzt. Du spürst seine Energie wie eine Droge, du fühlst dich wie betrunken.

Der Tod kann die totale Erfüllung sein, doch das ist nur möglich, wenn das Leben total gelebt wurde.

4. Fragen und Antworten

Warum habe ich so große Angst davor, alt zu sein? Wie kann ich diese Angst loswerden.

Ein richtig gelebtes Leben – das wirkliche Leben – hat niemals Angst vor dem Tod. Wenn du dein Leben voll gelebt hast, wirst du den Tod willkommen heißen. Er wird dir wie eine große Ruhepause, wie ein tiefer Schlaf vorkommen. Hast du in deinem Leben Gipfelpunkte erreicht, hast dich in Höhen aufgeschwungen, dann ist der Tod eine herrliche Ruhepause, ein großer Segen. Hast du aber nicht wirklich gelebt, dann macht der Tod natürlich Angst. Hast du nicht wirklich gelebt, dann nimmt dir der Tod die Zeit weg, alle künftigen Gelegenheiten zu leben. Die Vergangenheit hast du nicht gelebt und die Zukunft kommt nicht mehr: Das macht Angst. Die Angst hat nichts mit dem Tod zu tun, sondern mit dem ungelebten Leben.

Und aufgrund dieser Angst vor dem Tod hat man auch vor dem Alter Angst, denn es ist der erste Schritt zum Tod. Ansonsten ist das Alter eine wunderbare Zeit. Es ist die Zeit, in der dein Sein zur vollen Blüte gelangt, eine Zeit von Wachstum und Reife. Wenn du von Moment zu Moment leben kannst und alle Herausforderungen annimmst, die das Leben dir bietet, alle Gelegenheiten ergreifst, die das Leben dir eröffnet, wenn du das Abenteuer wagst, ins Unbekannte zu springen, wozu dich das Leben immer wieder ruft und einlädt, dann ist das Alter eine Zeit der Reife. Ansonsten ist Alter wie eine Krankheit.

Leider werden viele Menschen einfach nur alt, ohne dass sie die entsprechende Reife erlangen. Dann ist das Alter eine Last. Dein Körper ist gealtert, aber dein Bewusstsein ist in der Pubertät geblieben. Dein Körper ist gealtert, aber innerlich bist du nicht reifer geworden. Es fehlt das innere Licht und der Tod kommt jeden Tag näher. Dann zitterst du natürlich, hast Angst und quälst dich sehr.

Wer richtig gelebt hat, akzeptiert auch das Altern und heißt es willkommen, denn Alter bedeutet einfach, dass man nun zur Blüte gelangt ist, dass man erfüllt ist, dass man jetzt in der Lage ist, alles zu teilen, was man im Leben erreicht hat. Normalerweise empfindet man Altsein als hässlich, weil es einfach Krankheit ist. Der Organismus wird nicht reifer, sondern immer schwächer, kränker und kraftloser. Doch eigentlich ist das Alter die schönste Zeit des Lebens. Die ganze Unwissenheit der Kindheit ist vorbei, die ganzen fieberhaften Leidenschaften der Jugend sind vorbei – nun kommt heitere Gelassenheit, Ruhe, Meditation und tiefe Stille.

Alt zu sein ist wunderschön und so sollte es auch sein, denn das ganze Leben bewegt sich darauf zu. Es sollte der Gipfel sein. Wie kann ein Gipfel am Anfang stehen? Wie kann ein Gipfel in der Mitte sein? Wenn du aber glaubst, du hättest deine Gipfelpunkte in der Kindheit gehabt, was viele Leute glauben, dann leidest du dein ganzes Leben lang, weil du deinen Gipfel schon hinter dir hast – alles andere ist nun nur noch ein Abstieg, ein Herunterkommen. Wenn du meinst, die Jugend sei das Höchste, was auch viele Leute glauben, dann bist du jenseits der fünfunddreißig nur noch traurig und deprimiert, weil du nun jeden Tag nur noch verlierst und verlierst und nichts mehr gewinnst. Die Energie geht verloren, du wirst schwächer, du bekommst Krankheiten und der Tod beginnt schon anzuklopfen. Dein Zuhause verschwindet und das Krankenhaus tritt an seine Stelle. Wie kann man da glücklich sein? Unmöglich! Aber im Osten haben wir nie geglaubt, die Kindheit sei der Höhepunkt. Der Höhepunkt wartet ganz bis zum Ende. Und wenn das Leben richtig fließt, erreicht man allmählich immer höhere Gipfel. Der Tod ist der höchste Gipfel, den das Leben erreichen kann, das Crescendo.

Warum aber versäumen wir das Leben? Warum altern wir, ohne reif zu werden? Irgendwo ist etwas schiefgelaufen, irgendwo bist du auf eine falsche Spur geraten – irgendwo warst du aber auch bereit, dich auf die falsche Spur bringen zu lassen. Du darfst nicht länger damit einverstanden sein; diese Abmachung muss gebrochen werden. Das ist möglich, wenn du zu der Einsicht gelangt bist, dass du bisher nicht richtig gelebt hast, dass du Kompromisse gemacht hast und nicht wirklich gelebt hast.

Schon seit der frühesten Kindheit musstest du Kompromisse machen. Du hast dein wirkliches Sein verkauft, und zwar für nichts. Was du dafür bekommen hast, ist überhaupt nichts, nur Gerümpel. Für Kleinigkeiten hast du deine Seele verloren. Du warst bereit, jemand anderes zu sein als du selbst; schon da bist du vom Weg abgekommen. Die Mutter wollte, dass du dies wirst, der Vater wollte, dass du das wirst, die Gesellschaft wollte, dass etwas aus dir wird, und du hast brav mitgemacht. Im Laufe der Jahre hast du beschlossen, nicht du selbst zu sein. Und seitdem gibst du dich als etwas anderes aus.

Du kannst nicht reif werden, da dieses andere nicht reifen kann. Es ist nicht echt. Wenn ich eine Maske trage, kann die Maske nicht mit mir wachsen. Sie ist tot. Mein Gesicht kann sich ändern und reifen, aber nicht meine Maske. Und es ist die Maske, die alt wird. Hinter der Maske versteckt kannst du nicht wachsen. Du kannst nur wachsen, wenn du dich selbst akzeptierst und beschließt, nur du selbst zu sein, nichts anderes.

Stell dir vor, ein Rosenstrauch erklärt sich bereit, ein Elefant zu werden, und der Elefant ist damit einverstanden, eine Rose zu werden. Der Adler quält sich und muss bald zum Psychiater gehen, weil er unbedingt ein Hund werden möchte, und der Hund wird ins Krankenhaus eingeliefert, weil er versucht hat zu fliegen wie ein Adler. Genau das ist mit der Menschheit passiert. Das größte Unheil ist es, wenn man einwilligt, jemand anderes zu sein als man ist. So kann niemand jemals reif werden.

Du kannst niemals so heranreifen wie jemand anderes. Du kannst nur auf deine eigene Art heranreifen. Lass alle Vorstellungen los, wie es sein „sollte“, und kümmere dich nicht zu sehr darum, was andere Leute sagen und was sie meinen. Wer sind sie schon? Du bist hier, um du selbst zu sein. Du bist nicht hier, um die Erwartungen anderer zu erfüllen, doch genau das versucht jeder. Dein Vater ist vielleicht längst tot, aber du versuchst immer noch, ein Versprechen zu erfüllen, das du ihm gegeben hast. Und er versuchte, ein Versprechen für seinen eigenen Vater zu erfüllen, und so weiter und so fort. Die Dummheit lässt sich immer weiter zurückverfolgen.

Versuche, dies zu verstehen, nimm all deinen Mut zusammen und nimm dein Leben in die eigene Hand. Du wirst sehen, deine Energie erhält plötzlich großen Auftrieb. Fasse einfach den Entschluss: „Ich werde nur noch ich selbst sein und niemand anderes. Egal um welchen Preis, ich werde ich selbst sein.“ Im selben Moment wirst du eine große Veränderung wahrnehmen. Du wirst dich sehr lebendig fühlen. Du wirst spüren, wie Energie in dich hineinströmt, in dir pulsiert.

Solange dies nicht geschieht, wirst du immer Angst vor dem Altern haben. Denn wie kannst du es vermeiden, der Tatsache ins Auge zu sehen, dass du deine Zeit vergeudest und nicht wirklich lebst? Wirst du etwa dann, wenn du alt bist, in der Lage sein zu leben? Wie kannst du es vermeiden, der Tatsache ins Auge zu sehen, dass der Tod dort schon wartet und jeden Tag näher und näher kommt? Und du hast immer noch nicht gelebt. Da müssen zwangsläufig tiefe Ängste aufkommen.

Wenn du mich also fragst, was du tun sollst, werde ich dir das vorschlagen, was wesentlich ist. Und es geht immer um das Wesentliche. Kümmere dich nicht um zweitrangige Dinge, denn die kannst du ändern, aber dadurch ändert sich nichts. Ändere das Wesentliche. Was ist zum Beispiel zweitrangig?

„Warum habe ich so große Angst davor, alt zu sein? Wie kann ich diese Angst loswerden.“ Die Frage selbst kommt aus der Angst. Du willst sie loswerden, nicht verstehen. So wirst du natürlich zum Opfer von jemandem oder von einer Ideologie, die dir helfen könnte, sie loszuwerden. Ich kann dir dabei nicht helfen. Denn das ist ja gerade das Problem. Ich möchte, dass du sie verstehst und dein Leben änderst.

Es geht nicht darum, das Problem loszuwerden, es geht darum, deine Maske abzulegen, deine falsche Persönlichkeit, das, was du versucht hast zu sein und nicht wirklich bist. Du bist nicht authentisch. Du bist nicht ehrlich zu dir selbst; du hast dein wahres Wesen betrogen.

Wenn du willst, kannst du zu Priestern, Philosophen und Demagogen gehen und sie fragen, wie du die Angst loswirst. Sie werden dir sagen: „Die Seele wird niemals alt. Sorge dich nicht. Denke daran, dass du die Seele bist. Es ist nur der Körper. Und du bist nicht der Körper." Sie trösten dich. Einen Moment lang fühlst du dich vielleicht wohler, aber das wird dir nicht helfen. Es wird dich nicht ändern. Schon morgen stehst du nicht mehr unter dem Einfluss des Priesters und bist wieder im selben Boot.

Und was noch schöner ist: Du hast den Priester nie wirklich angeschaut. Er hat selber Angst. Du hast den Philosophen nie wirklich angesehen. Er hat selber Angst.

Ich habe Folgendes gehört:

Der neue Vikar war völlig überarbeitet und ging zum Arzt, der einen schweren Lungenschaden bei ihm feststellte. Der Arzt erklärte, für seine Genesung brauche er unbedingt eine längere Ruhepause. Der Vikar protestierte und sagte, das könne er sich auf keinen Fall leisten.

„Na gut", meinte der Arzt. „Sie haben die Wahl: Wollen Sie in die Schweiz oder in den Himmel?"

Der Vikar ging eine Weile grübelnd auf und ab und meinte schließlich: „Sie haben gewonnen, Doktor. In die Schweiz."

Wenn es um Leben oder Tod geht, dann sind auch der Priester, der Philosoph und all die Leute, die du um Rat fragst, ratlos. Auch sie haben nicht gelebt. Wahrscheinlicher ist, dass sie sogar noch weniger gelebt haben als du, sonst wären sie keine Priester.

Wer Priester wird, verleugnet meist völlig das Leben. All die Mönche, Sadhus und Mahatmas haben ihr eigenes Wesen völlig verleugnet und akzeptiert, so zu sein, wie es die Gesellschaft es von ihnen erwartet. Sie gehen voll in ihrer Rolle auf. Sie haben sich selbst und ihre Lebensenergie völlig verleugnet und stattdessen falsche, idiotische Werte akzeptiert:

Anerkennung und Ansehen. Und ausgerechnet sie werden um Rat gefragt. Sie zittern selbst vor lauter Angst. Sie und ihre Anhänger sitzen im selben Boot.

Ich habe auch dies gehört:

Der Papst liegt schwer krank im Vatikan und es wird verlautbart, dass der Kardinal vom Balkon des Petersdoms eine wichtige Botschaft verkünden wird. Als der Tag kommt, drängen sich die Massen der Gläubigen auf dem berühmten Petersplatz. Der uralte Kardinal spricht mit zitternder Stimme: „Seine Heiligkeit kann nur durch eine Herztransplantation gerettet werden. Ich appelliere an alle guten Katholiken, sich als Spender zur Verfügung zu stellen."

Er hält eine Feder hoch und sagt: „Ich werde nun diese Feder fallen lassen, und derjenige, auf den sie herabfällt, ist von der heiligen Vorsehung dazu auserkoren, das Leben des Heiligen Vaters zu retten."

Mit diesen Worten lässt er die Feder fallen – und alles, was dann zu hören ist, sind zwanzigtausend Katholiken, die leise über sich in die Luft pusten … Jeder hat Angst. Wenn der Heilige Vater überleben will, warum sollen sich die armen Katholiken opfern?

Ich werde dir keinerlei Trost anbieten. Ich werde dir nicht erzählen: „Die Seele ist ewig. Mach dir keine Sorgen. Du wirst nicht sterben. Nur der Körper stirbt." Ich weiß, dass es die Wahrheit ist, aber diese Wahrheit muss man sich hart erarbeiten. Aus der Behauptung oder der Erklärung anderer kannst du nichts lernen. Denn es ist nicht eine Erklärung, sondern eine Erfahrung. Ich weiß, dass es so ist, aber das ist für dich völlig bedeutungslos. Du weißt noch nicht einmal, was Leben ist. Wie kannst du dann wissen, was die Ewigkeit ist? Du bist noch nicht einmal fähig, in der Zeit zu leben. Wie kannst du dann fähig sein, in der Ewigkeit zu leben?

Man wird sich des Unsterblichen erst dann bewusst, wenn man in der Lage ist, den Tod zu akzeptieren. Geht man durch die Pforte des Todes, offenbart sich das, was nicht stirbt. Der Tod ist der Weg, auf dem sich das Unsterbliche offenbart. Doch hast du Angst vor ihm, schließt du die Augen und verlierst das Bewusstsein.

Nein, ich gebe dir keine Methode und keine Theorie, um deine Angst loszuwerden. Sie ist symptomatisch. Sie ist gut, weil sie dich darauf hinweist, dass du dein Leben nicht wirklich lebst. Dafür ist die Angst da. Nimm diesen Wink an und versuche nicht, das Symptom zu ändern. Versuche lieber, die grundlegende Ursache zu ändern.

Schließe einmal für einen Augenblick die Augen: Du hörst immer nur die Stimmen deiner Mutter und deines Vaters, deiner Priester und deiner Lehrer. Niemals hörst du deine eigene Stimme. Viele Leute kommen zu mir und sagen: „Du redest immer von der inneren Stimme. Wir hören sie nie." Es liegt daran, dass da drinnen eine Menschenmenge ist. Wenn Jesus sagt: „Hasse deinen Vater und deine Mutter," meint er nicht, dass man sie wirklich hassen soll. Er sagt damit, man soll den Vater und die Mutter hassen, die zum inneren Gewissen geworden sind. Hasse sie, denn es ist ein schreckliches Abkommen, das du mit ihnen abgeschlossen hast – ein selbstmörderischer Vertrag. Hasse diese Stimmen, vernichte sie, damit deine Stimme herauskommen und frei sein kann, damit du spürst, wer du bist und was du sein willst.

Am Anfang fühlt man sich natürlich ganz verloren. Das geschieht oft beim Meditieren. Viele Leute kommen zu mir und sagen: „Wir waren gekommen, um den Weg zu finden. Und jetzt hat die Meditation genau das Gegenteil bewirkt, wir fühlen uns völlig verloren." Es ist ein gutes Zeichen. Es zeigt, dass dich diese Stimmen nicht mehr so fest im Griff haben. Deshalb fühlst du dich verloren, denn diese Stimmen der anderen haben dich geführt, und du hattest ihnen Glauben geschenkt. Du hast ihnen schon so lange geglaubt, dass sie zu deinen Führern geworden sind. Wenn man zu meditieren beginnt, verlieren diese Stimmen ihre Kraft. Du befreist dich aus der Falle. Du wirst wieder zum Kind und weißt nicht mehr, wohin du gehen sollst. Denn die inneren Führer sind plötzlich weg. Die Stimme des Vaters ist weg, die Stimme der Mutter ist weg, die Lehrer sind weg, die Schule ist weg.

Plötzlich bist du allein. Du bekommst Angst: „Wo sind meine Leitlinien? Wo sind die Leute, die mich immer auf den richtigen Weg gebracht haben?"

Im Grunde kann einem niemand den richtigen Weg weisen, weil alle Anweisungen in die Irre führen. Kein Führer kann „der Richtige" sein, da Führen als solches nicht richtig ist. Jeder, dem du erlaubst dich zu führen, wird dir in irgendeiner Weise schaden, weil er etwas für dich tun will, dich zu etwas zwingen, dir eine Struktur geben will. Dein inneres Leben muss jedoch völlig unstrukturiert sein, ein Leben frei von jeder Struktur und vom Charakter, frei von allen Rahmen, Bezügen, Kontakten – in diesem Moment, frei von der Vergangenheit.

Alle Führer sind also „Irreführer". Und wenn sie plötzlich fort sind, nachdem du so lange an sie geglaubt hattest, fühlst du dich leer: Du bist von Leere umgeben und alle Wege sind fort. Wohin sollst du gehen? Diese Zeit ist eine Zeit großen inneren Aufruhrs im Leben. Man muss mit viel Mut hindurchgehen. Wenn du dabei bleiben kannst, ohne dich zu fürchten, wirst du bald anfangen, deine eigene Stimme zu hören, die so lange unterdrückt war. Bald fängst du an, die Sprache dieser Stimme zu lernen – eine Sprache, die du vergessen hattest. Du kennst nur die Sprache, die dir von anderen beigebracht wurde. Und diese Sprache – die innere Sprache – hat keine Worte. Sie ist die Sprache des Gefühls.

Alle Gesellschaften sind gegen Gefühle, denn ein Gefühl ist etwas sehr Lebendiges. Es ist gefährlich. Ein Gedanke ist tot, er ist keine Gefahr. Deshalb zwingt dich die Gesellschaft immer, in den Kopf zu gehen, treibt dich aus dem Körper ganz hinaus in den Kopf.

Du lebst nur im Kopf. Wenn man dir den Kopf abschlägt und du begegnest plötzlich deinem kopflosen Körper, wirst du ihn bestimmt nicht erkennen. Nur Gesichter erkennt man. Der restliche Körper ist geschrumpft, hat seinen Glanz, seine Weichheit und Flexibilität verloren. Er ist fast ein totes Ding, wie ein Holzbein. Du benutzt ihn, er funktioniert immer weiter, aber es ist kein Leben darin. Dein ganzes Leben ist dir zu Kopf gestiegen. Wenn du dort oben hängen bleibst, hast du Angst vor dem Tod, denn der einzige Platz, wo du richtig leben kannst, der einzige Raum, in dem du leben kannst, muss überall in deinem Körper sein. Dein Leben muss sich über den ganzen Körper ausbreiten, durch den ganzen Körper fließen.

Es sollte wie ein Fluss sein, wie ein Strom. Man sollte als totale organische Einheit leben. Der ganze Körper muss zurückerobert werden. Denn durch die Füße bist du mit der Erde verbunden, bist du geerdet. Wenn du die Verbindung mit deinen Beinen und ihrer Kraft verlierst, wenn sie wie tote Glieder sind, dann bist du nicht mehr mit der Erde verwurzelt. Du bist wie ein Baum, dessen Wurzeln abgestorben oder verrottet und schwach sind. Dann kann der Baum nicht lange leben, er kann nicht gesund und nicht voll und ganz lebendig sein. Deine Füße müssen in der Erde verwurzelt sein; sie sind deine Wurzeln.

Der Kopf braucht nur wenig Energie, um gut zu funktionieren. Ist zu viel Energie im Kopf, arbeitet er pausenlos weiter. Er kennt kein Ende, denn wie soll er so viel Energie verarbeiten? Er denkt und denkt und denkt ohne Unterlass, träumt und träumt – Tag und Nacht, jahrein, jahraus geht es so weiter – siebzig Jahre lang. Nur denken. Nur daraus besteht dein Leben. Dann bekommt man natürlich Angst vor dem Alter. Die Zeit zerrinnt. Und dann bekommt man natürlich auch Angst vor dem Tod. Der Tod kann jeden Moment kommen und du hast dich nur in deinem Kopf im Kreis gedreht. Du hast dich sonst nirgendwo bewegt, das restliche Territorium des Lebens ist noch unberührt.

Lebe, bewege dich durch deinen ganzen Körper. Nimm ihn mit tiefer Liebe an, so als würdest du dich in deinen Körper verlieben. Er ist ein göttliches Geschenk, ein Tempel, in dem Gott beschlossen hat zu leben. Dann brauchst du keine Angst mehr vor dem Altern zu haben. Du beginnst zu reifen. Deine Erfahrung lässt dich reif werden. Dann ist Alter nicht wie eine Krankheit. Es ist eine wunderschöne Zeit. Das ganze Leben ist die Vorbereitung darauf. Wie kann es eine Krankheit sein? Es ist ein Crescendo, das letzte Lied, das du singst, dein letzter Tanz. Und warte niemals auf ein Wunder. Du musst etwas dafür tun. Dein Kopf sagt dir: Es wird schon irgendetwas geschehen und dann ist alles in Ordnung. Auf diese Weise geschieht gar nichts. Es geschehen keine Wunder.

Ich will dir eine Geschichte erzählen:

Bei einem Unfall bricht sich Abe Kohn beide Beine. Nachdem seine

Knochen wieder zusammengeflickt sind, verklagt er die verantwortliche Firma auf Schadensersatz, weil er für den Rest seines Lebens gelähmt und an den Rollstuhl gefesselt sei. Die Versicherung lässt Abe von Chirurgen untersuchen, die attestieren, dass die Knochen völlig verheilt sind und Herr Kohn durchaus in der Lage ist zu gehen. Er sei ein Simulant. Als die Sache aber vor Gericht kommt, hat der Richter Mitleid mit dem armen Kerl im Rollstuhl und gewährt ihm zehntausend Pfund Schadensersatz. Gleich darauf erscheint Abe in seinem Rollstuhl im Büro des Geschäftsführers, um seinen Scheck abzuholen.

„Herr Kohn", sagt der Geschäftsführer. „Glauben Sie ja nicht, dass Sie so davonkommen! Wir wissen, dass Sie simulieren. Und lassen Sie es sich gleich gesagt sein: Wir werden Sie nicht aus den Augen lassen, werden Sie Tag und Nacht überwachen. Wir werden Sie fotografieren, und wenn wir den Beweis in der Hand haben, dass sie gehen können, dann werden Sie nicht nur den Schadensersatz zurückzahlen, sondern auch für Meineid bestraft."

„Je nun, ich bin für immer an diesen Rollstuhl gefesselt."

„Na gut. Hier haben Sie Ihren Scheck. Was haben Sie damit vor?"

„Na ja, meine Frau und ich, wir wollten ja schon immer so gerne reisen. Also fangen wir ganz oben in Norwegen an und reisen durch Skandinavien (er zeigt mit dem Finger von oben nach unten), über die Schweiz, nach Italien, Griechenland ... Es macht mir nichts aus, wenn Ihre Agenten und Spione mir folgen. Ich bin verkrüppelt in meinem Rollstuhl. Natürlich gehen wir dann nach Israel, dann nach Persien, Indien und nach Japan rüber (mit großspuriger Handbewegung), dann die Philippinen – und ich bin immer noch in meinem Rollstuhl und kümmere mich einen Dreck um Ihre Spione, die mir mit ihren Kameras folgen – und es geht weiter nach Australien und dann nach Südamerika und den ganzen Weg hoch nach Mexiko (er demonstriert die Route mit der Hand) und nach Amerika – vergessen Sie nicht, ich bin immer noch in meinem Rollstuhl, was nützen Ihnen da Ihre Spione mit der Kamera? – und nach Kanada. Und von dort gehen wir dann rüber nach Frankreich, wo wir einen Ort besuchen, der heißt Lourdes. Und da werden Sie dann ein Wunder erleben!"

Aber im richtigen Leben geschehen keine Wunder. Für dich gibt es kein Lourdes. Wenn du verkrüppelt bist, musst du etwas tun, denn du selbst hast dich verkrüppelt, weil du etwas übernommen hast, was absolut unsinnig ist.

Ich weiß allerdings, dass du es tun musstest. Um zu überleben, hast du beschlossen, dich totzustellen. Um zu überleben, musstest du dein wahres Wesen verkaufen. Doch jetzt ist es nicht mehr nötig, mit diesem Unsinn weiterzumachen. Du kannst damit aufhören.

Man hat mir immer gesagt, der Tod sei ewiger Schlaf, aber ich bin nicht wirklich überzeugt davon, dass es stimmt. Ich würde mich gerne überzeugen lassen, das wäre sehr tröstlich für mich.

Überzeugungen können nicht wirklich helfen, denn Überzeugung bedeutet, dass deine Zweifel von jemand anderem zum Schweigen gebracht werden, von jemand anderem unterdrückt werden, dass jemand anderes zur Autorität für dich wird. Vielleicht hat er die besseren logischen Argumente, vielleicht ist sein Verstand schärfer und rationaler und er kann dich überzeugen, dass es keinen Tod gibt. Und du verstummst, deine Zweifel sind zum Schweigen gebracht. Doch auch die Zweifel, die verstummt sind, kommen irgendwann wieder, früher oder später, denn sie sind nicht verschwunden. Sie sind nur mit logischen Argumenten unterdrückt worden.

Überzeugungen sind nicht sehr hilfreich. Darunter bleiben die Zweifel bestehen. Einer ist überzeugter Christ, ein anderer ist überzeugter Hindu ... Ich habe so viele verschiedene Menschen getroffen, die alle voller Zweifel sind, alle – ob Christen, Hindus oder Moslems. Je mehr Zweifel jemand hat, desto sturer hält er sogar an seinem Glauben fest, denn diese Zweifel tun weh. Er sagt: „Ich glaube fest an die Gita, an den Koran, an die Bibel. Ich bin ein treuer Katholik."

Warum muss man ein treuer Katholik sein? Wozu? Wahrscheinlich, weil man unter starken Zweifeln leidet. Wer keine Zweifel hat, braucht auch keinen Glauben. Zweifel sind wie eine Krankheit und der Glauben ist die Medizin. Doch alle Glaubenssysteme sind wie die allopathische Medizin, sie unterdrücken nur Symptome und sind alle giftig. Jeder Glauben ist wie ein Gift. Ja, für eine Weile kann er dir das Gefühl geben, dass du jetzt keine Probleme mehr hast, aber schon bald setzen sich die Zweifel wieder durch. Sie warten auf den richtigen Augenblick. Sie explodieren eines Tages mit großem Druck. Sie brechen aus wie ein Vulkan, sie rächen sich. Da du sie unterdrückt hast, haben sie umso mehr Energie bekommen. Eines Tages werden sie in einem schwachen Moment, wenn du gerade nicht aufpasst, Rache nehmen. Die ganzen sogenannten Heiligen leiden unter großen Zweifeln.

Nur deine eigene Erfahrung bringt dir wirkliche Transformation. Dann können die Zweifel nicht mehr wiederkommen. Und wenn du es selbst erfahren hast, wirst du überrascht sein, weil all die Dichter, die dir erzählt haben, der Tod sei wie der Schlaf, Tiefschlaf, der ewige Schlaf, Lügenmärchen erzählt haben. Tröstliche Lügen, nette Lügen, hilfreiche Lügen, aber Lügen sind nun einmal Lügen. Und sie können nur vorübergehend helfen.

Es ist so, wie wenn man sich zu viele Sorgen macht und angespannt ist und deshalb Alkohol trinkt. Ja, für ein paar Stunden vergisst du alle deine Sorgen und deine ganze Anspannung, aber der Alkohol kann dir die Sorgen nicht für immer wegnehmen. Er kann sie nicht auflösen. Und während du im Alkohol ertrinkst, wachsen diese Sorgen, sie werden stärker. Du gibst ihnen Zeit zu wachsen. Und wenn du am nächsten Morgen noch zusätzlich zu den Sorgen mit einem Kater und Kopfweh aufwachst, wunderst du dich, warum sie noch größer geworden sind. Dann wird es zu deinem Lebensmuster: Immer wieder betrinkst du dich, damit du vergessen kannst, aber immer wieder bist du mit deinem Leben konfrontiert. Das ist keine intelligente Art zu leben.

Mir geht es nur um existentielle Erfahrung. Ich will euch nicht zu Gläubigen machen. Ich möchte, dass ihr selbst die Erfahrung macht. Ich will euch nicht überzeugen. Was ich sage, ist meine Erfahrung: Es gibt keinen Tod. Aber ich sage nicht: „Glaubt mir, dass es keinen Tod gibt." Ich spreche nur von meiner Erfahrung, dass es keinen Tod gibt, und teile sie mit euch. Es ist eine Herausforderung, keine Bemühung euch zu überzeugen. Ich fordere euch heraus, es selbst zu erforschen.

Häufig spüre ich die Angst vor dem Tod so intensiv und stark und fürchte mich davor, all diese Schönheit, diese Freundschaft und Liebe loslassen zu müssen. Wie ist es möglich, sich mit der Gewissheit des Todes zu entspannen?

Man kann sich nur dann entspannen, wenn der Tod eine Gewissheit ist. Entspannung ist schwierig, wenn die Dinge ungewiss sind. Wenn du weißt, dass du heute sterben wirst, verschwinden alle Todesängste. Wozu noch Zeit verschwenden? Du hast einen Tag zu leben: Lebe ihn so intensiv wie möglich, lebe ihn so total wie möglich. Dann kann es sein, dass der Tod nicht kommt. Der Tod kann nicht zu jemandem kommen, der ganz intensiv und total lebt. Und selbst wenn er kommt, wird ihn jemand, der total gelebt hat, willkommen heißen. Denn er ist eine große Erleichterung. Man hat so intensiv und so total gelebt, dass man des Lebens müde ist. Dann kommt der Tod wie ein Freund. So wie nach einem Tag harter Arbeit die Nacht als tiefe Entspannung kommt und herrlichen Schlaf bringt, so kommt der Tod nach dem Leben. Der Tod hat nichts Schreckliches, es gibt nichts Reineres als ihn.

Wenn sich die Angst vor dem Tod einschleicht, bedeutet es, dass es noch Lücken gibt, die nicht mit Leben gefüllt sind. Diese Todesängste sind also sehr aufschlussreich und hilfreich. Sie zeigen dir, dass du bei deinem Tanz ein wenig Tempo zulegen musst, dass die Fackel deines Lebens an beiden Enden gleichzeitig brennen sollte. Tanze so wild, dass der Tänzer verschwindet und nur noch der Tanz bleibt. Dann hat die Todesangst keine Chancen mehr, dich zu besuchen.

„Und ich fürchte mich davor, all diese Schönheit, diese Freundschaft und Liebe loslassen zu müssen." Wenn du total hier und jetzt bist, was kümmert dich dann das Morgen? Das Morgen wird sich um sich selbst kümmern.

Jesus hat recht, wenn er zu Gott betet: „Herr, unser täglich Brot gib uns heute." Er bittet nicht für morgen, heute ist sich selbst genug. Du musst lernen, dass jeder Moment in sich vollendet ist. Die Angst, alles zurücklassen zu müssen, kommt nur, weil du nicht voll und ganz im Moment lebst. Ansonsten gibt es keine Zeit, keinen Gedanken und keinen Raum dafür.

Ein Kaufmann wurde einmal gefragt: „Wie alt sind Sie?"

Er antwortete: „Dreihundertsechzig Jahre."

Der andere konnte es nicht glauben.

Er sagte: „Wie bitte? Können Sie das wiederholen? Vielleicht habe ich mich verhört."

Der Kaufmann rief laut: „Dreihundertsechzig Jahre!"

Der andere sagte: „Verzeihung, aber das kann ich nicht glauben. Sie sehen nicht älter als sechzig aus."

Der Kaufmann antwortete: „Sie haben auch recht. Was den Kalender angeht, bin ich sechzig. Aber was mein Leben angeht, habe ich sechs Mal so viel gelebt wie alle anderen. In sechzig Jahren habe ich es geschafft, dreihundertundsechzig Jahre zu leben."

Es kommt auf die Intensität an.

Es gibt zwei Lebenswege: Der eine ist der Weg des Büffels, er lebt horizontal, in einer Linie. Der andere ist der Weg des Buddha, er lebt vertikal, in Höhen und Tiefen. Da kann jeder Moment zu einer Ewigkeit werden. Verschwende deine Zeit nicht mit Trivialitäten, sondern lebe, singe, tanze, liebe so total und überfließend, wie du kannst. Dann werden keine Ängste dazwischenkommen und du sorgst dich nicht darum, was morgen geschieht. Heute ist sich selbst genug. Wenn es gelebt wird, ist es so voll, dass es keinen Raum mehr gibt, über etwas anderes nachzudenken.

Ich bin mit dem Tod konfrontiert. Ich akzeptiere ihn, oder zumindest denke ich das. Und dann werden plötzlich mehrere Freunde krank, müssen ins Krankenhaus und es kommt zu Todesfällen. Da habe ich

plötzlich diesen riesigen Knoten von Angst im Bauch. Ich habe so viel Angst vor dem Tod und dem Sterben, dass ich regelrecht ausraste.

Der Tod ist ein Problem. Man kann es umgehen, man kann es aufschieben, aber man kann es nicht völlig lösen. Man muss sich ihm stellen. Nur wenn man ganz bis ans Ende hindurchgeht – die ganze Strecke, kann es sich auflösen. Es ist ein großes Risiko und macht dir Angst, lässt dich zittern und erschüttert dich bis in die Grundfesten. Schon die Vorstellung, dass man stirbt, ist unerträglich. Es scheint so ungerecht und so sinnlos. Warum lebe ich dann? Wozu? Wenn am Ende sowieso nur der Tod steht, warum soll man sich nicht gleich umbringen? Warum soll man jeden Tag aufstehen, hart arbeiten, ins Bett gehen, wieder aufstehen, hart arbeiten und ins Bett gehen? Wozu? Nur um am Ende zu sterben?

Der Tod ist das einzige metaphysische Problem. Der Tod ist der Grund, warum der Mensch zu denken beginnt. Der Tod ist der Grund, warum der Mensch nachdenklich wurde, zu meditieren anfing. Der Tod ist sogar der Grund, warum Religionen entstanden sind. Das alles geht auf das Konto des Todes. Der Tod rührt ans Bewusstsein jedes Menschen. Das Problem ist da und muss gelöst werden. Es ist also nichts falsch daran.

„Ich bin mit dem Tod konfrontiert." Jeder ist mit dem Tod konfrontiert. Martin Heidegger hat einmal gesagt: „Der Mensch ist ein Sein zum Tod hin." Und das ist das Privileg des Menschen. Tiere sterben auch, aber sie wissen nicht, dass sie sterben oder dass sie einmal sterben werden. Bäume sterben, aber es gibt keine Konfrontation mit dem Tod. Es ist das Privileg des Menschen, dass nur er weiß, dass er sterben muss. Gerade deshalb kann der Mensch über den Tod hinaus wachsen. Gerade deshalb hat er die Möglichkeit, den Tod zu durchschauen und ihn zu überwinden.

„Ich akzeptiere ihn, oder zumindest denke ich das." Nein. Ihn zu akzeptieren ist nicht möglich. Du kannst dir selbst etwas vormachen. Du kannst glauben, dass du ihn akzeptierst, weil es so unangenehm ist, ihn

auch nur anzuschauen. Selbst daran zu denken, ist so unangenehm, dass man denkt: „Ja, okay. Ich werde sterben – was soll's? Ich werde sterben, aber ich beschäftige mich nicht damit. Sprich nicht davon!" Man hält ihn fern und schiebt ihn immer wieder zur Seite, damit er einem nicht im Weg ist. Man schiebt ihn ins Unterbewusstsein. Akzeptieren geht nicht. Du wirst dem Tod ins Auge blicken müssen, und wenn du ihm ins Auge geblickt hast, brauchst du ihn nicht mehr zu akzeptieren, denn dann weißt du, dass es keinen Tod gibt.

„Und dann werden plötzlich mehrere Freunde krank, müssen ins Krankenhaus und es kommt zu Todesfällen. Da habe ich plötzlich diesen riesigen Knoten von Angst im Bauch." Genau da muss man das Problem anpacken. Dieser riesige Knoten im Bauch ist genau an der Stelle, wo der Tod stattfindet. Die Japaner nennen ihn *Hara.* Genau unter dem Nabel, etwa zwei fingerbreit unter dem Nabel, ist ein Punkt, wo Körper und Seele verbunden sind. Genau dort wird die Verbindung aufgelöst, wenn du stirbst. Es stirbt gar nichts, denn der Körper kann nicht sterben, weil er schon tot ist. Und du kannst nicht sterben, weil du das Leben selbst bist. Nur die Verbindung zwischen dir und dem Körper verschwindet. Dieser Knoten ist genau dort, wo du an dir arbeiten musst. Versuche also nicht, diesen Knoten zu vermeiden.

Ich möchte dir sagen: Immer wenn du diesen Knoten spürst, ist es ein sehr wertvoller Moment. Schließe die Augen und gehe tief in diesen Knoten hinein. Dort ist das Hara. Spüre es, lass den Knoten zu. Er hat eine Botschaft für dich, er will dir etwas sagen. Wenn du ihn einfach da sein lässt, wird er dir die Botschaft geben. Wenn du dich dort entspannen kannst, dort hineingehen kannst, wirst du bemerken, dass der Knoten allmählich verschwindet. An der Stelle des Knotens ist nun eine Lotusblüte, es blüht dort etwas auf. Das ist eine sehr schöne Erfahrung.

Wenn du noch tiefer gehst, wirst du sehen, dass es eine Brücke ist, dass die Lotusblüte eine Brücke ist. Auf dieser Seite der Brücke ist dein Körper und auf der anderen Seite ist die Realität – deine Seele. Diese Blume verbindet sie miteinander, die Blume ist die Brücke. Die Wurzeln der Blume sind im Körper, der Duft der Blüte und die

Blütenblätter sind in der Seele. Sie ist das Bindeglied. Wenn du aber Angst hast und nicht dorthin gehst, fühlt es sich wie ein Knoten an, wie Spannung und Stress.

„Ich habe so viel Angst vor dem Tod und dem Sterben, dass ich regelrecht ausraste.“ Du brauchst nicht auszurasten. Raste ein! Es ist völlig natürlich, dass du, wenn jemand stirbt oder ins Krankenhaus kommt, an deinen eigenen Tod erinnert wirst. Daran ist nichts falsch. Es ist kein Problem. Geh hin und blicke ihm ins Auge. Du weichst dem Tod aus. Man muss sich ihm stellen. Er ist ein Teil unserer Arbeit im Leben, er ist eine der größten Lektionen, die wir lernen müssen. Man braucht nicht auszurasten, das nützt nichts.

Geh nach innen und schau ihm direkt ins Auge. Denk daran: Ja, eines Tages kommst du ins Krankenhaus, eines Tages wirst du krank und eines Tages wirst du sterben. Es gibt keinen Grund, es vor sich her zu schieben. Es ist besser, es zu verstehen, bevor es zu spät ist.

Mulla Nasruddin war krank und ließ eiligst den Priester rufen. Er bestand darauf, dass der Priester ihn täglich besuchen kam, um seine vernachlässigte Seele zu betreuen und ihn auf das Jenseits vorzubereiten. Eines Tages fand der Priester bei seinem täglichen Besuch Mulla in bester Stimmung vor.

„Es geht mir prima, Herr Pfarrer“, sagte Nasruddin strahlend. „Mein Arzt sagt, ich hätte noch zehn Jahre zu leben. Sie brauchen also für eine Weile nicht mehr zu kommen. Aber wie wär‘s, wenn Sie in neun Jahren, elf Monaten und neunundzwanzig Tagen wieder mal vorbeischauen?“

Eines Tages muss man ihm ins Auge blicken. Sei nicht töricht und schiebe es auf, denn wenn du es ganz bis zum Ende aufschiebst, wird es zu spät sein. Es ist nicht sicher, wann dein letzter Tag anbricht. Es kann heute sein, es kann morgen sein. Es kann jeden Moment geschehen. Der Tod ist völlig unberechenbar. Wir leben im Tod, also kann er jeden Moment eintreten. Schau ihm ins Auge und begegne ihm. Und dieser Knoten im Bauch ist genau der richtige Platz, um ihm zu begegnen. Dort ist die Tür, durch die du in dieses Leben eingetreten bist und durch die du es auch wieder verlässt.

Ich habe Angst vor dem Tod, aber gleichzeitig ist er für mich unglaublich anziehend. Was hat das zu bedeuten?

Der Tod ist das größte Geheimnis des Lebens. Das Leben birgt viele Geheimnisse, aber nichts ist mit dem Tod vergleichbar. Der Tod ist der Höhepunkt, das Crescendo. Man hat Angst, weil man dabei umkommt, weil man sich darin auflöst. Man hat Angst, weil das Ego Angst hat; das Ego kann den Tod nicht überleben.

Es muss an diesem Ufer zurückbleiben, wenn du dich ans andere Ufer begibst, es kann nicht mit dir mitkommen. Und das Ego ist alles, was du über dich selbst weißt, daher die Angst, die große Angst: „Im Tod gibt es mich nicht mehr!" Aber genau das ist auch die große Anziehung. Das Ego wird verschwinden, aber nicht deine Wirklichkeit. Im Gegenteil: Der Tod wird deine wahre Identität offenbaren. Der Tod wird dir alle Masken vom Gesicht reißen und dir dein wahres Gesicht zeigen.

Der Tod wird es dir endlich möglich machen, tief in deinem Inneren auf deine innerste Subjektivität zu stoßen, so wie sie ist – ohne jede Tarnung, ohne jede Täuschung, ohne die Pseudopersönlichkeit.

Deswegen hat jeder Angst vor dem Tod – und jeder fühlt sich davon angezogen. Diese Anziehung hat Sigmund Freud so missverstanden, dass er dachte, jeder Mensch hätte einen Todeswunsch – er nannte ihn Thanatos. Er sagte, dass der Mensch zwei Grundinstinkte habe: Der eine sei Eros, der tiefe Wunsch zu leben, ewig zu leben, unsterblich zu sein. Und der andere sei Thanatos, der Wunsch zu sterben und mit allem Schluss zu machen. Er hat die ganze Sache missverstanden, da er kein erleuchteter Mystiker war. Er kannte nur ein Gesicht des Todes, das Ende des Lebens. Er wusste nur eines: dass der Tod das Ende ist. Ihm war nicht bewusst, dass der Tod auch ein Anfang ist. Jedes Ende ist auch immer ein Anfang, da niemals etwas völlig zu Ende ist; nichts kann jemals enden. Alles setzt sich fort. Nur Formen verändern sich.

Deine Form wird sterben, aber du hast auch etwas Formloses in dir. Dein Körper wird nicht mehr sein, aber du hast etwas in dir, in deinem

Körper, das nicht Teil deines Körpers ist. Deine irdische Form wird zur Erde zurückkehren, Staub zu Staub. Aber du hast etwas vom Himmel in dir, etwas vom Jenseits, und das wird eine neue Reise antreten, eine neue Pilgerfahrt.

Vom Standpunkt des Egos macht dir der Tod Angst, vom Standpunkt deines wahren Selbst ist der Tod anziehend für dich, verlockend. Deshalb ist immer ein vages Gefühl da, dass der Tod auch anziehend ist. Wenn dir dies ganz klar bewusst wird, kann es eine umwälzende Einsicht werden, es kann zur transformierenden Kraft werden.

Versuche sowohl die Angst als auch die Anziehung zu verstehen. Und glaube nicht, dass sie widersprüchlich sind. Sie überschneiden sich nicht und sie sind keine Gegensätze. Sie stören einander nicht. Die Angst geht nur in eine Richtung – zum Ego. Die Anziehung geht in eine völlig andere Dimension: zum egolosen Selbst. Und die Anziehung ist sehr viel bedeutungsvoller als die Angst.

Wer meditiert, muss die Angst überwinden. Wer meditiert, muss sich in den Tod verlieben, er muss den Tod einladen. Wer meditiert, wartet nicht auf den Tod, sondern ruft ihn herbei, weil der Tod für ihn ein Freund ist. Und wer sich auf Meditation einlässt, stirbt, bevor der Körper stirbt. Und dies ist eine der schönsten Erfahrungen im Leben: Der Körper lebt weiter, äußerlich machst du als derselbe weiter, der du vorher warst. Aber innerlich ist kein Ego mehr da. Das Ego ist gestorben. Nun bist du gleichzeitig lebendig und tot. In dir treffen sich Leben und Tod, du hast die gegensätzlichen Polaritäten in dir. Dein Reichtum ist unermesslich, wenn gegensätzliche Pole in dir vereint sind. Und das ist die größte Polarität: Tod und Leben. Wenn du beides in dir vereinen kannst, wirst du in der Lage sein, Gott in dir zu tragen, denn Gott ist beides. Eines seiner Gesichter ist das Leben, sein anderes Gesicht ist der Tod.

Es ist also etwas Schönes. Mach kein Problem daraus. Meditiere darüber, mach es zu deiner Meditation, und es wird unendlich lohnend für dich sein.

TEIL 3

MEILENSTEINE AUF DEM WEG

Meditation ist der einzige Weg,
auf dem du deine Unsterblichkeit entdecken kannst.
Dann verschwindet die Angst vor dem Tod.
Alle anderen Ängste verschwinden ebenfalls,
denn sie waren nur Ableger oder Zweige davon –
vielleicht weit von den Wurzeln entfernt,
aber immer noch mit ihnen verbunden.

1. Ertrunken in der Leere

Was geschieht beim Tod? Plötzlich verlierst du deinen Körper, plötzlich ver-lierst du deinen Geist. Plötzlich merkst du, dass du dich von dir selber entfernst, von allem, was du zu sein glaubtest.

Es ist schmerzhaft, denn man hat das Gefühl, in der Leere zu ertrinken. Nun wirst du nirgendwo mehr sein, da du immer mit deinem Körper und deinem Geist identifiziert warst und nie etwas jenseits davon erfahren hast. Du hast dich selbst niemals jenseits von Körper und Geist erfahren. Du warst so fixiert auf deine äußere Schale, so besessen davon, dass dein Wesenskern in der Mitte völlig in Vergessenheit geraten war. Beim Tod stehst du vor der Tatsache, dass der Körper fortgeht. Du kannst ihn nicht zurückhalten. Dein Kopf lässt dich im Stich, du hast deinen Geist nicht mehr unter Kontrolle. Das Ego löst sich auf. Du kannst nicht einmal mehr „Ich" sagen. Du zitterst vor Angst an der Schwelle zum Nichts. Du wirst nicht mehr sein.

Wenn du dich jedoch darauf vorbereitet hast, wenn du meditiert hast – und Vorbereitung bedeutet, dass du jede Situation genutzt hast, um den Tod zu erfahren, um diesen Abgrund des Nichts zu erfahren. Anstatt dich in den Tod hineinziehen zu lassen, warst du bereit, hineinzuspringen; das macht einen großen Unterschied. Wenn du dich widerwillig hineinziehen lässt, du dich eigentlich nicht darauf einlassen willst und nur von ihm mitgerissen wirst, dann ist es schmerzhaft, dann ist es quälend. Und die Qual ist so intensiv, dass du im Moment des Todes bewusstlos wirst. Dann hast du die Chance verpasst.

Bist du jedoch bereit zu springen, dann ist es keine Qual. Wenn du den Tod annimmst und willkommen heißt ohne zu klagen – du dich sogar freust und es feierst, dass der Moment endlich gekommen ist: „Nun kann ich endlich aus diesem Körper hinausspringen, der eine Begrenzung ist, kann aus diesem Körper springen, der eine Einschränkung bedeutet, kann aus diesem Ego heraus, das immer Leiden verursacht hat" –, wenn du den Tod auf diese Weise willkommen heißen kannst, ist es nicht nötig, bewusstlos zu werden. Wenn du schon vorher diese akzeptierende, offene Einstellung hast...

Die Buddhisten nennen es *Tathata*, was akzeptieren bedeutet, aber nicht nur akzeptieren, denn das Wort passt nicht so gut, da sich dahinter so etwas wie Resignation verbirgt, die nicht akzeptierend ist – nein, wenn du den Tod willkommen heißt, wenn er ein Fest ist, als Ekstase und als Segen empfunden wird, dann brauchst du das Bewusstsein nicht verlieren.

Wenn er ein Segen ist, wirst du in dem Moment vollkommen bewusst sein. Vergiss diese beiden Dinge nicht: Wenn du ihn ablehnst, wenn du „Nein" sagst, wirst du vollkommen bewusstlos, wenn du ihn mit offenen Armen empfängst und aus vollem Herzen „Ja" sagst, wirst du vollkommen bewusst.

Ein Ja zum Tod schenkt uns vollkommenes Bewusstsein, ein Nein zum Tod macht uns vollkommen unbewusst. Das sind die beiden Möglichkeiten zu sterben.

2. Schmerz als Meditation

Es ist die beste Vorbereitung, bewusst in den Tod zu gehen, wenn man vorher Schmerz bewusst erlebt. Der Tod kommt schließlich nicht so oft, er tritt nicht alle Tage ein. Der Tod kommt nur ein Mal, ob du darauf vorbereitet bist oder nicht. Für den Tod kann es keine Generalprobe geben. Wir können uns aber darauf vorbereiten, wenn wir Schmerzen haben oder leiden. Wohlgemerkt: Wenn wir in diese Zustände bewusst hineingehen können, wird es sich zum Zeitpunkt des Todes als nützlich erweisen.

Deshalb haben Menschen, die auf der Suche sind, Leiden immer willkommen geheißen. Es gibt keinen anderen Grund dafür. Leiden an sich ist nichts Gutes. Es gibt nur einen Grund zu leiden: dass man als Sucher eine Gelegenheit bekommt, sich vorzubereiten, eine Fähigkeit zu erwerben. Ein Suchender ist immer dankbar für die Schmerzen, die er erleidet, ganz einfach weil er in leidvollen Augenblicken eine Chance bekommt, mit seinem Körper nicht mehr identifiziert zu sein. Normalerweise versuchen wir den Schmerz zu vergessen, wenn es uns nicht gutgeht. Einer, der Probleme hat, trinkt Alkohol. Ein anderer geht ins Kino, wenn er leidet. Ein dritter fühlt sich schlecht und versucht sein Leid mit Gebeten und frommen Liedern zu vergessen. Das alles sind verschiedene Mittel und Wege, um Schmerzen zu vergessen.

Wenn einer trinkt, kann man sagen, es ist eine Taktik. Ein anderer schaut sich einen Film an – das ist eine andere Taktik. Man geht ins Konzert – auch so kann man seinen Schmerz vergessen. Oder man geht in den Tempel und versenkt sich ins Gebet und in Hymnen, auch das ist eine Strategie. Es gibt Tausende von Strategien. Ob sie religiös, unreligiös oder weltlich sind, macht keinen großen Unterschied. Dahinter verbirgt sich immer der Grund, dass der Mensch sein Unglück vergessen will. Er tut alles, um zu vergessen, dass er unglücklich ist.

Wer ständig damit beschäftigt ist, sein Leiden zu vergessen, dem kann nie bewusst werden, dass er leidet. Wie können wir uns einer Sache bewusst werden, die wir eigentlich am liebsten vergessen würden? Wir können uns etwas nur dann bewusst machen, wenn wir bereit sind, uns zu entsinnen. Nur indem wir uns also auf den Schmerz besinnen, können wir ihn uns bewusst machen.

Immer wenn du also leidest oder es dir nicht gutgeht, nimm die Gelegenheit wahr. Mache dir das Gefühl total bewusst und du wirst eine wunderbare Erfahrung machen. Wenn dir dein Leiden vollkommen bewusst wird, wenn du ihm direkt ins Gesicht schauen kannst, ohne den Schmerz zu vermeiden, bekommst du eine Ahnung, dass du davon getrennt bist.

Der Mensch neigt dazu, sein Leiden zu übertreiben. Er stellt es immer viel schlimmer hin, als es eigentlich ist. Der Grund dafür ist immer derselbe: Er ist mit dem Körper identifiziert. Leiden ist wie die Flamme eines Lichts, aber wir erfahren es wie das verstreute Licht einer Lampe. Leiden ist wie eine Flamme und beschränkt sich auf einen sehr kleinen Teil des Körpers, aber wir spüren es ausgedehnt wie den Schein einer Lampe, der einen viel größeren Bereich umfasst. Schließe die Augen und versuche, den Schmerz von innen zu lokalisieren.

Man sollte auch nicht vergessen, dass wir unseren Körper normalerweise nur von außen kennen, niemals von innen. Auch wenn du deinen Körper kennst, kennst du ihn so, wie ihn andere sehen. Wenn du deine Hand anschaust, siehst du sie immer nur von außen. Aber du kannst deine Hand auch von innen spüren. Es ist so, als würde man sich damit zufrieden geben, sein Haus immer nur von außen anzuschauen. Dabei ist schließlich auch etwas im Inneren des Hauses. Schmerz findet im Inneren des Körpers statt. Der Punkt, wo es wehtut, ist irgendwo im Inneren des Körpers, aber der Schmerz breitet sich auf die äußeren Teile des Körpers aus. Es ist so: Die Flamme des Schmerzes befindet sich innen, während sein Licht nach außen strahlt. Da wir daran gewöhnt sind, den Körper von außen zu betrachten, scheint sich der Schmerz weit nach außen auszubreiten. Es ist eine wunderbare Erfahrung, wenn man versucht, den Körper von innen zu sehen. Schließe die Augen und versuche zu spüren und zu erfahren, wie sich der Körper von innen anfühlt. Der menschliche Körper hat auch eine Innenwand, er ist auch innen umkleidet. Dieser Körper hat auch eine innere Abgrenzung. Diese innere Grenze kann man mit geschlossenen Augen ganz klar wahrnehmen.

Du hast schon oft gesehen, wie du deine Hand hebst. Nun schließe einmal die Augen und hebe die Hand. Du erfährst, wie sich die Hand von innen hebt. Von außen weißt du, was es heißt, hungrig zu sein. Schließe die Augen und spüre den Hunger von innen; du wirst zum ersten Mal erfahren, wie er sich von innen anfühlt.

Wenn du dein Leiden genauer anschaust, wirst du eine Trennung zwischen dem Leiden und dir selbst feststellen, weil du nur das sehen kannst, was von dir getrennt ist. Natürlich kannst du etwas, womit du untrennbar eins bist, nicht sehen. Wer sich seines Leidens bewusst ist, wer voller Bewusstsein ist, wer sich auf sich selbst besinnt, macht die Erfahrung, dass Schmerz und Leiden an einer Stelle sind und er selbst woanders ist und Abstand davon hat.

An dem Tag, an dem ein Mensch den Unterschied zwischen sich selbst und dem Leiden erkennt, an dem er erkennt, dass sein Schmerz einen gewissen Abstand von ihm hat, ist die Unbewusstheit, die durch den Schmerz verursacht wurde, nicht mehr da. Und sobald er versteht, dass alles woanders stattfindet, sowohl sein Leiden als auch sein Glück, dass er nur derjenige ist, der dies alles erfährt, ist die Identität mit seinem Körper gebrochen. Dann weiß er, dass er nicht der Körper ist.

Das ist die beste Vorbereitung. Hat man diese Vorbereitungen getroffen, ist es leichter, bewusst in den Tod zu gehen.

3. Fragen und Antworten

Seit meinem letzten Besuch beim Arzt bin ich mit der Unmittelbarkeit des Todes konfrontiert. Man hat mir gesagt, dass ich höchstens noch zwei Jahre zu leben habe. Wie kann ich damit umgehen und ein Fest daraus machen, wie du es vorschlägst?

Der Tod ist immer da. Es mag dir nicht bewusst sein, aber du bist immer unmittelbar und direkt mit ihm konfrontiert. Du kannst dir nicht einmal des nächsten Augenblicks sicher sein. Aber wir leben vor uns hin und keiner glaubt, dass er sterben wird. Es ist immer ein anderer, der stirbt.

Immer wenn du Geburtstag hast, versuchst du zu vergessen, dass es eigentlich nicht dein Geburtstag ist, sondern dein Todestag. Du bist ein Jahr länger gestorben. Doch mit Blumen, Kerzen und Kuchen vergisst man die Unmittelbarkeit des Todes. Er ist immer bei dir. Die Geburt ist der Beginn des Todes. Also sollte dich diese Mitteilung von deinem Arzt eigentlich nicht ernst und schwermütig machen, sondern im Gegenteil: Sie sollte dich wacher und bewusster machen, denn du bist einer der seltenen Menschen, für die der Tod eine Gewissheit ist. Du kannst dich selbst nicht länger betrügen. Viele, die nicht in deiner Situation sind, werden vor dir sterben. Doch zu ihnen wird der Tod kommen, ohne dass sie es vorher wissen. Und es zu wissen ist immer besser, als es nicht zu wissen. Man kann etwas tun, wenn man weiß, dass eine Tatsache geschehen wird.

Man hat dir gesagt, dass du innerhalb von zwei Jahren sterben wirst. Diese Unmittelbarkeit des Todes sollte dich aufwecken. Jetzt hast du keine Zeit mehr zu vergeuden, keine Zeit mehr, dir etwas vorzumachen. Der Tod ist da und wartet auf dich, und du hast das Glück, es zu wissen. Das Wissen, dass der Tod da ist, kann zu deiner Transformation werden.

Wenn du weißt, dass du innerhalb der nächsten zwei Jahre sterben wirst, kannst du diese zwei Jahre der Meditation weihen. Ansonsten schieben es die Leute immer auf: Morgen werden sie meditieren, und dieses Morgen kommt nie. Es gibt so viele andere Dinge zu tun. Man hat keine Zeit zum Meditieren. Doch ein Mensch, dem voll bewusst ist, dass es keinen Ausweg gibt, dass es morgen vorbei ist, dass das Einzige, was er in der Hand hat, dieser Moment ist … Das ist die Realität für alle, ob man unheilbar krank ist oder nicht … Aber das Wissen, dass du sterben wirst, lässt dich diese Realität zutiefst spüren und kann sich als großer Segen für dich erweisen. Die Zeit für Meditation ist gekommen. Jetzt kannst du die unbedeutenden, törichten Dinge vergessen, mit denen du beschäftigt warst.

Es gibt Millionen von Menschen, die Karten spielen oder Fußballspiele anschauen, ohne sich im Geringsten bewusst zu machen, was sie tun. Wenn du sie fragst, sagen sie, sie schlagen die Zeit tot. Großartig! Die Zeit schlägt euch tot und ihr haltet an der Idee fest, dass ihr die Zeit totschlagt! Wie kann man die Zeit totschlagen? Ihr habt sie nie gesehen! Mit eurem Schwert könnt ihr sie nicht totschlagen, nicht einmal mit Atomwaffen kann man sie töten. Wie willst du die Zeit totschlagen? Die Zeit schlägt dich allerdings mit jedem Moment tot.

Du solltest deine Situation als einen großen Segen verstehen. Jetzt kannst du aufhören Karten zu spielen, du kannst aufhören dich mit Kindereien abzugeben, kannst aufhören dir blödsinnige Fußballspiele anzuschauen. Jetzt gehört die ganze Zeit dir. Bevor der Tod kommt, bleibt dir nur noch eins: dich selbst zu erkennen. Der Tod ist so nahe, dass du es dir nicht leisten kannst, dein wahres Selbst immer noch nicht zu erkennen. Gerade die Nähe des Todes macht es dir möglich, in dir selbst das zu erkennen, was niemals stirbt.

Darin besteht die ganze Kunst der Meditation: Du gehst so tief nach innen, wie es dir möglich ist, bis du das Zentrum deines Seins erreicht hast. Überrascht und staunend wirst du erkennen, dass du im Zentrum deines Seins ewig bist. Dort gibt es keinen Tod und es hat ihn nie gegeben. In Wirklichkeit stirbt nichts, es ändern sich nur die Formen. Diese Krankheit kann deinen Körper zerstören, aber der wird ohnehin zerstört werden. Das ist kein großes Problem. Es ist besser, dass du schon weißt, dass es keine Überlebenshoffnung gibt. Mit der Diagnose des Arztes ist deine Hoffnung auch gestorben. Jetzt gibt es kein Heilmittel. Du musst der Tatsache ins Auge blicken. Es gibt keine Hilfe mehr von außen, du musst dich auf das verlassen, was in dir ist. Du bist ganz allein übrig.

In Wirklichkeit ist jeder immer allein. Auf der ganzen Reise von der Geburt bis zum Tod ist man immer allein. Du magst unter vielen Menschen sein, aber dein Alleinsein kann nicht zerstört werden. Es ist Tatsache. Du unternimmst alle Anstrengungen, um dein Alleinsein zu verschleiern, aber es ist noch nie jemandem gelungen. Wahrheit ist und bleibt Wahrheit. Du kannst sie ein bisschen aufschieben …

Es ist gut, dass dir bewusst geworden ist, dass der Tod da ist, dass du seiner ganz sicher bist. Jetzt ist es Zeit, in dir das zu finden, was unsterblich ist, was über den Tod hinausgeht. Du kannst keine bessere Zeit finden, um zu meditieren.

Und nimm es nicht zu ernst, denn der Tod ist etwas Natürliches. Es spielt keine Rolle, wodurch er ausgelöst wird. Werde nicht panisch und paranoid, sondern freue dich, dass du zu den wenigen Erwählten gehörst. Alle anderen tappen im Dunkeln bezüglich ihres Todes, du nicht. Und allein die Tatsache, dass du weißt, dass der Tod kommt, schafft zwangsläufig den Raum dafür, dich selbst zu erkennen.

Dein ewiges Sein zu erkennen, zu wissen, dass du schon immer hier gewesen bist und immer hier sein wirst, ist eine ungeheuer große Offenbarung. Und mit dieser Offenbarung wird das Fest gefeiert, von dem ich gesprochen habe. Es gibt so viele Möglichkeiten der Therapie, so viele verschiedene Emotionen an einem Tag. Ich bin äußerst verwirrt. Was soll ich tun? Wie kann ich Klarheit finden?

Verwirrung ist eine sehr gute Gelegenheit. Mit Leuten, die nicht verwirrt sind, ist es viel schwieriger. Sie meinen, sie wüssten Bescheid, aber sie wissen nichts. Die eigentliche Schwierigkeit haben die Leute, die glauben, sie hätten Klarheit. Ihre Klarheit ist sehr oberflächlich. Im Grunde haben sie keine Ahnung, was Klarheit ist. Was sie Klarheit nennen, ist nur Dummheit. Idioten sind ausgesprochen klar – klar in dem Sinn, dass sie nicht intelligent genug sind, um Verwirrung zu spüren. Um sich verwirrt zu fühlen, muss man sehr intelligent sein.

Nur intelligente Menschen fühlen sich verwirrt. Mittelmäßige Menschen kommen ansonsten im Leben gut zurecht: Sie lächeln und freuen sich, sie häufen Geld an und kämpfen um Macht und Ruhm. Wenn man sie so sieht, wird man ein bisschen neidisch. Sie wirken so selbstsicher, sie sehen sogar glücklich aus. Und du stehst nur da und bist verwirrt darüber, was du tun sollst oder nicht tun sollst, was richtig ist und was falsch ist. Aber so ist es schon immer gewesen. Mittelmäßige Menschen sind sich immer sicher. Es bleibt den intelligenteren Menschen vorbehalten, sich verwirrt und im Chaos zu fühlen.

Verwirrung ist eine große Chance. Es bedeutet einfach, dass es mit dem Kopf nicht mehr weitergeht. Wenn du wirklich verwirrt bist – und du sagst, du bist äußerst verwirrt –, wenn du es wirklich bist, dann ist es ein Segen für dich. Jetzt ist etwas möglich, etwas ungemein Wertvolles. Du stehst auf einer Schwelle. Wenn du äußerst verwirrt bist, bedeutet es, dass dir dein Kopf keine Sicherheit mehr bieten kann. Du näherst dich immer mehr dem Tod des Verstandes.

Das ist das Größte, was einem Menschen im Leben passieren kann, der größte Segen. Denn hast du einmal eingesehen, dass im Kopf nur Verwirrung ist und der Weg nicht über den Verstand führt, wie lange kannst du dann noch daran festhalten? Früher oder später musst du ihn loslassen. Selbst wenn du ihn nicht fallen lässt, wird er von selbst fallen. Die Verwirrung wird so groß, so schwer, dass er schon wegen des Gewichts fallen wird. Und sobald der Verstand gefallen ist, hört die Verwirrung auf.

Ich kann nicht sagen, dass du dich dann sicher fühlen wirst. Nein, denn auch Sicherheit ist ein Wort, das sich nur auf den Kopf und die

Welt des Kopfes anwenden lässt. Wenn Verwirrung da ist, kann auch Sicherheit da sein; wenn die Verwirrung verschwindet, verschwindet auch die Sicherheit. Du bist einfach klar, weder verwirrt noch sicher – einfach nur Klarheit, Transparenz. Und diese Transparenz hat etwas Schönes, diese Transparenz hat etwas Anmutiges, sie ist exquisit.

Es ist der schönste Moment im Leben, wenn man weder verwirrt noch selbstsicher ist. Man ist einfach wie ein Spiegel, der das reflektiert, was ist; ohne eine Richtung, ohne irgendwohin zu gehen, ohne etwas vorzuhaben und ohne Zukunft. Einfach ganz im Moment, absolut in diesem Moment.

Wenn keine Gedanken da sind, kann es keine Zukunft geben, kann es kein Programm mehr für die Zukunft geben. Dann ist dieser Moment alles – alles in allem! Dieser Moment ist deine ganze Existenz. Die gesamte Existenz läuft auf diesen einzigen Moment zusammen, und der Moment bekommt ungeheure Bedeutung. Er hat Tiefe, er hat Höhe. Er ist geheimnisvoll, er ist intensiv. Er hat Feuer, er hat Unmittelbarkeit. Er packt dich, nimmt von dir Besitz und transformiert dich.

Aber Sicherheit kann ich dir nicht geben, Sicherheit geben nur Ideologien. Sicherheit ist nichts anderes als verkappte Verwirrung. Du bist verwirrt und jemand sagt: „Mach dir keine Sorgen!" Er sagt es mit großer Autorität und überzeugt dich mit Argumenten, mit Zitaten aus heiligen Schriften. Er übertüncht deine Verwirrung, versteckt sie unter einer schönen Decke – der Bibel, dem Koran, der Gita. Du fühlst dich besser, aber nur vorübergehend, denn in dir kocht immer noch Verwirrung. Du bist sie nicht losgeworden. Sie ist nur verdrängt.

Deshalb klammern sich Menschen an ihren Glauben, an die Kirche, an heilige Schriften, an Doktrinen und Denksysteme. Warum investiert man so viel in Denksysteme? Warum sollte eigentlich irgendjemand Christ oder Hindu sein? Warum sollte jemand Kommunist sein? Wozu? Es gibt einen Grund, und zwar einen triftigen Grund: Jeder ist verwirrt, also braucht man jemanden, der einem Sicherheit gibt. Ein intelligenter Mensch zögert, denkt nach, ist unsicher. Ein unintelligenter Mensch ist nie unsicher und zögert nie.

Wo der Weise nur flüstert, posaunt es der Narr einfach heraus.

Lao-tse sagt: „Vielleicht bin ich der einzige Mensch auf der Welt, der völlig durcheinander ist. Jeder scheint sich so sicher zu sein, außer mir." Er hat recht. Er ist so ungeheuer intelligent, dass er sich überhaupt nicht sicher sein kann.

Ich kann dir keine Sicherheit versprechen, wenn du den Verstand loslässt. Ich kann dir nur eines versprechen, nämlich dass du klar sein wirst. Es wird Klarheit und Transparenz da sein. Und du wirst in der Lage sein, die Dinge so zu sehen, wie sie sind. Du wirst weder verwirrt noch sicher sein. Sicherheit und Verwirrung sind zwei Seiten derselben Medaille.

Die Existenz ist einfach da. Es gibt nichts, was man wählen müsste. Und denke daran: Sobald du nicht mehr wählst, bist du nicht mehr gespalten. Solange du zwischen Gut und Schlecht, Richtig und Falsch wählst, bist du gespalten. Die Spaltung ist ein zweischneidiges Schwert, sie spaltet die äußere Realität und spaltet dich auch innerlich. Wenn du wählst, wählst du die Spaltung, du entscheidest dich gespalten zu sein und wählst die Schizophrenie. Wenn du nicht mehr wählst, wenn du weißt, dass es weder Gut noch Schlecht gibt, entscheidest du dich, geistig gesund zu sein.

Nicht zu wählen, heißt geistige Gesundheit zu wählen. Wer nicht wählt, hat einen klaren Geist, da nun außen keine Spaltung mehr da ist. Wie kannst du dann noch innerlich gespalten sein? Innen und außen gehören zusammen. Du wirst unteilbar, du wirst zu einem Individuum. So entwickelt sich eine Individualität. Nichts ist gut, nichts ist schlecht. Wenn dir dies zu Bewusstsein kommt, bist du plötzlich alles zusammen – alle Fragmente sind zu einer Einheit verschmolzen. Du bist kristallisiert und in deinem Zentrum.

Ärzte, Freunde und Familie geben mir alle möglichen unterschiedlichen Ratschläge, was ich tun soll, was ich essen soll, was ich nicht essen soll... Ich weiß nicht, wie ich mich entscheiden soll. Was ist zu tun? Wem soll ich folgen?

Hör dir alles an, aber folge nicht. Höre gut zu, aber folge nur deiner eigenen Einsicht. Folge nicht den Ratschlägen anderer. Hinhören solltest du, meditativ zuhören. Versuche zu verstehen, was sie dir vermitteln wollen. Sie meinen es vielleicht wirklich gut mit dir, aber wenn du anfängst ihnen blind zu folgen, wirst du nie deine eigene Intelligenz einsetzen. Du wirst von Krücken abhängig bleiben; du wirst immer zu anderen aufschauen, um dir sagen zu lassen, was du tun sollst und was du nicht tun sollst. Du wirst immer Führer brauchen. Und es ist ein sehr ungesunder Zustand, wenn man Führer braucht.

Höre ihnen zu, denn die Leute haben ihre Erfahrungen gemacht, und wenn sie diese mit dir teilen, bereitwillig teilen, wäre es dumm von dir, nicht zuzuhören. Aus ihren Erfahrungen kannst du gute Einsichten bekommen. Sie werden dir helfen bewusster zu werden, aber folge ihnen nicht.

Viele Leute folgen anderen aufs Wort – so werden sie einfach nur blind. Wenn dir die anderen alles geben können, was du brauchst, wozu brauchst du dann deine eigenen Augen? Und wenn dir andere alles vorkauen, wozu brauchst du dann noch selber zu kauen? Du wirst allmählich immer schwächer, fühlst dich immer ärmer, immer mehr ausgehungert.

Ein Mann, der kürzlich einen Laden aufgemacht hatte, hatte ein großes Schild über der Tür hängen: „Frischer Fisch hier zu verkaufen."

Ein Freund kam vorbei und sagte: „Wozu schreibst du denn ‚hier' auf dein Schild?" Daraufhin strich er das „hier" weg.

Dann kam ein anderer Freund vorbei und sagte: „‚Zu verkaufen'? Natürlich ist er zu verkaufen, du verschenkst ihn doch nicht, oder?" Also strich er „zu verkaufen" auch weg.

Ein Dritter kam vorbei und sagte: „Frischer Fisch? Der muss doch frisch sein. Wer kauft denn schon alten Fisch? Streiche das Wort ‚frisch'!" Der Ladenbesitzer gehorchte.

Nun stand nur noch das Wort „Fisch" auf dem Schild, als ein vierter Mann vorbeikam und sagte: „Fisch? Was für ein komisches Schild! Man kann es doch meilenweit riechen!" Der Ladenbesitzer strich auch das letzte Wort aus.

Ein fünfter Mann kam vorbei und sagte: „Was bedeutet denn das leere Schild über der Ladentür?" Der Ladeninhaber entfernte das Schild. Nun kam ein sechster Mann vorbei und fragte: „Sie haben so einen großen Laden aufgemacht. Sie sollten ein Schild hinhängen mit der Aufschrift: ‚Frischer Fisch hier zu verkaufen'?"

Wenn du immer nur auf andere hörst, wirst du immer verwirrter. Aus diesem Grund bist du ja verwirrt. Deine Verwirrung besteht darin, dass du auf so viele verschiedene Leute hören willst, die dir alle unterschiedliche Ratschläge gegeben haben. Und ich sage nicht, dass sie es nicht gut gemeint hätten. Sie meinen es gut, aber sie sind nicht bewusst dabei, sonst würden sie dir keinen Rat geben. Sie würden dir eine Einsicht vermitteln, keinen Rat. Sie würden dir nicht sagen, was du tun sollst oder nicht tun sollst. Sie würden dir helfen bewusster zu werden, damit du selbst sehen kannst, was zu tun ist und was zu lassen ist.

Ein wahrer Freund ist jemand, der keine Ratschläge gibt, sondern einem hilft aufmerksamer, wacher und sich des Lebens bewusster zu werden – bewusster für Probleme, Herausforderungen und Geheimnisse. Einer, der dir hilft, auf deine eigene Reise zu gehen, der dir Mut zuspricht: Mut zu experimentieren, Mut, dich auf die Suche zu machen, Mut, viele Fehler zu machen, denn wer nicht bereit ist, Fehler zu machen, wird niemals irgendetwas lernen.

Wirkliche Freunde helfen dir, deine Intelligenz zu schärfen. Sie geben dir keine festen Ratschläge, denn ein fester Ratschlag ist nutzlos. Was heute wahr ist, mag morgen schon nicht mehr wahr sein, und was in einer Situation richtig ist, mag in einer anderen falsch sein. Situationen ändern sich ständig.

Was du also brauchst, ist nicht ein vorgegebenes Lebensmuster, sondern die Fähigkeit zu sehen, damit du immer, ganz egal wo und in welcher Situation du dich gerade befindest, weißt, wie du dich spontan verhältst und wie du dich auf dein eigenes Wesen verlassen kannst.

Ich frage mich immer wieder: „Warum gerade ich? Ich habe einfach so viel Wut darüber, was mit mir geschieht. Wie kann ich mit meinen Gefühlen umgehen? Ich habe versucht, sie zu beobachten oder mich mit den praktischen Dingen des Alltags beschäftigt zu halten, aber nichts hilft.

Lebe jede Emotion, die du fühlst. Das bist du. Wie immer du dich fühlst – voller Hass, grässlich, wertlos –, gehe wirklich total hinein! Gib den Emotionen zuerst einmal eine Chance, voll und ganz auf die bewusste Ebene zu kommen. Indem du dich bemühst, sie zu beobachten, verdrängst du sie im Moment noch ins Unterbewusstsein. Dann hältst du dich mit deiner alltäglichen Arbeit beschäftigt und unterdrückst sie wieder. Auf diese Weise wirst du nicht frei davon.

Lass sie herauskommen! Erlebe sie, erleide sie. Es wird schwierig und ermüdend, aber unendlich lohnend sein. Hast du sie einmal durchlebt, erlitten und akzeptiert, dass du eben so bist, dass du dich selber nicht so erschaffen hast und dich deshalb nicht verurteilen musst, sondern dass du dich so, wie du bist, vorgefunden hast; hast du sie einmal bewusst erlebt, ohne sie zu verdrängen, wirst du staunen, wie sie ganz von selbst verschwinden. Sie haben nicht mehr so viel Macht über dich, sie packen dich nicht mehr so fest im Nacken. Und wenn sie dann gehen, kommt vielleicht die Zeit, wo du anfangen kannst zu beobachten.

Alles, was an die Oberfläche des Bewusstseins kommt, löst sich allmählich auf, und wenn nur noch ein Schatten davon da ist, ist es Zeit gewahr zu werden. Jetzt würde es nur zu Schizophrenie führen, dann wird es zu Erleuchtung führen.

Ich bin ein Kämpfer. Ich kenne nichts anderes als Kämpfen. Und was noch schlimmer ist: Ich kämpfe gerne! Ich liebe es, angesichts des größten Sturms dazustehen und zu lachen. Ich mag nicht gerne in der Sonne liegen und dahinschmelzen.

Das ist doch kein Problem. Wenn du das Gefühl hast, ein Kämpfer zu sein und es genießt zu kämpfen, nicht nur das: Du bist sogar stolz darauf, ein Kämpfer zu sein! –, dann entspanne dich. Kämpfe total! Kämpfe nicht gegen deine Kämpfernatur an. Das heißt für dich Loslassen. Es ist wirklich herrlich, im größten Sturm zu stehen und zu lachen. Mach dir keine Schuldgefühle. Versuche eins zu verstehen: Wenn ich sage: „Lasst los!", meine ich damit nicht, ihr sollt etwas ändern. Ich meine einfach: Was immer ihr zu sein glaubt, lasst es voll und ganz zu.

Sei mit deinem ganzen Wesen ein Kämpfer. Und in dieser Totalität wirst du feststellen, dass dein Herz schmilzt. Das ist die Belohnung dafür, dass du total bist. Du brauchst gar nichts dafür zu tun, Belohnungen kommen ganz von selbst. Sei einfach total in allem, wozu du wirklich Lust hast, worauf du stolz bist – sei einfach total dabei. Fühle dich nicht gespalten. Sei nicht halbherzig, mache keine halben Sachen. Wenn du total bist, wirst du eines Tages, während du dich gerade lachend gegen den größten Sturm stellst, plötzlich spüren, wie dein Herz in der Sonne dahinschmilzt. Das wird als Belohnung zu dir kommen.

Der Mensch macht sich unnötige Probleme. Ich möchte, dass du verstehst, dass es im Leben keine Probleme gibt, außer man macht sich welche. Versuche einfach zu sehen, dass alles, was sich für dich gut anfühlt, auch gut ist. Und dann geh den ganzen Weg. Auch wenn die ganze Welt dagegen ist – es macht nichts. Und ob du wirklich ganz und gar hineingegangen bist, wird sich daran zeigen, ob du belohnt wirst. Wenn du an einem Punkt plötzlich spürst, wie du dahinschmilzt, weißt du, dass du dich selbst nicht betrogen hast, dass du wahrhaftig und ehrlich gewesen bist. Das ist dann wirklich der Punkt, wo du stolz sein kannst.

Ich drücke meine Wut so total aus, wie ich kann, und doch bleibt sie wie eine Unterströmung in all meinen Gedanken.

Du kennst nur zwei Möglichkeiten mit Wut umzugehen: ausdrücken oder unterdrücken. Wie man wirklich damit umgehen sollte, ist weder das eine noch das andere. Es ist nicht ausagieren, denn wenn du deine Wut ausdrückst, machst du den anderen wütend und erzeugst eine Kettenreaktion. Wenn der andere sie dann auch ausdrückt, wirst du wieder provoziert. Wo soll das enden? Und je mehr du sie ausdrückst, desto mehr wird es zur Gewohnheit. Du machst es mechanisch. Je mehr du sie ausdrückst, desto geübter wirst du darin. Es wird dir schwer fallen, es dir wieder abzugewöhnen.

Aus dieser Angst heraus ist die Unterdrückung, die Verdrängung von Wut entstanden: „Drücke sie ja nicht aus, denn du machst damit dich und andere sehr unglücklich, und es bringt dir nichts. Es macht dich hässlich, schafft unangenehme Situationen im Leben, und dann musst du auch noch dafür bezahlen." Und allmählich entwickelt sich daraus eine solche Gewohnheit, dass es schon zu deiner zweiten Natur geworden ist. Aus Angst vor dem Ausagieren ist also die Verdrängung entstanden. Wenn man aber verdrängt, sammelt man Gift an, und irgendwann muss es explodieren.

Der dritte Weg, damit umzugehen – der Weg aller Erleuchteten der Welt – ist weder Ausdrücken noch Unterdrücken, sondern Beobachten. Wenn die Wut kommt, setz dich still hin, lasse dich in deiner inneren Welt von Wut umgeben, lass dich von ihr wie von einer Wolke einhüllen und sei stiller Beobachter. Sieh es dir an: Das ist Wut.

Buddha hat seinen Jüngern gesagt: Wenn Wut kommt, hört auf sie, hört auf ihre Botschaft. Und erinnert euch immer wieder daran, sagt euch selbst: „Wut, Wut..." Bleibe wach und schlafe nicht ein. Sei wach dafür, dass du von Wut umgeben bist. Du selbst bist sie nicht. Du beobachtest sie. Und da liegt der Schlüssel. Ganz allmählich wirst du beim Beobachten davon getrennt werden, sodass sie dich nicht mehr packen kann. Du bekommst so viel Abstand davon, bist so distanziert, so kühl und weit weg davon, und der Abstand wird so groß, dass sie dir nichts mehr ausmacht. Du wirst sogar anfangen zu lachen über die albernen Dinge, die du früher aus reiner Wut unternommen hast. Du bist nicht sie. Sie ist da, außerhalb von dir. Du bist von ihr umgeben. Aber in dem Moment, in dem du nicht mehr damit identifiziert bist, wirst du deine Energie nicht mehr darauf verschwenden.

Denke daran: Wir geben der Wut unsere Energie, nur deshalb wird sie lebendig. Sie hat keine eigene Energie. Sie ist von deiner Kooperation abhängig. Durch Beobachten wird die Kooperation gebrochen, du unterstützt sie nicht mehr. Ein paar wenige Momente ist die Wut noch da, ein paar Minuten, und dann ist sie fort. Da sie bei dir keine Wurzeln mehr findet, da du ihr nicht mehr zur Verfügung stehst, sondern Abstand hast wie ein Wächter auf dem Berg, wird sie sich auflösen und verschwinden. Und dieses Verschwinden ist wunderbar. Dieses Verschwinden ist eine großartige Erfahrung.

Sieht man die Wut verschwinden, breitet sich tiefer Frieden aus, die Stille, die auf den Sturm folgt. Du wirst staunen, dass du jedes Mal, wenn du wütend wirst und es beobachten kannst, in eine solche Ruhe fällst, wie du sie noch nie erfahren hast. Du wirst in eine tiefe Meditation fallen. Ist die Wut verschwunden, fühlst du dich so viel frischer, jünger und unschuldiger, wie du es noch nie erlebt hast. Dann wirst du sogar der Wut dankbar sein, du wirst ihr nicht mehr böse sein, weil sie dir zu einem so schönen neuen Zustand verholfen hat, zu einer völlig neuen Erfahrung. Du hast sie genutzt. Du hast sie zu deinem Sprungbrett gemacht.

So oft werde ich von überwältigender Traurigkeit ergriffen, dass ich dieses Leben hinter mir lassen muss. Was kann ich tun?

Die Traurigkeit ist traurig, weil du sie nicht magst. Die Traurigkeit ist traurig, weil du nicht gerne darin bist. Die Traurigkeit ist traurig, weil du sie ablehnst. Doch sogar Traurigkeit kann zu etwas Wunderschönem aufblühen, kann solche Stille und Tiefe haben, wenn du sie magst. Nichts ist falsch. Es sollte so sein, dass man in der Lage ist, alles zu mögen was passiert – auch Traurigkeit. Selbst der Tod muss geliebt werden, nur dann kann man darüber hinausgehen. Wenn du den Tod annehmen kannst, wenn du ihn lieben und willkommen heißen kannst, dann kann er dich nicht umbringen. Du hast ihn transzendiert.

Wenn Traurigkeit kommt, akzeptiere sie. Höre ihrem Lied zu. Sie hat dir etwas zu geben. Sie hat ein Geschenk, das dir keine Fröhlichkeit geben kann. Nur Traurigkeit kann es dir geben.

Fröhlichkeit ist immer flach, Traurigkeit ist immer tief. Freude ist wie eine Welle, Traurigkeit ist wie die tiefste Tiefe eines Meeres. In der Traurigkeit bleibst du bei dir selbst, bist ganz allein. Bist du glücklich, gehst du auf andere Menschen zu und teilst dich ihnen mit. Bist du traurig, schließt du die Augen und tauchst tief in dich selbst ein.

In der Traurigkeit ist ein Lied. Sie hat etwas sehr Tiefes. Nimm sie an. Genieße sie. Koste sie aus, ohne sie abzulehnen, und du wirst sehen, dass sie dir viele Geschenke bringt, die dir das Glück niemals geben kann. Nimmst du die Traurigkeit an, dann ist sie nicht mehr so traurig. Du hast ihr eine neue Qualität gegeben. Du wirst durch sie wachsen. Nun ist sie nicht mehr ein Stein, ein Felsblock, der dir den Weg blockiert, sondern ein Trittstein.

Und vergiss nie: Ein Mensch, der keine tiefe Traurigkeit kennt, ist arm dran. Er wird innerlich niemals reich sein. Wer immer fröhlich ist, lächelt und oberflächlich ist, hat den innersten Tempel seines Wesens nie betreten. Er ist noch nicht zu seinem innersten Schrein vorgedrungen.

Erhalte dir die Fähigkeit, in alle Polaritäten zu gehen. Wenn Traurigkeit kommt, sei richtig traurig. Versuche nicht, ihr zu entkommen. Lass sie zu, kooperiere mit ihr. Lass zu, dass sie sich in dir auflöst, und lass dich von ihr auflösen. Werde eins damit. Sei wirklich traurig: kein Widerstand, kein Konflikt, kein Kampf dagegen. Wenn das Glück kommt, dann sei richtig glücklich: Tanze und sei ekstatisch. Wenn das Glück kommt, versuche nicht es festzuhalten. Sage nicht, es soll für immer und ewig da bleiben. So verpasst du es. Und wenn Traurigkeit kommt, sage nicht: „Komm ja nicht zu mir!“ oder: „Wenn du schon mal da bist, geh bitte bald wieder fort.“ Auf diese Weise vermeidet man sie.

Lehne Traurigkeit nicht ab und halte das Glück nicht fest. Bald wirst du verstehen, dass Glück und Traurigkeit zwei Seiten derselben Medaille sind. Dann wirst du sehen, dass immer Traurigkeit dabei ist, wenn du glücklich bist, und immer Glück dabei ist, wenn du traurig bist. Dann ist dein inneres Wesen bereichert. Dann kannst du alles genießen: den Morgen wie den Abend, das Sonnenlicht wie die Dunkelheit, den Tag wie die Nacht, den Sommer wie den Winter, das Leben wie den Tod – alles kannst du genießen.

Ich habe in diesen Tagen viele Gedanken und Gefühle, die ganz durcheinander und widersprüchlich sind. Es ist wie auf einer Achterbahn und ich weiß nie, wie ich mich im nächsten Moment fühlen werde.

Schau deinen Gedanken zu, schau deinen Gefühlen zu und beim Zuschauen wirst du einen neuen Faktor erkennen: den, der zuschaut. Diese Erkenntnis ist der Beginn einer inneren Revolution. Du bist der Schauende, nicht das, was du siehst. Du bist weder der Kopf noch der Körper, sondern etwas, das tief in dir verborgen ist: der Beobachtende. Dieser Beobachter sieht bei jedem Auf und Ab im Leben zu. Nun braucht man sich nicht mehr zu identifizieren. Wenn du gerade unten bist, brauchst du nicht traurig zu sein, da der Beobachter nur zuschaut. Wenn du obenauf bist, brauchst du nicht egoistisch zu werden, du schaust nur zu. Langsam und allmählich beginnt sich der ganze Aufruhr um dich herum zu legen.

Bist du mit Dingen, die du nicht bist, identifiziert, ist es ein Problem.

Bist du nicht mehr identifiziert, ist es Meditation.

Identifiziere dich mit nichts mehr – so lange, bis nur noch reines Zuschauen da ist. Bleibe darin verankert, egal was du tust oder wohin du gehst. Du wirst ein neuer Mensch sein, mit einer Frische, einem

Leben, wie du es vorher nicht gekannt hast, mit einem Schimmer der Ewigkeit in deinen Augen, mit einem Hauch der Unsterblichkeit in jeder deiner Gesten.

Je mehr Leute um mich herum sind und mich in meiner Krankheit unterstützen, desto deutlicher fühle ich mich allein. Es macht mir Angst und tut weh. Was kann ich tun?

Wer mit sich selbst im Alleinsein konfrontiert ist, hat Angst, und es tut weh. Man muss es durchstehen. Man sollte nichts tun, um es zu vermeiden, nichts tun, um sich abzulenken, nichts tun, um davor zu fliehen. Man muss es erleiden und durchstehen. Dieses Leid und dieser Schmerz sind gute Zeichen, dass du kurz vor einer Neugeburt stehst, denn jeder Geburt gehen Schmerzen voraus. Es kann nicht vermieden werden und sollte auch nicht vermieden werden, da es Teil deines Wachstums ist.

Aber warum ist der Schmerz da? Das sollte man verstehen, denn Verstehen hilft dir ihn zu ertragen. Und wenn du es mit diesem Wissen durchstehen kannst, wird es leichter und du hast es schneller hinter dir. Warum ist es schmerzhaft, wenn du allein bist? Das Erste ist, dass dein Ego krank wird. Dein Ego kann nur mit anderen existieren. Es ist in Beziehungen groß geworden und kann allein nicht existieren. Wenn die Situation so ist, dass es nicht überleben kann, ist es am Ersticken, es fühlt sich wie auf der Schwelle des Todes. Das ist das tiefste Leid. Man fühlt sich, als würde man sterben. Aber du bist es nicht, der stirbt; es ist nur das Ego, das du für dich selbst gehalten hast, mit dem du dich identifiziert hast. Es kann nicht existieren, weil es dir von anderen gegeben worden ist. Es ist ein Beitrag von außen. Wenn du die anderen verlässt, kannst du es nicht mitnehmen.

Im Alleinsein wird also alles, was du über dich selbst weißt, fallen. Es wird allmählich verschwinden. Du kannst dein Ego noch eine Weile weiter mitschleppen – und auch das musst du in deiner Einbildung tun –, aber du kannst es nicht lange mitschleppen. Ohne die Gesellschaft bist du entwurzelt; es ist kein Boden da, auf dem sich das Ego ernähren kann. Das ist der grundlegende Schmerz. Du bist dir nicht mehr sicher, wer du bist. Du bist eine Persönlichkeit, die sich in alle Winde zerstreut, die sich auflöst. Doch das ist gut, denn bevor dieses falsche Du nicht verschwindet, kann das Wahre nicht auftauchen. Bevor du nicht vollkommen reingewaschen bist, kann das Wahre nicht zum Vorschein kommen.

Dieses falsche Du sitzt auf dem Thron. Es muss vom Thron gestoßen werden. Wenn man in der Abgeschiedenheit lebt, kann alles gehen, was falsch ist. Und alles, was man von der Gesellschaft bekommen hat, ist falsch. Alles, was mit dir geboren wurde, ist wahr. Alles, was du durch dich selbst bist, was nicht von außen eingebracht wurde, ist wirklich und echt.

Doch das Falsche muss gehen und das Falsche ist eine so große Investition. Du hast viel darin investiert, du hast dich so sehr darum gekümmert. All deine Hoffnungen hängen daran. Wenn es sich also auflöst, bekommst du Angst, fürchtest dich und zitterst: „Was tust du dir selbst an? Du zerstörst dein ganzes Leben, deine ganze Struktur!"

Man fürchtet sich. Aber du musst durch diese Furcht hindurchgehen, nur dann wirst du furchtlos. Ich sage nicht, dass du tapfer wirst, nein. Ich sage, du wirst furchtlos. Tapferkeit ist nur ein Teil der Furcht. Du magst noch so tapfer sein, dahinter steckt immer Furcht. Ich sage: furchtlos. Du wirst nicht tapfer sein, denn es ist nicht nötig, Heldentaten zu vollbringen, wenn keine Furcht da ist. Tapferkeit und Furcht spielen beide keine Rolle mehr. Sie sind zwei Seiten derselben Medaille. Die tapferen Helden sind nichts anderes als du im Kopfstand. Bei dir ist die Tapferkeit verborgen, und die Angst ist an der Oberfläche; bei ihnen ist die Furcht verborgen und die Tapferkeit an der Oberfläche. Wenn du also allein bist, bist du sehr tapfer. Wenn du an etwas denkst, bist du sehr tapfer, wenn aber eine reale Situation kommt, bist du furchtsam.

Angeblich haben Soldaten, selbst die größten unter ihnen, ebenso große Angst wie jeder Zivilist, bevor sie an die Front gehen. Innerlich zittern sie, aber sie gehen trotzdem. Sie verdrängen ihr Zittern ins Unterbewusstsein. Und je mehr sie innerlich zittern, desto mehr bauen sie um sich eine Fassade auf, wie tapfer sie sind. Sie legen sich eine Rüstung zu. Man sieht ihre Rüstung, sie sehen wie Helden aus, aber tief darunter sitzt nur Angst.

Furchtlos wird man erst dann, wenn man die tiefste Furcht von allen durchstanden hat: vor der Auflösung des Egos, der Zerstörung des Images, der Auflösung der Persönlichkeit. Das ist der wirkliche Tod, denn du weißt nicht, ob daraus neues Leben entstehen wird. Während dieses Prozesses wirst du nur den Tod erfahren. Erst wenn du tot bist – wie du jetzt bist, als diese falsche Person –, erst dann wirst du wirklich wissen, dass der Tod nur die Tür zur Unsterblichkeit war. Doch das kommt erst am Ende, unterdessen stirbst du einfach. Alles, was dir so wichtig war, wird dir genommen – deine Persönlichkeit, deine Ideen, all die Dinge, von denen du dachtest, sie seien so wunderbar. Alles lässt dich im Stich. Du wirst völlig entblößt. Alle Rollen und Roben werden dir weggenommen. Dieser Prozess macht Angst, aber diese Angst ist fundamental, notwendig und unvermeidlich. Man muss sie durchstehen. Du solltest sie verstehen, aber nicht versuchen vor ihr zu fliehen, denn jede Flucht bringt dich wieder zurück. Dann gehst du zurück in die Persönlichkeit.

Leute, die Schweigeretreats machen und in die Einsamkeit gehen, fragen mich: „Was soll man tun, wenn die Angst kommt?“ Ich sage ihnen, sie sollen gar nichts tun, sondern einfach die Angst leben. Wenn du ins Zittern kommst, dann zittere. Warum soll man es verhindern? Wenn du innerlich von Angst geschüttelt wirst, dann lass dich von ihr schütteln. Tu nichts dagegen. Lass es geschehen. Es wird von selbst vorbeigehen. Wenn du sie vermeidest – und das kann man: Du kannst anfangen „Ram, Ram, Ram“ zu singen, du kannst dich an irgendeinem Mantra festhalten, dann bist du beruhigt und die Angst ist weg – dann hast du sie ins Unterbewusstsein verdrängt. Sie war herausgekommen und das war gut, du hättest dich von ihr befreien können. Sie war dabei, dich zu verlassen, und wenn sie dich verlässt, bringt sie dich zum Zittern. Das ist natürlich, denn aus jeder Zelle deines Körpers und

Geistes tritt eine Energie aus, die unterdrückt immer da gewesen ist. Das schüttelt einen durch und lässt einen erzittern – es ist wie bei einem Erdbeben. Deine ganze Seele wird davon erschüttert. Aber lass es zu. Tu nichts. Das ist mein Rat. Singe nicht einmal Mantras. Versuche nicht, irgendetwas damit zu machen, denn alles, was du tun kannst, wird sie wieder unterdrücken. Indem du sie einfach zulässt, einfach da sein lässt, wird sie dich verlassen. Und wenn sie weg ist, wirst du ein völlig veränderter Mensch sein.

Der Wirbelsturm ist vorbei und nun bist du in deiner Mitte; so zentriert, wie du es nie zuvor warst. Und hast du einmal die Kunst erlernt, die Dinge so sein zu lassen, wie sie sind, hast du einen Meisterschlüssel in der Hand, der dir alle inneren Türen öffnet. Dann kannst du, egal was der Fall ist, alles so lassen, wie es ist. Du vermeidest nichts mehr.

Wenn du drei Monate lang in totaler Einsamkeit und Stille sein kannst, wobei du dich gegen nichts wehrst und alles so sein lässt, wie es ist – was immer es ist –, wird innerhalb von drei Monaten das Alte verschwunden sein, und das Neue wird da sein. Aber das Geheimnis besteht darin, es zuzulassen, ganz egal wie viel Angst und Schmerzen es macht, auch wenn es scheinbar gefährlich und wie der Tod ist. Es wird viele Augenblicke geben, in denen du meinst, du wirst wahnsinnig wenn du nichts tust, und du wirst unwillkürlich anfangen etwas zu tun. Du wirst vielleicht wissen, dass man nichts machen kann, aber du wirst keine Kontrolle haben und anfangen etwas zu tun.

Es ist genau so, wie wenn du nachts eine dunkle Straße entlang gehst. Es ist Mitternacht, und du hast Angst, weil keiner auf der Straße ist, und es ist so dunkel und die Straße ist unbekannt – da fängst du an zu pfeifen. Was kann Pfeifen bewirken? Du weißt, es bewirkt nichts. Dann fängst du an ein Lied zu singen. Es kann die Dunkelheit zwar nicht vertreiben und du bleibst allein, aber es lenkt dich ab. Wenn du zu pfeifen anfängst, fühlst du dich schon dadurch ein bisschen sicherer und vergisst die Dunkelheit. Deine Aufmerksamkeit geht ins Pfeifen und schon fühlst du dich besser. Nichts ist geschehen. Die Straße ist dieselbe, die Dunkelheit ist genauso, die Gefahr – wenn es überhaupt eine gibt – ist da, aber du fühlst dich nun mehr beschützt.

Alles ist genau so wie vorher, aber du tust nun etwas. Du kannst also einen Namen wiederholen oder ein Mantra – das ist so ähnlich wie Pfeifen. Es gibt dir wieder Kraft, aber diese Kraft ist gefährlich. Diese Kraft wird wieder zum Problem, denn sie ist dein altes Ego. Du hast es wiederbelebt.

Bleibe Zeuge und lass alles geschehen, was geschieht. Man muss der Angst ins Auge schauen, um sie zu überwinden. Man muss dem Schmerz ins Auge schauen, um darüberzustehen. Und je authentischer diese Begegnung ist, je mehr man den Dingen direkt ins Auge schauen und sie so sehen kann, wie sie sind, desto eher wird es geschehen. Es dauert nur deshalb länger, weil du nicht mit Intensität authentisch bist. Vielleicht brauchst du also drei Tage, vielleicht drei Monate, vielleicht aber auch drei Leben – es hängt von der Intensität ab. Wirklich – selbst drei Minuten können ausreichen, ja, drei Sekunden können ausreichen! Aber dann musst du mit solcher Intensität durch die schlimmste Hölle gehen, dass du vielleicht nicht in der Lage bist es auszuhalten, es zu ertragen. Wenn man allem, was in einem verborgen ist, direkt ins Auge blicken kann, geht es vorbei. Und sobald es fort ist, bist du verändert, da alles, was du nun losgeworden bist, vorher ein Teil von dir war. Nun gehört es nicht mehr zu dir.

Frage also nicht, was zu tun ist. Es ist nicht nötig, irgendetwas zu tun. Was ansteht ist Nicht-Tun, Zeuge sein und mühelos allem ins Auge blicken, was ist, ohne die geringste Anstrengung; einfach alles so sein zu lassen, wie es ist. Bleibe passiv und lass es vorbeiziehen. Es geht immer vorüber. Wenn du etwas tust, machst du es rückgängig, denn dann mischst du dich ein.

Und wer mischt sich da ein? Wer hat Angst? Der Teil, der die Krankheit ist, wird sich einmischen. Genau dasselbe Ego, das man hinter sich lassen will, wird sich einmischen. Wie ich schon oft gesagt habe, gehört das Ego zur Gesellschaft. Du hast die Gesellschaft zwar hinter dir gelassen, aber den Teil, den du von ihr mitbekommen hast, willst du nicht hinter dir lassen. Das Ego ist in der Gesellschaft verwurzelt, kann ohne sie nicht leben. Deshalb musst du es entweder loslassen oder dir eine neue Gesellschaft suchen, wo es leben kann.

Allein zu sein, heißt keine alternative Gesellschaft mehr zu schaffen. Du begibst dich einfach aus der Gesellschaft hinaus, und dann wird sich alles, was sie dir mitgegeben hat, verabschieden. Du wirst es loslassen müssen. Es wird schmerzhaft sein, weil du so sehr daran gewöhnt bist, alles ist dementsprechend arrangiert. Es ist so bequem – man hat sich da angepasst, wo einem alles in den Kram passt. Wenn du dich änderst und allein dastehst, lässt du all diese Bequemlichkeiten und Annehmlichkeiten hinter dir, alles, was dir die Gesellschaft bieten kann. Doch wo dir die Gesellschaft etwas bietet, nimmt sie dir auch etwas weg: deine Freiheit, deine Seele.

Es war also ein Tauschhandel. Doch sobald du versuchst, deine Seele wiederzubekommen, musst du mit diesem Handel aufhören. Es tut weh, aber wenn du es durchstehen kannst, ist das größte Glück zum Greifen nah. Die Gesellschaft ist nicht so schmerzhaft wie Einsamkeit. Die Gesellschaft ist wie ein Beruhigungsmittel, bequem und praktisch, aber sie versetzt dich in eine Art Schlaf. Wenn du dich außerhalb davon stellst, ist es natürlich unbequem. Man bekommt Unannehmlichkeiten aller Art. Man muss sie tragen und dabei verstehen, dass sie zum Alleinsein dazugehören und nötig sind, um sich selbst wiederzugewinnen. Du wirst als ein neuer Mensch daraus hervorgehen, mit einer neuen Ausstrahlung und Würde, mit einer frischen Reinheit und Unschuld.

Ich glaube, positives Denken kann dazu beitragen, dass es einem besser geht. Deshalb habe ich die Einstellung, dass ich nicht an Krebs sterbe, sondern an Krebs lebe. Wenn ich über die Aussicht nachdenke, dass ich bald sterbe, habe ich das Gefühl, ich lade den Tod damit ein. Es fühlt sich gesünder an, sich im Moment auf das Leben zu konzentrieren.

Es herrscht dann ein Gleichgewicht, wenn du nicht wählst, wenn du die Tatsache so siehst, wie sie ist. Das Leben ist keine Frage von entweder/oder. Es gibt nichts zu entscheiden, es ist alles zusammen da.

Durch deine Entscheidung ändert sich nichts. Durch deine Entscheidung verfällst du nur in eine Art Ignoranz. Was du dir aussuchst, ist ein Teil der Realität, und das, was du dir nicht aussuchst, ist ebenfalls ein Teil der Realität. Der ausgeklammerte Teil der Realität bleibt um dich herum hängen und wartet darauf, akzeptiert zu werden. Er kann nicht verschwinden, es ist ausgeschlossen, dass er verschwindet. Wenn du das Leben zu sehr liebst und die Tatsache des Todes nicht sehen willst, bleibt der Tod im Hintergrund wie ein Schatten hängen.

Im Zen heißt es: Sieh beide Teile. Sie sind an einem Stück, sie sind zusammen. Siehst du sie zusammen ohne zu wählen, ohne Vorurteil, dann stehst du darüber. Siehst du sie zusammen, bist du nicht mehr mit dem Leben identifiziert und auch nicht mit dem Tod. Und wenn du nicht mehr identifiziert bist, dann bist du frei, befreit.

Wir wählen einen kleinen Teil der Realität aus und behaupten, das sei das Ganze. Wir wählen das Leben, nehmen das Leben aus seinem grundlegenden Zusammenhang – dem Tod – heraus und sagen: „Das bin ich. Ich bin das Leben." So gerätst du in Schwierigkeiten. In dieser Identifikation sitzt du wie in einem Käfig. Wie wirst du dann mit dem Tod umgehen? Er ist da, er findet in jedem Moment statt, und er wird dich eines Tages erwischen, ohne dass du es merkst.

Wenn diese Identifikation aufhört, wenn du dich mit nichts mehr identifizierst, bleibst du einfach nur ein Zeuge, ohne zu sagen: „Ich bin dies oder jenes." Du bist nur Zeuge. Du siehst das Leben als etwas Vorübergehendes, du siehst den Tod als etwas Vorübergehendes, du siehst Sex als etwas Vorübergehendes, du siehst Frustration, Freude, Erfolg, Misserfolg ... Du schaust dir alles an, bleibst bloßer Betrachter. Du bist von nichts abhängig, stellst nicht den Anspruch: „Das bin ich." Wer bist du ohne diesen Anspruch? Ohne dich selbst in eine Schublade zu stecken oder zu definieren, ohne eine Grenze um dich zu ziehen, bleibst du fließend, einfach nur sehend, und das ist Befreiung. Das ist die große Befreiung.

Nicht identifiziert zu sein ist Freiheit. Identifiziert ist man im Käfig. Wenn du dies durchschaut hast, wenn du diese Transparenz erkennst, bist du etwas Transzendentes – ein Zeuge. Dieser Zeuge wird nie geboren und stirbt nie. Tod und Leben kommen ins Blickfeld dieses Zeugen, doch der Zeuge selbst ist ewig. Er war da, bevor du geboren wurdest, und wird da sein, wenn du nicht mehr bist. Du bist Millionen Mal auf die Welt gekommen und wirst vielleicht wiederkommen – und doch bist du nie gekommen. Die Welt erscheint in dir, wie eine Reflexion in einem Spiegel erscheint. Dieses spiegelgleiche Dasein meine ich, wenn ich vom Zeuge-Sein spreche. Ein Spiegel bleibt frei von allen Eindrücken. Er spiegelt alles wider, aber er sammelt keine Eindrücke. Das ist der Zustand von Bewusstheit. Nur darum geht es bei der Meditation. Beobachte, schaue, sei wach, aber wähle nicht.

Im Leben sind wir verhaftet, sammeln Staub an. Der Tod nimmt alle Verhaftungen und allen Staub weg. Kannst du das einsehen, wirst du dem Tod sogar sehr dankbar sein.

Was du selbst nicht tun kannst, tut der Tod für dich. Deshalb gibt es für diejenigen, die es verstanden haben, keinen Tod mehr. Dann ist der Tod nicht mehr nötig. Wenn ein Mensch sein Bewusstsein durch Meditation reinigen kann, wird er niemals sterben. Ich sage nicht, dass er körperlich nicht sterben wird, das ist etwas Natürliches. Aber er wird dem Tod niemals begegnen. Der Tod kommt nur für den Staub, der sich auf dem Spiegel angesammelt hat. Der Spiegel stirbt niemals, der Spiegel selbst ist das Unsterbliche. Zeuge sein ist ein unsterblicher Prozess, er geht ewig weiter. Die Reise geht weiter, die Kleider des Wanderers zerreißen und verrotten, sie müssen ausgewechselt werden. Der Wanderer zieht weiter. Auf seinem Körper sammelt sich Staub an und er muss ein Bad nehmen. Meinst du jedoch, du selbst seiest der Staub, fällt es dir nicht ein zu baden. Der Tod ist ein großartiger Freund. Er nimmt dir eine Last ab. Er nimmt dir alles ab, was du angesammelt hast. Wenn ihm diese Entlastung bereitwillig erlaubt wird, wird der Tod zum *Samadhi*, zu einem Zustand tiefer Meditation. Wenn du ihn nicht bereitwillig zulassen kannst, ist er schmerzhaft. Versuche, es zu begreifen: Derselbe Vorgang kann tiefster Schmerz oder höchste Freude sein. Es hängt von deiner Interpretation ab, wie du die Dinge betrachtest, wie tief du in eine bestimmte Erfahrung eindringen kannst, wie tief du dich darauf einlassen kannst.

Wenn du festhalten und besitzen willst, wird der Tod sehr schmerzhaft und qualvoll sein. Du wirst leiden. Du wirst nicht wegen des Todes leiden, sondern weil du festhalten willst, weil du besitzen willst, weil du verhaftet bist, gierig bist und vieles mehr. Aber wenn du nicht dazu neigst festzuhalten und Besitzen nicht wichtig für dich ist, wenn du nicht gierig, egoistisch und auch nicht aggressiv bist, ist plötzlich die Art deines Todes völlig verändert. Er kommt wie eine frische Brise von Gott. Er kommt und reinigt dich. Er bringt dir die große Ruhe, die du so sehr brauchst. Er wäscht dich rein. Er nimmt dich mit zur ewigen Quelle, aus der du wieder auftauchen wirst. Gehst du bereitwillig mit, wirst du in einer besseren Form wiederkommen, da du von der letzten Form etwas gelernt hast. Wenn du nicht gehen willst, auch dann wird der Tod dich mitnehmen, dich in den Ofen werfen und verbrennen – gegen deinen Willen. Dann wirst du in derselben Form wiederkommen müssen, weil du nichts gelernt hast.

Der Tod bringt uns eine große Lektion – eine sehr viel größere als das Leben. Und der Tod bietet eine sehr intensive Möglichkeit, zu verstehen. Denn das Leben dehnt sich über einen großen Zeitraum aus, aber der Tod birgt in kürzester Zeit ein ungeheures Potenzial. In einem einzigen Moment schüttelt er dich. Wenn du nicht wach bist, wirst du diesen Moment verpassen. Wenn du aber wach bist, wird genau dieser Moment das Tor zur Ewigkeit.

Ich versuche, mich mit der Angst anzufreunden, die ständig bei mir ist. Mache ich es richtig?

Mit Dunkelheit, mit Angst muss man sich nicht anfreunden. Man muss sich davon befreien. Man muss sich für immer von ihnen verabschieden. Du hängst an der Angst; wenn du dich mit ihr anfreundest, hängst du noch mehr an ihr. Glaube nicht, dass dadurch, dass du dich mit der Angst anfreundest, du eher bereit sein wirst, nach innen zu gehen. Auch die freundliche Angst wird dich daran hindern, sie wird dich sogar noch besser daran hindern. Sie wird dich ganz freundlich daran hindern und dir raten: „Lass das lieber sein. Innen ist nichts. Du wirst nur ins Nichts fallen und von dort kannst du nie wieder zurückkommen. Hüte dich davor, nach innen zu fallen. Halte lieber an äußeren Dingen fest."

Angst muss verstanden werden – ihr Freund brauchst du nicht zu sein –, dann verschwindet sie. Wovor hast du Angst? Als du geboren wurdest, warst du nackt. Du hattest auch noch kein Bankkonto, aber Angst hattest du nicht. Du kommst vollkommen nackt auf die Welt, aber du ziehst in sie ein wie ein König. Nicht einmal ein König kann so in der Welt auftreten, wie ein Kind auf die Welt kommt. Dasselbe gilt für die Reise nach innen. Es ist eine zweite Geburt. Du wirst wieder zum Kind – mit der gleichen Unschuld, der gleichen Nacktheit und ohne etwas besitzen zu wollen. Wovor musst du Angst haben?

Im Leben kannst du keine Angst vor der Geburt haben. Sie ist bereits geschehen, jetzt kann man nichts mehr daran ändern. Vor dem Leben kannst du keine Angst haben, es geschieht bereits. Vor dem Tod kannst du keine Angst haben, du kannst machen, was du willst – er wird geschehen. Wozu also Angst haben?

Ich bin oft gefragt worden – sogar von sehr gebildeten Menschen: „Machst du dir nie Sorgen, was nach dem Tod kommt?" Ich habe mich immer gewundert, wie gebildete Menschen so etwas fragen können. Ich antwortete: „Eines Tages wurde ich geboren und machte mir keine Sorgen. Ich habe mich niemals auch nur einen Moment gefragt, was passierte, als ich noch nicht geboren war, welche Schwierigkeiten und Ängste ich zu überwinden hatte. Ich war einfach nicht! Und dasselbe wird der Fall sein, wenn man stirbt. Du stirbst."

Konfuzius wurde von seinem bedeutendsten Schüler Menzius gefragt: „Was wird nach dem Tod geschehen?" Konfuzius antwortete: „Verschwende damit nicht deine Zeit. Wenn du im Grab bist, lege dich hin und denke darüber nach. Aber warum soll man sich jetzt Gedanken machen?"

So viele Menschen liegen in ihren Gräbern und denken! Man müsste meinen, sie hätten keine Probleme. Auf allen Friedhöfen – und es gibt Millionen davon! – liegen sie einfach herum. Sie stehen nicht einmal auf, um zu fragen: „Was ist eigentlich los? Was gibt es Neues?" Sie sind so entspannt. Wenn jemand stirbt, schließen ihm die anderen vor lauter Angst die Augen: „Der Arme sieht sonst sein Grab!" Es macht einem Angst, dass vielleicht Tausende in ihren Gräbern liegen und gucken. Lieber schließt man ihnen die Augen.

Ich hatte eine entfernte Tante, die einzigartig war, denn sie schlief mit einem geöffneten Auge. Sie musste es tun, da es ein falsches Auge war. Aber immer, wenn sie zu unserer Familie kam, erschreckte ich die Leute damit. Wenn sie eingeschlafen war, holte ich die Leute an ihr Bett und sagte: „Seht ihr, was passiert? Obwohl sie schläft, schaut sie mit einem Auge zu."

Den Toten versucht man die Augen zu schließen, aber glaub ja nicht, dass du es kannst. Sie werden die Augen wieder aufmachen, sich umschauen und fragen: „Was ist los?"

Die Angst, was geschehen wird, wenn du stirbst, ist unnötig. Was immer geschehen wird, wird geschehen, und man kann ohnehin im Voraus nichts tun. Du weißt es nicht, also brauchst du auch keine Hausaufgaben dafür zu machen, brauchst dich nicht auf irgendwelche Fragen vorzubereiten, die man dir stellen wird, oder auf irgendwelche Leute, die du triffst, musst nicht ihre Bräuche und Sprache lernen. Wir wissen nichts. Es ist unnötig, sich Sorgen zu machen. Verschwendet eure Zeit nicht damit.

Aber es ist Angst da – Angst, dass nach dem Tod etwas passiert und dass du dabei allein bist. Wenn du aus deinem Grab rufst, hört dich keiner. Man schließt die Gräber fest zu, nur aus Angst. Wenn man ein Fenster offen lässt, und die Toten plötzlich von dort nach draußen schauen, jagen sie allen einen Schrecken ein. Angst ist unnötig, du brauchst nur ein bisschen Intelligenz; keine Freundschaft mit der Angst, sondern Intelligenz, das Herz eines Abenteurers, den Mut derer, die es wagen, ins Unbekannte zu gehen. Sie sind gesegnet, weil sie den Sinn und die Bedeutung des Lebens finden.

Ein Franzose, ein Jude und ein Pole werden zu jeweils dreißig Jahren Gefängnis verurteilt. Jeder der Gefangenen darf einen Wunsch äußern, der ihm vom Gefängnisdirektor gewährt wird.

„Eine Frau“, sagt der Franzose.

„Ein Telefon“, sagt der Jude.

„Eine Zigarette“, sagt der Pole.

Dreißig Jahre später kommt der Franzose mit der Frau und zehn Kindern wieder raus.

Der Jude schlendert mit einer Bankanweisung über zehntausend Dollar nach draußen, die er in der Zeit verdient hat.

Der Pole kommt raus und fragt: „Hat jemand Feuer?“

Sei bitte kein Pole! Dreißig Jahre hält er die Zigarette und wartet, bis die Tür aufgeht und ihm jemand Feuer gibt. Das Wichtigste, was man braucht, ist ein bisschen Intelligenz, ein bisschen Humor und ein bisschen Liebe im Herzen. Viel ist es nicht, was man braucht, um nach innen zu gehen und sein eigenes Sein zu finden. Nur ernste Leute bleiben draußen stehen und machen lange Gesichter.

Paddy kommt aus der Kneipe getorkelt und stolpert direkt in die Arme von Pater Murphy, dem Dorfpriester.

„Patrick“, sagt der Pater, „es gefällt mir gar nicht, dass du aus der Kneipe kommst.“

„Na gut“, meint Paddy, „dann geh ich eben wieder rein!“

Mit ein bisschen Humor, Lachen und kindlicher Unschuld … Was hast du schon zu verlieren? Wovor hast du Angst? Wir haben nichts in der Hand. Wir sind ohne irgendetwas gekommen und wir werden ohne irgendetwas gehen. Bevor es geschieht, geh auf ein kleines Abenteuer nach innen, um nachzuschauen, wer dieser Kerl ist, der sich hinter der Kleidung im Skelett versteckt. Wer ist das, der geboren wird, aufwächst, sich verliebt und eines Tages wieder stirbt? Und keiner weiß, wohin er geht.

Man braucht ein bisschen Neugierde, um sein eigenes Wesen zu erforschen. Es ist ganz natürlich und man braucht keine Angst zu haben.

Wenn der Moment kommt, lässt das Blatt seinen zarten Halt los und nimmt sein Sterben mit innerer Anmut hin. Ist das der Moment, in dem sich der Weg für das Leben öffnet, um den Liebsten zu umarmen, noch bevor das Blatt den Boden berührt?

Ja, das ist das Geheimnis sowohl des Lebens als auch des Todes, das Geheimnis der Geheimnisse: Wie kannst du die Existenz völlig ungehindert durch dich hindurchfließen lassen? Wie kannst du in einem Zustand ohne jeglichen Widerstand sein? Buddha nennt diese Zustand *Tathata* – Sosein.

Du sagst: *„Wenn der Moment kommt, lässt das Blatt seinen zarten Halt los und nimmt sein Sterben mit innerer Anmut hin."* Genau so muss man lernen zu sterben. Und dein Halt sollte zart sein, sonst ist es zu schwer, loszulassen. Dein Halt darf fast kein Halt sein. Dein Halt darf kein Festhalten sein. Nur diejenigen halten fest, die das Wechselspiel der Polaritäten in der Existenz nicht verstehen, und ihr Festhalten zerstört alles. Sie müssen sterben, aber ihr Tod wird keine Anmut haben. Sie müssen sterben wie alle anderen, doch ihr Tod wird zur Agonie.

Das Wort „Agonie" kommt von *agon*, das heißt Kampf. Agonie bedeutet Kampf. Sie sterben kämpfend. Der ganze Kampf ist eine so sinnlose Anstrengung. Sie können ihn nicht gewinnen, aber sie versuchen es trotzdem. Millionen von Menschen haben es ohne Erfolg versucht. Trotzdem sind wir so töricht und versuchen es immer wieder. Wir hoffen immer noch: „Vielleicht bin ich ja eine Ausnahme, vielleicht schaffe ich es ja irgendwie."

Es hat noch nie jemand geschafft, nicht, weil er sich nicht genug angestrengt hätte oder weil er es nicht richtig versucht hätte, sondern weil es ausgeschlossen ist; es liegt in der Natur der Sache. Man hat alles getan, was man tun kann, nichts ist unversucht geblieben, aber der Tod kommt in jedem Fall. Eigentlich ist er schon bei der Geburt gekommen. Geboren zu werden ist ein Pol und darin ist der andere Pol schon enthalten. Lass deinen Halt zart sein, so zart, dass er jeden Moment losgelassen werden kann. Dann wird es keinen Kampf geben, wenn man loslässt, keinen Moment der Verzögerung. Denn selbst ein Moment des Zögerns, des Hinhaltens kann ausreichen, um den entscheidenden Moment zu verpassen, um seine Anmut zu versäumen.

Meine Arbeit besteht darin, euch beizubringen, wie man lebt und wie man stirbt, wie man fröhlich ist und wie man traurig ist, wie man seine Jugend und sein Alter genießt, wie man seine Gesundheit genießt und wie man seine Krankheit genießt. Wenn ich euch nur lehren würde, Gesundheit, Freude und das Leben zu genießen, und die andere Seite vernachlässigen würde, dann würde ich etwas lehren, das in euch eine Teilung, eine Spaltung hervorrufen würde.

Ich lehre euch die Totalität der Existenz. Besitzt nichts, behaltet nichts und haltet euch an nichts fest. Lasst die Dinge kommen und gehen. Lass alles durch dich hindurchgehen, und bleibe immer verletzlich, immer bereit. Dann ist große Schönheit da, große Anmut, große Ekstase. Deine Traurigkeit wird dir ebenso Tiefe bringen wie deine Freude. Dein Tod wird dir ebenso große Geschenke machen wie das Leben selbst. Dann weiß ein Mensch, dass ihm die ganze Existenz gehört: Tag und Nacht, Sommer und Winter – alles gehört ihm.

Indem man verletzlich, offen und entspannt bleibt, wird man zum Meister. Das ist eine merkwürdige Sache, die paradox erscheint: Indem ihr euch der Existenz hingebt, werdet ihr siegreich sein.

Diese Momente werden immer wieder kommen. Ich bemühe mich hier darum, euch mehr und mehr solche Momente erleben zu lassen, diese durchdringenden Momente. Ihr wärt dumm, wenn ihr immer wieder dieselben Strategien und Denkmuster wiederholen würdet.

Lernt auf neue Art zu sein. Das Größte, was man lernen kann, ist, an nichts festzuhalten: nicht an deiner Liebe, nicht an deiner Freude, nicht an deinem Körper oder an deiner Gesundheit. Genieße alles – deine Gesundheit, deinen Körper, deine Liebe, deine Frau oder deinen Mann – aber halte nicht daran fest. Halte deine Hände offen, mache keine Faust. Mit einer Faust verschließt du dich und bist nicht offen für den Wind, den Regen, die Sonne und den Mond, nicht offen für die Existenz. Das ist eine schreckliche Art zu leben. Es ist wie in einem Grab. Dann hat deine Existenz keine Fenster. Innerlich bist du am Ersticken und du erstickst, weil du meinst, du würdest Sicherheit für dich selbst schaffen.

Ich habe eine alte Sufi-Geschichte gehört:

Ein König hatte große Angst vor dem Tod – wie jeder Mensch. Je mehr man besitzt, desto mehr Angst hat man natürlich. Ein armer Mann hat nicht so viel Angst vor dem Tod. Was hat er schon zu verlieren. Was hat ihm das Leben gegeben? Er ist unbesorgt.

Deshalb sieht man in armen Ländern immer wieder eine große Gleichgültigkeit gegenüber dem Tod, der Armut und dem Hunger. Es liegt daran, dass die Menschen so lange in Armut gelebt haben, dass sie sich keine Sorgen mehr über den Tod machen. Der Tod kommt zu ihnen als Erleichterung – Erleichterung von allem Unglück und allen Ängsten, Erleichterung vom Hunger, dem Leiden, der Armut.

Menschen aus reicheren Ländern, die sie sehen, denken: „Warum sind die Leute so indifferent gegenüber dem Tod?" Der Grund ist einfach: Es gibt nichts festzuhalten. Ihr Leben hat ihnen nichts gegeben. Ihr Leben ist so arm, dass ihnen der Tod nichts wegnehmen kann. Er kann sie nicht mehr ärmer machen als sie schon sind. Aber je mehr du hast, desto mehr Angst hast du vor dem Tod. Je reicher eine Gesellschaft ist, desto größer ist die Angst vor dem Tod.

In armen Gesellschaften ist der Sex tabu und in reicheren Gesellschaften ist der Tod tabu. Daran erkennt man, ob eine Gesellschaft arm oder reich ist; man braucht nur zu schauen, was für sie tabu ist. Wenn die Leute sehr gegen Sex sind, sogar Angst haben darüber zu reden, sind sie arm. Wenn sie sehr gegen den Tod sind und Angst haben, über den Tod zu sprechen, heißt es einfach, dass sie reich sind. Deshalb sind Begegnungen zwischen armen und reichen Ländern oft so schwierig: Ihre Tabus prallen aufeinander.

Der König hatte also große Angst. Natürlich, er hatte so viel und der Tod würde ihm alles wegnehmen. Und er hatte sein ganzes Leben damit verbracht, sich zu bereichern. Wie sollte er sich schützen? Da er seinen Reichtum auf Kosten anderer angehäuft hatte, hatte er viele Feinde, die nur auf eine Gelegenheit warteten, ihm den Kopf einzuschlagen oder ihn umzubringen.

Er ließ sich von den Alten und Weisen des Landes beraten. Sie rieten ihm, ein Schloss mit nur einer Tür zu bauen, ohne Fenster, ohne Türen, außer einer, durch die er hinein- und hinausgehen könnte. Dann würde er sicher sein. Und vor diese Tür könne er eine Tausendschaft Soldaten zu seiner Sicherheit aufstellen, sodass niemand eindringen könne. Dieser Vorschlag gefiel ihm. Er baute sich ein großes Schloss ohne Fenster und Türen, abgesehen von einer, die von eintausend Kriegern bewacht wurde.

Der König des Nachbarreiches, mit dem er befreundet war, hatte ebenfalls Angst vor dem Tod. Er hörte von dem neuen Schloss und kam es besichtigen. Er war sehr beeindruckt. Er sagte: „Ich werde sofort mit der Arbeit anfangen und mir auch so ein Schloss bauen. Es ist so gut gesichert und geschützt!"

Bei seiner Abreise – der König war aus dem Schloss herausgekommen, um ihn zu verabschieden – lobte der Freund noch einmal das Schloss. Während er noch davon schwärmte, begann ein Bettler, der am Straßenrand saß, plötzlich laut zu lachen. Beide Könige waren schockiert und wiesen ihn zurecht: „Warum lachst du? Bist du verrückt geworden? Weißt du nicht, wie man sich in der Gegenwart von Königen zu benehmen hat?"

Der Bettler sagte: „Verzeihung, ich konnte mich nicht beherrschen. Aber ich war selbst einmal König. Erlaubt mir euch zu erklären, warum ich lache. Ich habe zugesehen, wie dieses Schloss hier gebaut wurde, denn ich sitze immer hier an der Straße und bettle. Aber ich habe mich gewundert. Ich sage euch, es ist nur ein Fehler, ein Irrtum begangen worden, der wird sich aber als fatal erweisen."

Der König sagte: „Was ist das für ein Fehler? Sag es uns! Wir werden ihn korrigieren." Der König war bereit auf den Bettler zu hören, nicht nur das, sondern auch jeden Fehler zu korrigieren.

Der Bettler sagte: „Tu eines: Geh hinein und sage deinen Leuten, sie sollen auch diese Tür schließen, und zwar für immer, denn diese Tür wird sich als sehr gefährlich erweisen. Durch sie wird der Tod hereinkommen. Diese tausend Krieger können den Tod nicht daran hindern. Sie sind nicht in der Lage ihn zu sehen. Verschließe also diese Tür ganz und gar. Mache eine Mauer an ihrer Stelle und bleibe im Schloss. Dann bist du auf ewig sicher. Niemand kann dich umbringen, nicht einmal der Tod kommt hinein." Der König antwortete: „Das hieße ja, dass ich schon tot wäre! Wenn ich nicht herauskommen kann, wozu lebe ich dann?"

Der Bettler sagte: „Deshalb lache ich ja: Du bist schon zu neunundneunzig Prozent tot. Nur eine Tür ist übrig geblieben, nur so wenig bist du noch lebendig."

Je sicherer du bist, desto mehr bist du bereits tot. Und das ist kein schöner Tod, nicht anmutig wie der Tod des Blattes, wie der des Blütenblattes einer Rose, das zu Boden fällt und zu seinem Ursprung zurückkehrt. Es ist ein hässlicher Tod, eine Erfindung des Menschen. Ein natürlicher Tod ist schön, nur der Mensch hat ihn hässlich gemacht. Der Mensch hat so vieles hässlich gemacht, alles, was er in die Finger bekommt, wird hässlich. Selbst Gold wird zu Staub, wenn er es berührt.

Lass dich von diesem Verständnis so tief wie möglich durchdringen. Lass es zu deinem innersten Kern vordringen und zu einer tiefen Einsicht werden. Ja, es ist so: Sei nicht besitzergreifend, halte nicht zu sehr fest. Bleibe entspannt, ohne besitzen zu wollen. Solange etwas da ist, genieße es. Wenn es verschwindet, lass es mit Dankbarkeit verschwinden – Dankbarkeit für alles, was du bekommen hast, ohne Groll, ohne Klagen. So wirst du die höchste Freude erfahren – im Leben ebenso wie im Tod, im Licht ebenso wie in der Dunkelheit, im Sein ebenso wie im Nicht-Sein.

Ich habe das Gefühl, dass ich alle meine Gefühle ausgelebt habe und jetzt nur noch Leere da ist.

Leere wird zur Fülle, wenn du sie annimmst, wenn du sie willkommen heißt und sie mit Ehrfurcht empfängst. Wenn du sie nicht auf diese Weise empfängst, wenn du dich ein wenig davor fürchtest, Angst davor hast, bleibt sie leer. Sie bleibt negativ. Negatives in Positives zu verwandeln – das ist die Alchemie, die Verwandlung der unedlen

Metalle in Gold. Leere ist ein unedles Metall. Sie hat als solche keinen großen Wert, sie ist einfach nur leer. Wenn du sie aber mit Liebe und großem Respekt willkommen heißt, wenn du sie umarmst, ändert sich plötzlich ihre Beschaffenheit. Dadurch, dass du sie annimmst, wird sie zur positiven Leere. Dann ist sie nicht mehr leer, sie ist voll von sich selbst. Sie hat eine gewisse Fülle, sie ist überfließend. Und dann ist sie göttlich.

Du musst dich also immer wieder in die Leere begeben. Und sie wird immer wieder kommen. Sie wird an dir hängen bleiben, sie wird an deine Türen klopfen. Also empfange sie, sie ist ein Gast. Liebe sie. Es gibt nichts Wertvolleres als sie. Wenn du sie in Fülle verwandeln kannst, dann gibt es nichts mehr zu tun. Aber normalerweise lässt man sie nie richtig zu. Bei jedem kommt sie manchmal, aber man vermeidet sie, weil man Angst vor ihr hat. Man wehrt sich mit allen Mitteln dagegen. Man hält sich zurück und hat sich unter Kontrolle.

Merke dir: Kontrolle solltest du jetzt vermeiden. Kontrolle schafft einen Konflikt. Die Leere und du stehen sich feindlich gegenüber, so kommt es zum Konflikt. In diesem Konflikt wird viel Energie unnötig verschwendet – wertvolle, kostbare Energie.

Es ist eine großartige Chance, die an deine Tür klopft. Wenn du Angst davor hast – du machst die Tür zu, schließt ab und verkriechst dich irgendwo drinnen unter dem Bett –, wirst du sie verpassen. Sie wird vielleicht nicht wieder anklopfen. Vielleicht klopft sie erst nach vielen Jahren oder vielen Leben wieder an. Man weiß nie! Im Moment bist du sehr nahe an etwas dran, was sich als Transformation erweisen kann. Du kannst es verpassen und zwar dann, wenn du bei deiner Angst bleibst. Aus Angst beginnt man zu kontrollieren und mit der Kontrolle entsteht ein innerer Kampf.

Man muss die Leere lieben. Die Leere sollte zu deiner Geliebten werden. Du musst dich selbst darin verlieren und sie muss sich in dir verlieren. Lass eine tiefe Vereinigung mit der Leere stattfinden, mache sie zu deiner Liebesaffäre. Bald wirst du sehen, dass die Leere nicht länger leer ist – sie ist voll! Sie ist die vollkommenste Erfahrung, die für das menschliche Bewusstsein möglich ist.

4. Techniken für den Umgang mit Schmerzen

Nimm den Schmerz so an, wie er ist

Versuche das Wort „Sosein“ zu verstehen, ein Wort, das von Buddha sehr häufig gebraucht wurde. In Buddhas Sprache heißt das Wort *Tathata*. Die ganze buddhistische Meditation besteht darin, diesem Wort Leben zu geben, mit diesem Wort zu leben, mit solcher Tiefe, dass das Wort verschwindet und du einfach „so bist“.

Du bist zum Beispiel krank. Mit der Einstellung von „Sosein“ akzeptierst du es und sagst dir: „So ist es mit dem Körper“ oder „So ist es nun einmal.“ Beginne nicht zu kämpfen, wehre dich nicht dagegen. Sobald du es akzeptierst, dich nicht beklagst und dich nicht dagegen wehrst, wird deine Energie innerlich zu einer Einheit. Eine Kluft ist überbrückt. Und dadurch, dass kein Konflikt da ist, wird viel Energie freigesetzt. Diese Freisetzung von Energie wird selbst zur heilenden Kraft.

Etwas ist nicht in Ordnung mit deinem Körper. Entspanne dich und akzeptiere es. Sage einfach zu dir selbst, nicht nur mit Worten, sondern spüre es ganz tief in dir, dass so die Natur der Dinge ist. Ein Körper ist aus so vielen verschiedenen Komponenten zusammengesetzt. Der Körper wird geboren und von da an ist er anfällig für den Tod. Er ist ein sehr komplizierter Mechanismus, also besteht jede Möglichkeit, dass das eine oder andere einmal aussetzt.

Akzeptiere es und sei nicht damit identifiziert. Wenn man etwas akzeptiert, steht man darüber, bleibt jenseits davon. Wenn man gegen etwas ankämpft, begibt man sich auf dieselbe Ebene.

Akzeptieren bedeutet Transzendenz. Wenn du akzeptierst, ist es, als stündest du auf einem Berg, während dein Körper zurückbleibt. Du sagst: „Ja, so ist die Natur. Dinge, die geboren werden, müssen auch sterben; und wenn das, was geboren wird, sterben muss, wird es auch manchmal krank. Nichts, worüber man sich zu viele Sorgen machen muss." Als ob es nicht dir passiert, sondern einfach in der Welt der Dinge geschieht.

Das ist das Schöne daran, wenn du dich nicht wehrst: Du transzendierst es. Du bist nicht mehr auf derselben Ebene. Diese Transzendenz wird zur heilenden Kraft. Plötzlich beginnt der Körper, sich zu verändern. Die Welt der Dinge ist immer im Fluss, in ihr gibt es nichts, was von Dauer ist. Erwarte es nicht! Wenn du in einer Welt, in der alles vergänglich ist, erwartest, dass etwas dauerhaft sein soll, erschaffst du deine eigenen Sorgen.

Nichts auf dieser Welt kann ewig sein, alles, was zu dieser Welt gehört, ist vergänglich. Das ist die Natur der Dinge – Sosein.

Wenn du es nur widerwillig akzeptierst, wirst du immer Schmerzen haben und leiden. Wenn du es ohne Klagen akzeptierst, nicht hilflos sondern verständnisvoll, dann wird es Sosein. Dann machst du dir keine Sorgen mehr, dann hast du kein Problem. Das Problem hattest du nicht wegen der Tatsache selbst, sondern weil du sie nicht so akzeptieren konntest, wie sie nun einmal ist. Du wolltest, dass sie sich nach dir richtet.

Vergiss nicht: Das Leben wird dir nicht folgen, sondern du musst dem Leben folgen. Widerwillig oder glücklich – du hast die Wahl. Folgst du ihm widerwillig, wirst du leiden. Folgst du ihm glücklich, wirst du zum Buddha, und dein Leben wird ekstatisch.

Geh in den Schmerz hinein

Wenn du das nächste Mal Kopfschmerzen hast, probiere eine kleine Meditationstechnik aus, nur als Experiment. Dann kannst du es auch bei einer schwereren Erkrankung und schlimmeren Symptomen so machen.

Setz dich still hin und beobachte den Schmerz, schau in den Schmerz hinein, und zwar nicht so, als würdest du einen Feind ansehen, nein. Wenn du ihn als Feind betrachtest, bist du nicht in der Lage, richtig hinzuschauen, sondern vermeidest ihn. Niemand schaut einen Feind direkt an. Man vermeidet es, neigt dazu, nicht hinzuschauen. Schau ihn wie deinen Freund an. Er ist dein Freund, er will dir einen Dienst erweisen. Er sagt: „Es stimmt etwas nicht. Bitte schau hin." Setze dich also still hin und schau den Kopfschmerz an, ohne einen Gedanken, etwas dagegen zu tun, ohne den Wunsch, dass er verschwinden soll, ohne Konflikt, ohne Kampf, ohne Antagonismus. Schau einfach genau hin, was es ist.

Pass genau auf: Wenn eine innere Botschaft da ist, kann der Kopfschmerz sie dir geben. Er hat eine verschlüsselte Botschaft. Und wenn du still hinschaust, wirst du erstaunt sein. Wenn du still hinschaust, werden drei Dinge geschehen.

Erstens: Je intensiver du hinschaust, desto stärker wird er. Dann wirst du dich ein bisschen wundern: „Wie soll das helfen, wenn es noch schlimmer wird?" Er wird schlimmer, weil du ihn vermieden hast. Du hattest ihn bereits verdrängt, sogar ohne Aspirin hast du ihn unterdrückt. Wenn du hinschaust, verschwindet die Verdrängung. Der Kopfschmerz kommt zu seiner natürlichen Stärke. Dann hörst du ihn mit unverstopftem Gehör, ohne Watte in den Ohren. Er wird richtig heftig.

Das Zweite wird sein, dass du ihn genauer lokalisieren kannst, er breitet sich nicht mehr über einen größeren Bereich aus. Zuerst dachtest du: „Mir tut mein ganzer Kopf weh." Jetzt siehst du, dass es nicht der ganze Kopf ist, sondern nur eine kleine Stelle. Das ist auch ein Zeichen, dass du tiefer hineinschaust. Das Gefühl, dass der Schmerz überall ist, ist ein Trick. Damit vermeidet man ihn. Wenn er an einem Punkt ist, wird er stärker, deshalb schaffst du die Illusion, dass es der ganze Kopf ist, der wehtut. Über den ganzen Kopf ausgebreitet ist er nicht so intensiv wie an einem Punkt. Das sind die Tricks, mit denen wir uns selber etwas vormachen. Schau genau hin und bemerke nun, dass er räumlich immer kleiner wird. Dann kommt ein Moment, wo er genau wie eine Nadelspitze ist – sehr stechend, ungeheuer stark und schmerzhaft. Vielleicht hast du noch nie so einen Schmerz im Kopf gehabt, aber er ist ganz auf einen winzigen Punkt beschränkt. Schau ihn weiter an.

Dann geschieht das Dritte und Wichtigste: Wenn du weiter dorthin schaust, wo er sehr stark, begrenzt und auf einen Punkt konzentriert ist, wirst du mehrmals feststellen, dass er verschwindet. Wenn du vollkommen aufmerksam hinschaust, geht er weg. Und sobald er verschwindet, bekommst du eine Ahnung, woher er gekommen ist, was die Ursache dafür ist. Wenn die Wirkung verschwindet, wirst du die Ursache erkennen.

Das wird mehrmals geschehen: Wieder ist er da. Dein Blick ist nicht mehr so wach, so konzentriert, so aufmerksam, dann kommt er zurück. Jedes Mal wenn dein Blick wirklich ganz da ist, wird er verschwinden. Und wenn er verschwindet, zeigt sich dahinter die Ursache. Und du wirst erstaunt sein, dass dein Verstand nun bereit ist zu enthüllen, was die Ursache war.

Werde zum Schmerz

Leiden heißt Widerstand. Man wehrt sich gegen etwas. Nur dann leidet man. Probiere es aus. Es wird nicht so leicht sein, dich gleich kreuzigen zu lassen, aber es gibt alltägliche Kreuzigungen, kleine Kreuzigungen. Sie reichen auch aus.

Du hast Schmerzen im Bein oder du hast Kopfweh. Vielleicht hast du den Mechanismus noch nicht beobachtet, dass du, wenn du Kopfweh hast, ständig dagegen ankämpfst und dich wehrst. Du willst es nicht. Du bist dagegen, du bist gespalten: Du stehst irgendwo in deinem Kopf und da ist das Kopfweh. Du und das Kopfweh sind getrennt und du möchtest unbedingt, dass es nicht da ist. Das ist das eigentliche Problem. Versuche einmal, nicht zu kämpfen. Fließe mit dem Kopfweh und werde zum Kopfweh. Sage dir: „Das ist jetzt so. So fühlt sich mein Kopf im Moment und es ist jetzt nichts anderes möglich. Vielleicht ist es in der Zukunft irgendwann vorbei, aber im

Moment ist es da.“ Wehre dich nicht dagegen. Lass es geschehen und werde eins damit. Stelle dich nicht getrennt davon hin, sondern fließe hinein. Dann wird plötzlich eine neue Art von Glücksgefühl in dir aufwallen, wie du es bisher noch nicht kanntest.

Wenn niemand da ist, der Widerstand leistet, tut sogar das Kopfweh nicht mehr weh. Der Kampf verursacht den Schmerz. Schmerz bedeutet immer Kampf gegen den Schmerz – das ist der eigentliche Schmerz. Probiere es aus, wenn du Kopfweh hast, probiere es aus, wenn dein Körper krank ist oder wenn du irgendwo Schmerzen hast. Fließe einfach mit dem Schmerz. Dann wirst du einmal, wenn du es zulassen kannst, einem der tiefsten Geheimnisse des Lebens begegnen: dass Schmerz verschwindet, wenn du damit fließt. Und wenn du total fließen kannst, wird Schmerz zum Glücksgefühl.

Du hast Schmerzen. Was geschieht wirklich in dir? Analysiere die Sache ganz genau: Der Schmerz ist da und es ist das Bewusstsein da, dass Schmerz da ist. Aber dazwischen ist nichts, nur das Gefühl: „Ich habe Schmerzen.“ Und nicht nur das, früher oder später beginnt man zu spüren: „Ich bin der Schmerz.“ „Ich habe Schmerzen, ich bin der Schmerz, ich bin mir der Schmerzen bewusst.“

Das sind drei verschiedene, ganz verschiedene Zustände. Das Bewusstsein geht über den Schmerz hinaus: Du bist etwas anderes als der Schmerz, bist völlig von ihm getrennt. Eigentlich bestand nie eine Beziehung dazu, die Beziehung kommt nur durch die Nähe zustande, wegen der nahen Beziehung, die dein Bewusstsein mit allem hat, was um es herum geschieht.

Das Bewusstsein ist so nahe am Schmerz, wenn du Schmerzen hast. Es ist genau daneben, sehr nahe. Das muss so sein, sonst kann der Schmerz nicht geheilt werden. Es muss so nah dran sein, damit du den Schmerz fühlst, von ihm weißt und dir seiner bewusst wirst. Doch wegen dieser Nähe identifizierst du dich damit, wirst eins damit. Das ist wiederum eine Sicherheitsmaßnahme, eine natürliche Sicherheitsvorkehrung. Wenn Schmerz da ist, musst du nahe dran sein, wenn Schmerz da ist, muss dein Bewusstsein eiligst dorthin gehen, um ihn zu fühlen und um etwas damit zu machen.

Doch wegen dieser Notwendigkeit findet auch der nächste Schritt statt: So nahe wirst du eins damit, so nahe bekommst du das Gefühl: „Das bin ich – dieser Schmerz." Oder auch: „Das bin ich – diese Freude." Durch die Nähe entsteht Identifikation, du wirst Wut, du wirst Liebe, du wirst der Schmerz, du wirst Glück.

Du bist nicht, was du gedacht hast, was du gefühlt hast, dir vorgestellt und projiziert hast. Was du bist, ist einfach die Tatsache deines Bewusst-Seins. Der Schmerz ist da, einen Moment später ist er vielleicht nicht mehr da. Aber du bist da. Glück ist gekommen und geht wieder, es war da und wird nicht mehr sein. Aber du wirst sein. Der Körper ist jung, dann wird der Körper alt. Alles andere kommt und geht, die Gäste kommen und gehen, aber der Gastgeber bleibt derselbe.

Und es gibt so viele verschiedene Gäste: angenehme und schmerzhafte, Gäste, die du magst, Gäste, die du nicht magst, Gäste, mit denen du gerne zusammenleben möchtest und Gäste, die du meiden möchtest – aber alles Gäste.

Erinnere dich an den Gastgeber. Vergiss nie den Gastgeber. Zentriere dich in diesem Gastgeber, bleibe in diesem Gastgeber-Sein. Dann ist eine Trennung da, dann ist eine Lücke, ein Intervall zwischen dir und dem Schmerz. Die Brücke ist gebrochen. Und in dem Moment, in dem die Brücke bricht, geschieht eine besondere Art der Entsagung. Dann bist du in der Situation, doch nicht darin gefangen. Dann bist du da im Gast und trotzdem der Gastgeber. Du brauchst nicht vor dem Gast zu fliehen, es ist nicht nötig.

Bleibe, wo du bist, aber habe dein Zentrum nicht im Gast. Habe dein Zentrum in dir selbst. Vergiss niemals den Gastgeber.

Nimm es zwei Mal zur Kenntnis

Buddha lehrte seine Schüler, alles zweimal zur Kenntnis zu nehmen: Wenn du Kopfweh hast, sage innerlich zwei Mal: „Kopfweh, Kopfweh." Nimm es zur Kenntnis, aber bewerte es nicht. Frage nicht: „Warum? Warum muss gerade ich Kopfweh bekommen? Das sollte mir nicht passieren!"

Erlaube dir, diesen Schlüssel wirklich zu verstehen. Wenn du Zeuge deiner Kopfschmerzen sein kannst, ohne in irgendeiner Weise dagegen zu sein, ohne sie zu vermeiden, davor zu fliehen, wenn du einfach nur da sein kannst, meditativ da bist – „Kopfweh, Kopfweh" –, wenn du es einfach sehen kannst, wird das Kopfweh zu seiner Zeit verschwinden. Ich sage nicht, dass es wie durch ein Wunder plötzlich weg ist, dass es nur dadurch, dass du es siehst, fortgeht. Es wird zu seiner Zeit fortgehen. Aber es wird nicht von deinem System absorbiert. Es wird dein System nicht vergiften. Es wird da sein, du wirst es zur Kenntnis nehmen, und es wird fort sein. Es wird sich auflösen.

Halte die Sinne an

Nimm irgendeine Erfahrung: Du hast eine Wunde, sie tut weh. Du hast Kopfweh oder irgendwelche Schmerzen im Körper. Alles eignet sich als Objekt.

Was soll man tun? Schließe die Augen und stelle dir vor, du bist blind und kannst nicht sehen. Verschließe die Ohren und stell dir vor, du kannst nicht hören. Alle fünf Sinne, verschließe sie. Wie kannst du sie verschließen? Es ist ganz leicht. Höre für einen Moment auf zu atmen, alle deine Sinne halten an. Plötzlich bist du entfernt, weit weg.

Werde wie ein Stein, verschlossen gegenüber der Welt. Wenn du dich der Welt gegenüber wirklich verschließt, bist du auch deinem Körper gegenüber verschlossen, weil dein Körper nicht Teil von dir ist. Er ist Teil der Welt. Wenn du dich also der Welt vollkommen verschließt, verschließt du dich auch deinem Körper.

Du liegst auf dem Bett, du spürst das kalte Laken. Werde wie tot. Plötzlich entfernt sich das Laken, es geht immer weiter und weiter weg und dann verschwindet es. Dein Bett verschwindet. Dein Schlafzimmer verschwindet. Die ganze Welt verschwindet. Du bist verschlossen, tot, ein Stein, wie eine leibnizsche Monade, ohne Fenster nach draußen – kein Fenster. Du kannst dich nicht bewegen. Dann, wenn du dich nicht mehr bewegen kannst, wirst du auf dich selbst zurückgeworfen, bist du in dir selbst zentriert. Dann kannst du von deinem Zentrum aus schauen. Wenn du zum ersten Mal aus deiner Mitte herau schauen kannst, wirst du nie wieder derselbe Mensch sein.

5. Schlüssel zum Loslassen und für die Transformation

Nadabrahma (Summen)

In der ersten Phase dieser Meditationstechnik sitzt du eine halbe Stunde lang mit geschlossenen Augen und summst, und zwar so laut, dass man es hören kann und dein ganzer Körper zu vibrieren beginnt.

Die zweite Phase dauert fünfzehn Minuten, wobei du die Handflächen nach oben kehrst und die Hände in den ersten siebeneinhalb Minuten sehr langsam in einer kreisförmigen Bewegung nach außen bewegst. Lass die Hände ausgehend vom Bauchnabel zuerst nach vorn und dann in zwei großen Kreisen spiegelbildlich nach rechts und links kreisen und stell dir dabei vor, Energie an das Universum abzugeben. Nach siebeneinhalb Minuten drehst du die Handflächen nach unten und bewegst sie nun ganz langsam in der umgekehrten Richtung, wobei du dir vorstellst, Energie zu empfangen.

Die letzten fünfzehn Minuten legst du dich mit geschlossenen Augen hin und bist still. *(Die Meditation ist als CD & download erhältlich).*

Dies ist eine Mantra-Meditation und Mantras gehören zu den wirkungsvollsten Methoden. Sie ist sehr einfach und doch ausgesprochen wirkungsvoll, denn wenn man ein Mantra singt oder auch nur einen Ton von sich gibt, beginnen der Körper und insbesondere die Gehirnzellen zu vibrieren.

Wenn man diese Technik richtig anwendet, wird das Gehirn stark vibrieren, und ebenso der ganze Körper. Wenn der Körper vibriert und der Geist bereits den Ton formt, kommen sie in Einklang und sind in Harmonie miteinander – was normalerweise nie der Fall ist.

Dein Kopf geht seinen eigenen Weg, während dein Körper einen anderen geht. Dein Körper ist beim Essen, während dein Kopf beim Denken ist. Der Körper geht auf der Straße entlang, während dein Geist sich weit weg in den Sternen bewegt. Sie treffen sich nie. Sie gehen verschiedene Wege und das erzeugt eine Spaltung.

Die grundlegende Schizophrenie entsteht dadurch, dass der Körper in die eine Richtung geht und der Kopf in eine andere. Und du selbst bist das dritte Element. Du bist weder Körper noch Geist und deshalb wirst du von ihnen nach zwei Seiten gezogen. Die eine Hälfte deines Wesens wird vom Körper gezogen, die andere Hälfte wird von deinem Geist gezogen. Das ist sehr quälend; man fühlt sich zerrissen.

Die *Nadabrahma*-Meditation wirkt folgendermaßen: Wenn du beginnst zu summen, wenn ein innerer Ton entsteht, stellt sich der Körper darauf ein. Nach einer Weile ist der Moment da, in dem sich Körper und Geist endlich treffen. Wenn Körper und Geist zusammen sind, bist du frei vom Körper und vom Geist. Du bist nicht mehr zerrissen. Dann ist das dritte Element, was du in Wirklichkeit bist – nenne es Seele, *Atma* oder dein wahres Selbst –, dieses dritte Element ist endlich zu Hause, weil es nicht mehr in verschiedene Richtungen gezogen wird. Körper und Geist sind (vom Summen) so in Anspruch genommen, dass sich die Seele ganz leicht und unbemerkt davonschleichen kann und zum Zeugen werden kann. Sie kann draußen stehen und dem ganzen Spiel zuschauen, das zwischen Körper und Geist vorgeht. Und der Rhythmus ist so schön, dass es Körper und Geist gar nicht merken, dass sich die Seele davongestohlen hat …, denn sie lassen es üblicherweise nicht so einfach zu. Sie behalten sie im Besitz. Niemand will seinen Besitz verlieren. Der Körper will die Seele dominieren, und der Geist will die Seele dominieren.

Diese Meditation ist ein schlauer Trick, um ihnen zu entwischen. Sie werden betrunken (vom Summen) und du entwischst. Beachte also bei der *Nadabrahma*-Meditation: Lass Körper und Geist ganz zusammenkommen und vergiss dabei nicht, dass du zum Zeugen wirst. Komm heraus, ganz leicht und langsam durch die Hintertür, ohne Anstrengung, ohne Kampf. Lass sie trinken, du gehst nach draußen und schaust zu. Das ist die Bedeutung des Wortes „Ekstase“ – draußen stehen. Stehe draußen und schau von dort zu. Es ist unwahrscheinlich friedlich. Es ist Stille, es ist Seligkeit, es ist ein Segen.

Schließe mit der Vergangenheit ab

Alles, was du bewusst tust, ist durchlebt und hinterlässt keine Spuren. Was du aber unbewusst lebst, bleibt hängen und hinterlässt Reste. Denn das hast du nicht total gelebt, es ist noch nicht erledigt. Wenn etwas unerledigt ist, muss es mitgeschleppt werden. Es wartet darauf, abgeschlossen zu werden.

Als du ein Kind warst, hat jemand dein Spielzeug zerbrochen. Du begannst zu weinen und deine Mutter tröstete dich und lenkte deine Aufmerksamkeit davon ab. Sie gab dir Süßigkeiten, redete von etwas anderem, erzählte dir eine Geschichte und lenkte dich so ab. Du wolltest schreien und heulen – und hast es vergessen. Das ist unerledigt geblieben. Es ist noch da, und wenn dir jetzt jemand ein Spielzeug wegnimmt – es kann jedes Spielzeug sein: es kann eine Freundin sein, die dir jemand wegschnappt –, fängst du an zu schreien und zu heulen. Da kannst du das Kind wiederfinden, etwas ist unerledigt geblieben. Es kann auch ein Posten sein: Du bist der Bürgermeister einer Stadt, und einer schnappt dir den Posten weg – ein Spielzeug –, und wieder fängst du an zu schreien und zu heulen. Finde heraus, was es ist. Geh zurück in die Vergangenheit und durchlebe es noch einmal, denn nun geht es nicht anders. Die Vergangenheit ist nicht mehr da, wenn also noch etwas Unerledigtes herumschwirrt, kann man es nur im Geist wieder erleben, noch einmal zurückgehen.

Nimm dir jeden Abend eine Stunde Zeit und gehe zurück, vollkommen wach, als ob du alles Vergangene noch einmal erleben würdest. Vieles wird an die Oberfläche kommen, vieles wird deine Aufmerksamkeit in Anspruch nehmen. Habe es also nicht eilig und lasse nichts nur halb beachtet links liegen, denn dann wird es wieder nicht ganz erledigt. Gib allem, was kommt, deine volle Aufmerksamkeit. Lebe es noch einmal. Und wenn ich sage, lebe es noch einmal, meine ich, dass du es noch einmal erlebst, nicht nur dich erinnerst. Denn wenn man sich an etwas nur erinnert, ist man unbeteiligter Beobachter; das hilft nicht. Erlebe es von Neuem.

Du bist wieder ein Kind. Betrachte es nicht so, als würdest du abseits stehen und das Kind sehen, dem sein Spielzeug weggenommen wird. Nein, sei das Kind! Sei nicht außerhalb von dem Kind, sondern in dem Kind – sei wieder das Kind. Erlebe den Moment noch einmal: Jemand nimmt dir dein Spielzeug weg, er macht es kaputt und du fängst an zu weinen – also weine! Deine Mutter versucht dich zu trösten. Erlebe die ganze Situation noch einmal, aber lass dich nun von nichts ablenken. Lass den ganzen Vorgang bis zum Ende ablaufen. Wenn er vollendet ist, spürst du plötzlich, dass dein Herz leichter geworden ist. Etwas ist abgefallen.

Du wolltest deinem Vater etwas sagen. Er ist schon tot und du kannst es ihm nicht mehr sagen. Oder du wolltest ihn schon immer um Verzeihung bitten für etwas, was du getan hattest und ihm nicht gefallen hatte. Aber dein Ego kam dazwischen und du konntest ihn nicht um Verzeihung bitten. Jetzt ist er tot und jetzt kannst du nichts mehr daran ändern. Was sollst du machen? Es ist immer noch da! Es wiederholt sich ständig und zerstört alle deine Beziehungen.

Wenn du bewusst bist, kannst du es dir anschauen. Dein Vater ist zwar nicht mehr, aber vor den Augen des Gedächtnisses ist er immer noch da. Schließe die Augen. Wieder bist du das Kind, das etwas getan hat, das den Vater verletzt hat; es möchte um Verzeihung bitten, kann aber den Mut dazu nicht aufbringen.

Jetzt kannst du den Mut aufbringen. Du kannst alles sagen, was du ihm immer sagen wolltest, und du kannst seine Füße berühren oder du kannst auch wütend werden und ihn schlagen – aber schließ es ab. Lass den ganzen Vorgang erledigt sein.

Geh rückwärts. Jeden Abend, bevor du dich schlafen legst, gehe in die Vergangenheit und durchlebe diese Dinge noch einmal. Allmählich werden immer mehr Erinnerungen ausgegraben. Bei vielen von ihnen wirst du überrascht sein, weil dir nicht bewusst war, dass diese Dinge noch da sind – so lebendig und frisch, als ob sie gerade passiert wären.

Du wirst wieder zum Kind, zum Jugendlichen, zum Liebhaber – viele Dinge werden kommen. Mach langsam, damit alles abgeschlossen werden kann.

Dein Berg wird immer kleiner, der Berg deiner Lasten, und je kleiner er wird, desto freier wirst du dich fühlen. Du wirst eine neue Art von Freiheit spüren, ein Gefühl von Frische. Innerlich wirst du das Gefühl haben, dass du die Quelle des Lebens angezapft hast.

Du wirst dich sehr lebendig fühlen. Auch andere werden es merken, dass sich beim Gehen dein Schritt verändert hat: Er ist fast wie ein Tanz. Wenn du etwas anfasst, hat sich die Art deiner Berührung geändert. Deine Hand ist nicht tot, sie ist wieder viel lebendiger. Nun ist dein Leben im Fluss, weil nichts mehr blockiert ist. Jetzt ist keine Wut in deiner Hand, deine Liebe kann leicht fließen, unvergiftet und rein. Du wirst sensibler, verletzlicher und offener.

Hast du mit der Vergangenheit abgeschlossen, wirst du plötzlich hier und jetzt sein, in der Gegenwart, denn dann ist es nicht mehr nötig, immer wieder an denselben Punkt zu gehen.

Im Laufe der Zeit werden immer weniger Erinnerungen kommen. Es wird Lücken geben: Du versuchst, etwas wieder zu erleben, aber es kommt nichts. Und diese Lücken sind schön. Dann wird ein Tag kommen, an dem du nicht mehr in der Lage sein wirst zurückzugehen, weil alles abgeschlossen ist. Erst dann, wenn du nicht mehr zurück kannst, gehst du vorwärts. Mach Schluss mit der Vergangenheit! Je freier du von ihr wirst, desto eher verschwindet der Berg deiner Lasten. Dann fällst du in Einklang mit dem Ganzen; ganz allmählich wirst du eins.

Ah-Ah!

Bei dieser Übung benutzt man seinen Atem, um sich Leben und Tod bewusst zu machen. Ausatmen wird mit dem Tod assoziiert und Einatmen wird mit dem Leben assoziiert. Mit jedem Ausatmen stirbst du und mit jedem Einatmen wirst du wiedergeboren. Leben und Tod sind nicht zwei Dinge, nicht voneinander getrennt. Sie sind eins. Und in jedem Moment sind beide da.

Merke dir also: Beim Ausatmen stellst du dir vor, dass du stirbst. Hab keine Angst. Wenn du Angst bekommst, wird dein Atmen gestört. Akzeptiere es: Ausatmen ist der Tod. Und der Tod ist schön, er ist so entspannend. Wenn du entspannt bist, sagst du: „Ah!“ Und der Atem geht hinaus. Fühle die tiefe Entspannung beim Ausatmen. Dann kommt der Atem wieder herein und du spürst: „Ah! Das Leben kommt herein!“ Du bist wiedergeboren. Mache es zu einem Kreislauf: Leben und Tod. Geh in diesen Kreislauf und bleibe bewusst dabei. Es ist eine tiefe Reinigung.

Mit jedem Ausatmen stirbst du und mit jedem Einatmen wirst du wiedergeboren. Ausatmen ist der Tod. Stirb! Erlebe das Gefühl zu sterben. Einatmen ist Leben. Fühle dich wie neugeboren. Erinnere dich den ganzen Tag daran, vierundzwanzig Stunden lang, jedes Mal, wenn es dir bewusst wird. Es wird deine ganze Einstellung völlig ändern.

Wenn Ausatmen zum Tod wird, und du jeden Augenblick stirbst, was geschieht dann? Dein Sterben bedeutet, dass du die Vergangenheit sterben lässt; der alte Mensch ist nicht mehr da. Und wenn du jeden Moment stirbst, gibt es keine Zukunft mehr. Nur dieser eine Moment, dieser einsame Moment, winzig wie ein Atom, bleibt dir. Auch jetzt in diesem Moment musst du sterben und wirst wiedergeboren.

Denke an das Konzept von der Reinkarnation, allerdings nicht in Bezug auf das ganze Leben, sondern in Bezug auf den Atem: Jeden Moment wirst du erneuert, bist neu orientiert und frisch wie ein Kind, ohne die Last der Vergangenheit und ohne Angst um die Zukunft. Der gegenwärtige Moment ist angstlos. Ängste entstehen nur durch die Vergangenheit oder durch die Zukunft.

Vergiss dies nicht, und nicht nur das: Praktiziere es!

Verschwinden

Dies ist eine der ältesten Meditationen, die noch in einigen tibetischen Klöstern angewandt wird. Dort wird gelehrt, wie man manchmal einfach verschwinden kann. Wenn du zum Beispiel im Garten sitzt, stell dir vor, du verschwindest. Schau, wie die Welt aussieht, wenn du nicht mehr auf der Welt bist, wenn du nicht mehr hier bist. Du bist vollkommen durchsichtig geworden. Versuche einfach mal einen Moment, nicht zu sein. Bei dir zu Hause sei so, als wärst du nicht.

Stelle dir einfach vor: Eines Tages bist du nicht mehr. Eines Tages bist du fort – das Radio läuft weiter, deine Frau bereitet das Frühstück, die Kinder machen sich fertig für die Schule. Stell dir vor: Heute bist du weg, du bist einfach nicht. Werde ein Geist.

Während du in deinem Stuhl sitzt, verschwinde einfach. Denke: „Ich bin nicht mehr wirklich, ich bin nicht." Und schau zu, wie alles im Haus weitergeht. Es wird so friedlich und still sein. Alles geht weiter wie immer. Nichts fehlt. Worin liegt dann eigentlich der Sinn, dass du immer beschäftigt sein musst, immer etwas zu tun haben musst wie ein Besessener? Wozu? Du wirst fort sein. Alles, was du getan hast, wird eines Tages verschwinden. Du hast deinen Namen gleichsam in den Sand geschrieben und dann kommt der Wind und deine Unterschrift verschwindet, alles ist vorbei. Sei so, als hättest du nie existiert.

Das ist wirklich eine schöne Meditation. Du kannst sie innerhalb von vierundzwanzig Stunden immer wieder machen. Schon eine halbe Sekunde reicht aus. Halte für eine halbe Sekunde einfach inne: Du bist nicht, und die Welt geht weiter. Wenn du immer wacher und klarer die Tatsache siehst, dass die Welt auch ohne dich hervorragend weiterläuft, wirst du in der Lage sein, einen anderen Teil deines Wesens kennenzulernen, der lange vernachlässigt worden ist, vielleicht seit vielen Leben – und das ist deine empfängliche Seite. Du lässt alles einfach zu und wirst zu einer Tür. Alles geschieht weiterhin – ohne dich.

Genau das meint Buddha, wenn er sagt: „Werde wie ein Stück Treibholz." Lass dich im Fluss treiben wie ein Stück Holz und lass dich vom Fluss mitnehmen, wo immer er hingeht. Du brauchst dich überhaupt nicht anzustrengen.

Om-Meditation

Heute Abend und auch an den nächsten Abenden sitze vor dem Schlafengehen aufrecht im Bett, schalte das Licht aus, schließe die Augen und atme tief durch den Mund aus. Mache dabei den Laut: „O-Oooo." Atme immer weiter aus mit dem „Ooo" – so tief wie möglich. Dein Bauch geht nach innen, immer mehr Luft kommt heraus, und du machst weiter „O". Merke dir, ich sage nicht „Om", ich sage nur „O". Es wird automatisch zum „Om" werden. Du brauchst es nicht zu steuern. Du machst nur den Laut „O". Wenn der Ton harmonischer wird und du es genießt, wirst du plötzlich merken, dass es „Om" geworden ist. Aber erzwinge den Laut nicht, dann ist er nicht echt. Wenn er spontan zum „Om" wird, dann ist da etwas, das von innen vibriert. Und „Om" ist der Klang aus der tiefsten Tiefe, der harmonischste, der grundlegendste.

Wenn dieser Laut kommt und du ihn genießt und damit fließt, entspannen sich dein ganzer Körper und dein Gehirn. Mit dem Laut „Om" entspannst du dich immer tiefer und dein Schlaf wird anders werden, er verändert sich völlig. Und nur wenn sich dein Schlaf verändert, kannst du wacher und bewusster werden.

Schalte also am Abend das Licht aus, sitze auf dem Bett und atme tief durch den Mund mit dem Ton „Ooooo" aus. Wenn du völlig ausgeatmet hast und du fühlst, dass du nicht weiter ausatmen kannst und alle Luft draußen ist, dann halte einen Moment inne. Atme weder ein noch aus – halte an – Stopp! In diesem Stopp bist du das Göttliche. In diesem Stopp tust du gar nichts, nicht einmal atmen. In diesem Stopp gehst du im Meer auf.

Bleibe einen einzigen Moment in dem Stopp und sei Zeuge. Schau einfach, was geschieht. Sei dir bewusst, wo du bist. Sei Zeuge der ganzen Situation, die in diesem einzigen Moment des Innehaltens da ist. Es gibt keine Zeit mehr, weil sich die Zeit mit den Atemzügen fortbewegt. Atmen ist der Ablauf der Zeit. Weil du atmest, hast du das Gefühl, die Zeit bewegt sich fort. Wenn du nicht atmest, bist du wie ein Toter. Die Zeit hält an, es geht nichts mehr weiter. Alles hält an – als ob die gesamte Existenz mit dir angehalten hätte.

In diesem Anhalten kannst du dir der tiefsten Quelle deines Seins und deiner Energie bewusst werden. Halte also für einen Moment inne. Dann atme durch die Nase wieder ein, aber ohne dich dabei anzustrengen. Vergiss nicht: Atme mit größter Anstrengung aus, aber atme ohne jede Anstrengung ein. Lass den Körper einfach einatmen.

Du lässt einfach los und lässt den Körper einatmen. Du tust nichts dazu. Auch das ist schön und wirkt Wunder. Du hast ausgeatmet und einen Moment innegehalten, jetzt lässt du den Körper einatmen. Du bemühst dich nicht einzuatmen, sondern schaust dem Körper zu, wie er einatmet. Und wenn du dem Körper beim Einatmen zuschaust, spürst du, dass du von tiefer Stille umgeben bist. Denn so wird dir bewusst, dass du zum Leben keine Anstrengung brauchst.

Das Leben atmet sich selbst. Es läuft von selbst, um seiner selbst willen. Es ist ein Fluss, den du unnötigerweise in eine bestimmte Richtung bringen willst. Du siehst, dass der Körper sich den Atem nimmt. Deine Mühe ist unnötig, dein Ego ist unnötig. Du bist unnötig. Du wirst einfach zum Zuschauer, du siehst einfach, wie der Körper einatmet. Tiefe Stille tritt ein. Wenn der Körper ganz eingeatmet hat, halte wieder für einen Moment inne. Und schau wieder zu.

Diese beiden Momente sind völlig verschieden. Wenn du vollkommen ausgeatmet und innegehalten hast, ist das Innehalten wie der Tod. Wenn du vollkommen eingeatmet hast und dann innehältst, ist das Innehalten wie die höchste Steigerung des Lebens. Dieser Moment ist pures Leben: höchste Steigerung der Energie, ein Höhepunkt von Kraft und Bioenergie. Fühle es und fühle beides. Deshalb sage ich, du sollst zwei Mal innehalten: dann, wenn du ausgeatmet hast, und dann, wenn du eingeatmet hast. So kannst du sowohl das Leben als auch den Tod spüren. So kannst du im Leben wie im Tod zuschauen.

Hast du es einmal erfahren: „Das ist Leben und das ist Tod“, dann hast du beides transzendiert. Der stille Zeuge ist weder Tod noch Leben. Dieser Zeuge wird niemals geboren und stirbt niemals – nur der Körper, der Mechanismus stirbt. Du bist das Dritte geworden.

Lebens- und Todesmeditation

Bevor du dich abends schlafen legst, mache fünfzehn Minuten lang folgende Meditation. Es ist eine Todesmeditation.

Lege dich hin und entspanne deinen Körper. Spüre, wie du stirbst. Du kannst deinen Körper nicht mehr bewegen, denn du bist nun tot. Erzeuge das Gefühl, dass du aus dem Körper verschwindest. Tu dies jeden Abend zehn oder fünfzehn Minuten lang und nach einer Woche wirst du es spüren können. Während du auf diese Weise meditierst, schlafe ein. Brich die Meditation nicht ab, sondern lass sie zum Schlaf werden. Wenn der Schlaf kommt, lässt du dich hineinfallen.

Morgens, in dem Moment wenn du spürst, dass du wach bist, öffne nicht die Augen. Übe die Lebensmeditation. Spüre, wie du immer lebendiger wirst, dass das Leben zurückkehrt und dein ganzer Körper voller Vitalität und Energie ist. Beginne, dich mit geschlossenen Augen im Bett hin und her zu bewegen. Spüre, wie das Leben in dir fließt. Spüre, wie der Körper eine große fließende Energie hat – genau umgekehrt wie bei der Todesmeditation.

Mache also die Todesmeditation abends vor dem Einschlafen und die Lebensmeditation morgens vor dem Aufstehen. Bei der Lebensmeditation kannst du tiefe Atemzüge nehmen. Fühle dich voller Energie, wenn das Leben mit dem Atem hereinkommt. Fühle dich erfüllt und glücklich, lebendig. Nach zehn Minuten stehst du auf.

Erfahre das Selbst jenseits des Körpers

Nimm dir jeden Tag eine halbe Stunde Zeit, um deine Lebenskraft auf dein inneres Sein zu richten. Willst du die wahre Bedeutung von Leben und Tod verstehen, dann fasse den Beschluss, nach innen zu tauchen und gleichsam in dir selbst zu ertrinken, deine ganze Energie von außen nach innen zu lenken. Das muss man allerdings konsequent jeden Tag üben. Dann wirst du nach einer Weile feststellen, dass sich deine Energie oder Lebenskraft nach innen bewegt. Du wirst das Gefühl haben, dass dich dein physischer Körper nicht mehr so fest im Griff hat, dass er von dir eher getrennt ist.

Wenn du diese Technik drei Monate lang konsequent machst, wirst du eines Tages deinen Körper außerhalb von dir selbst wahrnehmen, getrennt von dir. Das kannst du sehen. Zuerst siehst du es von innen, aber mit mehr Übung und viel Mut kannst du den inneren Geist nach außen bringen und deinen eigenen Körper außerhalb von dir daliegen sehen, völlig getrennt von dir. Seinen eigenen Körper von innen kennenzulernen, ist wie in eine völlig andere Welt einzutreten, eine Welt, von der wir noch nie etwas wussten und keine Informationen hatten. Die Medizin hat überhaupt keine Ahnung von diesem inneren Körper, sie kann sich ihn nicht einmal vorstellen.

Wenn man einmal vollständig erkannt und erfahren hat, dass das innere Selbst etwas anderes als der äußere Körper und davon getrennt ist, hört der Tod auf zu existieren. Und gibt es keinen Tod mehr, kann man die Schale des Körpers sehr leicht verlassen und alles als distanzierter Zuschauer betrachten.

Meditation des blauen Lichts

Bevor du abends einschläfst, lege dich hin, schalte das Licht aus und stell dir vor, du stirbst. Entspanne deinen Körper und spüre, wie du stirbst, wie du deinen Körper nicht mehr bewegen kannst. Selbst wenn du deine Hand bewegen willst, kannst du es nicht. Spüre, wie du immer weiter stirbst – vier oder fünf Minuten lang: Du stirbst, stirbst und schließlich ist der Körper tot.

Durch diese Erfahrung, fünf Minuten lang zu sterben, wird sich dein Lebensgefühl völlig ändern. Der Körper ist fast tot, ist eine Leiche, aber du fühlst dich lebendiger denn je. Wenn der Körper tot ist, hörst du auf zu denken, denn alles Denken ist mit Leben verbunden. Wenn du stirbst, hört der Kopf auf zu denken.

Nach zwei bis drei Monaten Übung wirst du in der Lage sein, innerhalb von fünf Minuten zu sterben. Der Körper wird tot sein und du wirst reines Bewusstsein erleben, leuchtendes Bewusstsein, eine Art blaues Licht, sonst nichts. Du wirst ein blaues Licht in der Mitte der Stirn, beim dritten Auge, wahrnehmen, eine kleine blaue Flamme.

Das ist die reinste Form des Lebens. Wenn du dieses Licht spürst, schlafe einfach ein.

Auf diese Weise verwandelt sich die ganze Nacht in eine Todesmeditation und am Morgen wirst du dich so lebendig fühlen, wie du dich noch nie vorher gefühlt hast; so jung, so frisch und voller Lebenskraft, die du mit der ganzen Welt teilen kannst. Du fühlst dich gesegnet und kannst diesen Segen an die ganze Welt weitergeben. Diese Meditation wird dir bewusst machen, dass der Tod eine Illusion ist. Er geschieht nicht wirklich. Es ist noch nie jemand gestorben und es kann auch niemand sterben. Nur weil wir so sehr an unserem Körper hängen, scheint der Tod zu existieren. Nur weil wir glauben, der Körper sei unser Leben, glauben wir, der Tod sei schrecklich.

Dies ist eine sehr gute Vorbereitung auf den Tod. Eines Tages wird der Tod kommen und du wirst schon vorher bereit sein, du wirst bereit sein zu sterben.

Treiben lassen, auflösen, so sein

Sitze allein oder mit anderen. Achtet darauf, dass sich niemand berührt. Schließe langsam die Augen und lass den Körper locker sein. Entspanne dich vollkommen, sodass du überhaupt keine Spannung im Körper spürst.

Jetzt stell dir einen Fluss vor, der sehr schnell mit unbändiger Kraft und lautem Rauschen zwischen zwei Bergen dahinfließt. Sieh ihn vor dir und spring hinein, aber schwimme nicht! Lass deinen Körper treiben, ohne dich zu bewegen. Jetzt bewegst du dich mit dem Fluss, lässt dich einfach treiben. Du musst nirgendwo hin, hast kein Ziel, also brauchst du auch nicht zu schwimmen. Fühle dich wie ein Blatt, das mühelos auf dem Fluss dahintreibt. Wenn du dies klar spüren kannst, weißt du, was mit Hingabe, mit totalem Loslassen gemeint ist.

Wenn du verstanden hast, wie du dich treiben lässt, kannst du nun auch entdecken, wie man stirbt und sich vollkommen auflöst. Halte die Augen geschlossen, lass deinen Körper locker werden und entspanne dich völlig.

Sieh vor dir einen brennenden Scheiterhaufen. Ein Haufen Holz wurde aufgeschichtet und angezündet, nun lodern seine Flammen hoch in den Himmel. Und nun siehst du noch etwas: Du siehst nicht nur den Scheiterhaufen brennen, sondern du bist darauf gelegt worden. Alle deine Freunde und Verwandten stehen um ihn herum.

Es ist immer besser, den Moment des Todes bewusst zu erleben, denn eines Tages wird er mit Sicherheit kommen. Während die Flammen immer höher werden, spüre, wie dein Körper brennt. Nach einer Weile wird das Feuer von selbst ausgehen. Die Leute werden sich zerstreuen und der Friedhof wird wieder leer und still sein. Fühle auch das: Sieh, dass alles ruhig ist und nichts als die Asche übrig geblieben ist. Du hast dich völlig aufgelöst.

Behalte diese Erfahrung des Auflösens im Gedächtnis, denn Meditation ist ebenfalls eine Art Tod.

Halte nun wieder die Augen geschlossen und entspanne dich vollkommen. Du musst gar nichts tun. Es ist unnötig irgendetwas zu tun. Bevor du da warst, waren die Dinge so, wie sie sind, und sie werden genau so sein, auch nachdem du gestorben sein wirst.

Spüre, dass alles, was geschieht, geschieht. Fühle das Sosein: Alles ist, wie es ist. Es ist so, es kann nur so sein. Nichts anderes ist möglich, warum soll man sich also wehren? Mit Sosein ist gemeint, keinen Widerstand zu haben. Es gibt keine Erwartung, dass irgendetwas anders sein sollte als es ist. Das Gras ist grün, der Himmel ist blau, die Wellen des Meeres rauschen, die Vögel singen und die Krähen krächzen … Von dir aus gibt es keinen Widerstand, weil das Leben eben so ist. So findet plötzlich eine Transformation statt: Was man normalerweise als störend empfunden hatte, scheint nun beruhigend zu sein. Du bist gegen nichts, du bist glücklich mit allem, so wie es ist.

Das Erste war also, dass du dich treiben lassen solltest anstatt im Ozean der Existenz zu schwimmen. Wer bereit ist, sich treiben zu lassen, den trägt der Fluss selbst zum Ozean. Leisten wir keinen Widerstand, werden wir vom Leben selbst über die Grenze jenseits des Lebens getragen.

Zweitens solltest du dich auflösen anstatt dich vor dem Tod retten zu wollen. Was wir retten wollen, wird auf jeden Fall sterben, und was ewig da sein wird, wird auch ohne unser Zutun da bleiben. Wer bereit ist zu sterben, ist in der Lage seine Türen zu öffnen, um das Göttliche willkommen zu heißen. Hältst du aber deine Türen aus Angst vor dem Tod verschlossen, ist der Preis, den du dafür zahlst, dass dir das Transzendente nicht zugänglich ist. Meditation bedeutet zu sterben.

Das Letzte, was du erfahren solltest, war Sosein. Nur wenn man sowohl die Blüten als auch die Dornen akzeptieren kann, findet man Frieden. Frieden ist letztendlich die Frucht des totalen Akzeptierens. Frieden wird nur der erlangen, der bereit ist, auch das Fehlen von Frieden zu akzeptieren.

Schließe also die Augen, lass deinen Körper locker und entspannt sein und fühle dich so, als ob kein Leben in deinem Körper wäre. Fühle, wie sich dein Körper ganz entspannt. Bleibe bei diesem Gefühl und schon nach kurzer Zeit wirst du erfahren, dass du nicht Herr über deinen Körper bist. Jede Zelle und jeder Nerv werden sich so entspannen, als ob der Körper gar nicht existieren würde. Lass den Körper allein auf dem Fluss dahintreiben. Lass dich vom Fluss des Lebens überallhin tragen, wohin er will, und treibe darauf wie ein welkes Blatt.

Spüre nun, wie dein Atem allmählich ruhiger und stiller wird. Wenn dein Atem ruhig ist, spürst du, wie du dich auflöst. Du fühlst, wie du auf dem Scheiterhaufen liegst und vollkommen verbrannt wirst. Nicht einmal die Asche ist geblieben.

Und nun spüre, wie die Vögel singen, die Sonne scheint, die Wellen des Meeres rauschen. Sei nur Zeuge, empfänglich und doch wach und bewusst. Der Körper ist entspannt, der Atem ist ruhig, und du bist im Sosein. Du bist nur Zeuge von allem.

Allmählich wirst du eine innere Veränderung wahrnehmen und dann wird es innen plötzlich still. Der Kopf ist still und leer geworden. Spüre das, sei Zeuge und lass die Erfahrung auf dich wirken. Der Fluss hat deinen dahintreibenden Körper weggetragen, der Scheiterhaufen hat ihn verbrannt, und du bist Zeuge von alledem gewesen. In diesem Nichtsein tritt eine Seligkeit ein, die wir auch das Göttliche nennen.

Atme nun langsam zwei oder drei Mal und mit jedem Atemzug

wirst du dich frischer fühlen, wirst Frieden und ein seliges Wohlbefinden verspüren.

Nun öffne langsam die Augen und komme zurück.

Fühle dich, als ob du stirbst

Diese Technik von Ramana Maharshi ist ganz einfach. Er sagt nur so viel: „Lerne zu sterben." Und wenn du das gelernt hast, wirst du zum Zeitpunkt deines Todes erkennen, dass es etwas in dir gibt, was nicht stirbt. Dein Bewusstsein stirbt nicht. Der Körper wird daliegen, völlig leblos, aber du wirst vollkommen wach sein, innerlich völlig lebendig. Du warst noch nie so lebendig, so wach, weil du bis dahin eins mit dem Körper gewesen bist, bis dahin hat seine ganze Last auf dir geruht. Doch jetzt liegt der Körper tot da und die ganze Last ist nicht mehr da. Nun bist du frei, dich in die Lüfte zu schwingen.

Wenn du einige Tage übst, wie man stirbt, indem du dich jeden Tag für eine Weile hinlegst und dich wie tot fühlst, wirst du einen Zustand der Meditation erlangen. Du musst dich nur an eines erinnern: dass der Körper nun tot ist, dass er jetzt nur noch eine Leiche ist. Er lässt sich nicht mehr schütteln oder von irgendetwas stören – eine Leiche bewegt sich nicht. Angenommen, eine Ameise beißt dich. Was machst du dann? Du liegst tot da, und eine Ameise beißt dich. Du solltest es einfach beobachten.

Wenn du dich wie tot hinlegen kannst, wenn du jeden Tag für eine gewisse Zeit absolut bewegungslos daliegen kannst, wird es plötzlich eines Tages geschehen: Die Beziehung zwischen dir und dem Körper wird zerbrechen; das Bewusstsein und der Körper werden sich voneinander trennen. Du wirst deinen Körper neben dir sehen und dabei distanziert und weit entfernt sein. Eine unendliche Distanz ist entstanden und es ist nicht mehr möglich, sie zu überbrücken.

Nun gibt es keinen Tod mehr. Nun hast du den Tod erfahren und er ist für immer verschwunden.

Der Unsterbliche

Diese Technik ist sehr hilfreich dafür, sich selbst von innen zu betrachten. Dadurch verändert sich dein ganzes Bewusstsein und Dasein, denn wenn du von innen schauen kannst, bist du augenblicklich etwas anderes als die Welt. Unsere falsche Identität, der Glaube: „Ich bin der Körper", kommt nur daher, dass wir unseren Körper immer nur von außen betrachtet haben. Wenn du einen Blick von innen darauf werfen kannst, ist der Betrachter ein anderer.

Sobald du weißt, wie man vorgeht, sobald du weißt, dass du etwas anderes bist als der Körper, bist du von einer großen Knechtschaft befreit. Nun zieht dich die Schwerkraft nicht hinunter, nun hast du keine Grenzen. Nun bist du absolute Freiheit. Du kannst aus dem Körper hinausgehen, du kannst kommen und gehen. Dann wird dein Körper einfach zu einem Wohnsitz.

Schließe die Augen und schau dein inneres Wesen bis ins Detail an. Gehe von innen von einem Glied zum nächsten. Gehe zu einer Zehe. Vergiss den Rest des Körpers und fang mit den Zehen an. Bleibe dort und schau dir jede einzelne genau an. Dann gehst du durch die Beine und dann weiter nach oben, gehe in jedes einzelne Glied. Dabei geschieht vieles. Viele Dinge geschehen.

Der erste und äußere Teil dieser Technik besteht darin, deinen Körper innerlich zu betrachten, von deinem innersten Zentrum. Stehe dort und schau dich um. Du wirst vom Körper getrennt sein, denn der Betrachter selbst wird nie betrachtet. Der Beobachter ist etwas anderes als das Objekt. Wenn du deinen Körper total von innen sehen kannst, kannst du gar nicht mehr der Illusion verfallen, du seiest der Körper. Dann bleibst du etwas anderes, etwas völlig anderes: innen, doch nicht es; im Körper, doch nicht der Körper. Das ist der erste Teil. Dann kannst du weitergehen. Dann kannst du dich frei bewegen.

Bist du vom Körper befreit, von der Identität befreit, kannst du dich frei bewegen. Jetzt kannst du in deinen Geist gehen, tief in deine Psyche hinein. Die neun inneren Ebenen, die in deinem Unterbewusstsein sind, sind nun zugänglich.

Das ist die innere Höhle deiner Psyche. Wenn du diese Höhle betrittst, wirst du auch von deiner Psyche getrennt werden. Dann wirst du sehen, dass auch die Psyche ein Objekt ist, das betrachtet werden kann, und das, was in diese Psyche eintritt, ist wieder getrennt und etwas anderes. Sowohl in den Körper als auch in die Psyche sollte man eintreten und sie von innen betrachten.

Dann bist du einfach Zeuge und diesen Zeugen kann man nicht weiter durchdringen. Wenn du einmal eine Ahnung davon bekommen hast, wird die ganze Sache sehr einfach und leicht. Dann kannst du dich in jedem Moment hineinbegeben und herauskommen, ein- und ausgehen, wie du aus deinem Haus herauskommst und hineingehst, ein- und ausgehst.

Ausatmen

Immer wenn Buddha jemanden als Jünger einweihte, sagte er ihm als Erstes, er solle zu einem Leichenverbrennungsplatz gehen und zuschauen, wie ein Körper verbrannt wird, wie eine Leiche verbrannt wird. Drei Monate sollte er nichts anderes tun als dort sitzen und zuschauen. Der Sucher ging also zum Verbrennungsplatz des Dorfes. Dort blieb er drei Monate lang, Tag und Nacht, und immer wenn eine Leiche gebracht wurde, setzte er sich dazu und meditierte. Er schaute den Toten an, dann wurde das Feuer entzündet und der Leichnam begann zu brennen. Drei Monate am Stück tat er nichts anders als zuschauen, wie tote Körper verbrannt wurden.

Buddha sagte: „Denke nicht darüber nach. Schaue einfach zu." Es ist schwer, nicht auf den Gedanken zu kommen, dass früher oder später dein eigener Körper verbrannt wird. Drei Monate sind eine lange Zeit und der Sucher sollte immer meditieren, wenn eine Leiche verbrannt wurde, ob bei Tag oder Nacht. Früher oder später begann er, seinen eigenen Körper auf dem Scheiterhaufen zu sehen. Er begann zu sehen, wie er selbst verbrannt wurde.

Wenn du diese Technik machen willst, ist es hilfreich, zu einem Verbrennungsplatz zu gehen. Schau zu – es brauchen nicht drei Monate zu sein –, aber schau wenigstens einmal zu, wie eine Leiche verbrannt wird. Beobachte es und dann kannst du diese Technik leicht für dich selbst machen. Denke nicht darüber nach, schaue dir das Ereignis einfach an und sieh zu, was geschieht.

Die Indier gehen zum Leichenverbrennungsplatz, aber sie schauen nie richtig hin. Sie beginnen sofort von anderen Dingen zu reden oder diskutieren sogar über den Tod. Sie tun vieles, sie reden über alles und jedes und den neuesten Klatsch, aber sie schauen nie richtig hin. Es sollte zu einer Meditation gemacht werden. Man sollte es verbieten, an diesen Plätzen zu reden, denn es ist eine so seltene Erfahrung, wenn man sieht, wie jemand, den man geliebt hat, verbrannt wird. Es bleibt eigentlich nicht aus, dass man das Gefühl hat, selbst dort zu brennen. Wenn du zuschaust, wie deine Mutter oder dein Vater verbrannt werden, oder deine Frau oder dein Mann, bleibt es nicht aus, dass du auch dich selbst dort in den Flammen siehst. Auch eine solche Erfahrung ist hilfreich für diese Technik.

Wir haben Angst vor dem Tod. Aber in Wirklichkeit hast du nicht Angst vor dem Tod. Du hast nie wirklich gelebt, das ist der Grund für die Angst vor dem Tod. Wenn man mit dieser Technik beginnen will, muss einem diese tiefe Angst bewusst sein. Diese tiefe Angst muss abgeworfen werden, man muss sich davon reinigen. Erst dann kann man mit dieser Technik beginnen.

Was hilfreich ist: Richte deine Aufmerksamkeit mehr auf das Ausatmen. Wenn du wirklich deine ganze Aufmerksamkeit auf das Ausatmen richten kannst und das Einatmen nicht beachtest... Du brauchst keine Angst zu haben, dass du dabei stirbst. Du wirst nicht sterben, der Körper wird von selbst wieder einatmen. Der Körper hat seine eigene Weisheit. Wenn du tief ausatmest, wird der Körper von selbst tief einatmen. Du brauchst dich nicht einzumischen. Dadurch wird sich tiefe Entspannung in deinem ganzen Bewusstsein ausbreiten. Du fühlst dich den ganzen Tag entspannt und es entsteht eine innere Stille.

Dieses Gefühl kannst du noch vertiefen, wenn du ein anderes Experiment machst. Atme tief aus – fünfzehn Minuten lang jeden Tag: Sitze auf einem Stuhl oder auf dem Boden und atme tief aus. Während du ausatmest, schließe die Augen. Wenn die Luft nach draußen geht, gehst du nach innen. Dann lass den Körper wieder einatmen und wenn die Luft hineingeht, öffne die Augen und geh nach außen. Du tust genau das Gegenteil: Die Luft geht nach draußen, du gehst nach innen, die Luft geht hinein, du gehst nach außen.

Beim Ausatmen wird innen Raum geschaffen, denn der Atem ist Leben. Wenn du tief ausatmest, bist du leer; das Leben ist hinausgegangen. In gewisser Weise bist du tot, für einen Moment bist du tot. In dieser Stille des Todes kannst du nach innen gehen. Die Luft tritt aus, du schließt die Augen und trittst ein. Der Raum ist da und du kannst dich leicht bewegen.

Denke daran: Beim Einatmen ist es schwieriger, nach innen zu gehen, weil kein Raum zum Bewegen da ist. Beim Ausatmen kannst du nach innen gehen. Wenn die Luft eintritt, gehst du hinaus, öffne die Augen und gehe nach außen. Erzeuge einen Rhythmus zwischen den beiden. Innerhalb von fünfzehn Minuten fühlst du dich tief entspannt und bist bereit, diese Technik anzuwenden.

Tu dies also fünfzehn Minuten lang, bevor du die Technik machst, damit du bereit bist – nicht nur bereit, sondern auch offen und empfänglich. Die Angst vor dem Tod ist nicht mehr da, da der Tod nun als Entspannung erscheint, als tiefe Ruhe. Er scheint nicht mehr im Widerspruch zum Leben zu stehen, sondern ist die Quelle davon, die Energie des Lebens selbst. Das Leben ist wie die Wellen an der Oberfläche eines Sees, während der Tod der See selbst ist. Wenn die Wellen nicht mehr da sind, ist der See immer noch da. Und der See kann ohne die Wellen existieren, aber die Wellen können nicht ohne den See existieren. Das Leben kann ohne den Tod nicht existieren. Der Tod kann ohne das Leben existieren, denn er ist die Quelle.

Nach dieser Atemübung kannst du dann folgende Technik machen.

Den Körper verbrennen

Lege dich hin. Stelle dir vor, du bist tot. Dein Körper ist wie eine Leiche. Liege einfach da und richte die Aufmerksamkeit auf deine Zehen. Gehe mit geschlossenen Augen nach innen. Gehe mit der

Aufmerksamkeit in die Zehen und stelle dir vor, dass von dort Feuer nach oben steigt; alles wird verbrannt. Während sich das Feuer ausbreitet, verschwindet dein Körper. Beginne bei den Zehen und gehe dann nach oben. Warum fängt man bei den Zehen an? Es ist einfacher, denn die Zehen sind weit entfernt von deinem „Ich", von deinem Ego. Das Ego sitzt im Kopf. Beim Kopf kannst du nicht anfangen, das wäre schwierig. Also fängt man an dem Punkt an, der am weitesten davon entfernt ist. Das sind die Zehen. Beginne dort mit dem Feuer. Spüre, wie deine Zehen verbrennen und nur noch Asche übrig bleibt. Dann gehe langsam nach oben und lasse alles verbrennen, was das Feuer erreicht. Alle Teile des Körpers verschwinden – die Beine, die Oberschenkel …

Beobachte, wie sie zu Asche werden. Das Feuer steigt nach oben und die Körperteile, die es erreicht, sind nicht mehr da. Sie sind zu Asche geworden. Geh weiter nach oben, als Letztes verschwindet der Kopf. Alles ist Asche geworden. „Staub zu Staub", nun ist der Körper zu Asche verbrannt; du aber nicht. Du wirst da bleiben wie ein Wächter auf dem Berge. Der Körper wird da sein – tot, verbrannt, Asche – und du wirst zuschauen, du wirst Zeuge sein. Der Zeuge hat kein Ego.

Mit dieser Technik kann man sehr gut in einen Zustand kommen, in dem kein Ego da ist. Sie ist einfach eine Methode, dich vom Körper zu trennen, einen Zwischenraum zwischen dir und dem Körper zu schaffen, für einige Augenblicke aus dem Körper hinauszugehen. Wenn du dies erfahren kannst, dann kannst du zwar im Körper bleiben und bist doch nicht der Körper. Du kannst so weiterleben, wie du bisher gelebt hast, aber du wirst nicht mehr so sein wie vorher.

Für diese Technik braucht man mindestens drei Monate. Mache sie jeden Tag. An nur einem Tag wird nichts geschehen, aber wenn du sie jeden Tag eine Stunde lang machst, wird dir innerhalb von drei Monaten deine Vorstellungskraft geholfen haben, den Zwischenraum wahrzunehmen. Du wirst den Körper tatsächlich als Asche wahrnehmen. Dann kannst du zuschauen.

Die Technik scheint einfach zu sein, kann aber eine tief greifende Mutation bei dir bewirken. Doch vorher solltest du zu einem Verbrennungsplatz gehen, damit du sehen kannst, wie ein Körper verbrannt wird, wie der Körper wieder zu Staub wird. Auf diese Weise kannst du es dir leichter vorstellen. Dann fange immer bei den Zehen an und gehe ganz langsam nach oben. Und bevor du die Technik machst, achte mehr auf das Ausatmen.

Direkt bevor du anfängst, konzentriere dich fünfzehn Minuten lang mit geschlossenen Augen auf das Ausatmen, und lass den Körper von selbst wieder einatmen, wobei du die Augen öffnest. Nach fünfzehn Minuten wirst du dich sehr entspannt fühlen und kannst mit der Meditation des Verbrennens beginnen.

Die Welt verbrennen

Wenn du die vorige Meditationstechnik gemacht hast, wird diese zweite ganz einfach sein. Wenn du dir vorstellen konntest, wie dein Körper verbrennt, ist es nicht schwer dir vorzustellen, dass die ganze Welt brennt. Denn dein Körper ist die Welt, durch deinen Körper bist du mit der Welt verbunden. Wirklich: Nur für deinen Körper bist du mit der Welt verbunden. Die Welt ist ein erweiterter Körper. Wenn du dir vorstellen kannst, wie dein Körper brennt, hast du keine Schwierigkeiten, es dir mit der ganzen Welt vorzustellen.

Wenn dir aber die erste Technik sehr schwerfällt, kannst du auch mit der zweiten anfangen. Die zweite ist sehr einfach, wenn du die erste machen kannst. Man braucht sie eigentlich gar nicht mehr machen, wenn man die erste gemacht hat. Denn mit deinem Körper verschwindet automatisch alles. Doch du kannst auch direkt die zweite Technik machen, wenn die erste sehr schwierig für dich ist.

Ich sagte, man soll mit den Zehen anfangen, weil sie vom Kopf, vom Ego am weitesten entfernt sind. Aber vielleicht möchtest du nicht mit den Zehen anfangen, sondern noch weiter weggehen: Fange mit der Welt an und dann komme immer näher zu dir selbst hin. Beginne bei der Welt und dann komme näher. Und wenn die ganze Welt brennt, wird es dir leichtfallen, in dieser brennenden Welt selbst zu verbrennen. Wenn du die ganze Welt brennen sehen kannst, bist du über das Menschliche hinausgegangen und übermenschlich geworden. Du hast übermenschliches Bewusstsein erfahren.

Man kann es sich vorstellen, aber man muss seine Vorstellungsfähigkeit dafür trainieren. Unsere Vorstellungskraft ist nicht so gut ausgebildet. Sie ist nicht ausgebildet, weil es keine Schulung für die Vorstellungsfähigkeit gibt. Der Intellekt wird geschult. Es gibt Schulen und Hochschulen, wo in erster Linie der Intellekt ausgebildet wird. Die Vorstellungskraft wird nicht geschult. Sie hat eine wunderbare, ganz eigene Dimension. Wenn du deine Vorstellungskraft ausbildest, kannst du damit Wunder bewirken.

Beginne mit kleinen Dingen, denn es ist schwierig, gleich zu größeren Dingen zu springen. Vielleicht gelingt es dir dann nicht. Zum Beispiel diese Vorstellung, dass die ganze Welt brennt, kann nicht sehr tief gehen. Zunächst einmal weißt du natürlich, dass es Einbildung ist, und selbst wenn du dir vorstellst, dass die Flammen überall sind, kannst du nicht spüren, dass die Welt verbrannt ist. Sie ist immer noch da, denn es ist ja nur deine Vorstellung. Du weißt nicht, wie eine Vorstellung real werden kann. Du musst sie zuerst fühlen.

Probiere also ein einfaches Experiment aus, bevor du diese Technik machst. Falte die Hände fest zusammen, schließe die Augen und stelle dir vor, dass du jetzt deine Hände nicht mehr öffnen kannst. Sie sind abgestorben. Sie sind miteinander verklammert und du kannst nichts tun, um sie wieder zu öffnen. Am Anfang wirst du das Gefühl haben, dass du es dir nur vorstellst und du sie natürlich öffnen kannst. Aber stelle dir zehn Minuten lang weiter vor, dass du sie nicht öffnen kannst. Du kannst nichts tun, du bekommst sie nicht auseinander! Dann versuche nach zehn Minuten, sie zu öffnen.

Vier von zehn Leuten sind sofort erfolgreich, vierzig Prozent schaffen es: Sie können nach zehn Minuten die Hände nicht mehr öffnen. Was zuerst nur Vorstellung war, ist real geworden. Sie können sich noch so anstrengen – je mehr sie sich anstrengen, desto schwieriger wird es. Du fängst an zu schwitzen! Du siehst deine eigenen Hände und kannst sie nicht mehr öffnen! Sie sind blockiert.

Aber keine Angst: Schließe einfach wieder die Augen und stelle dir vor, dass du sie öffnen kannst. Erst dann wirst du sie öffnen können. Vierzig Prozent können dies direkt tun. Für diese vierzig Prozent wird diese Technik sehr einfach sein, sie haben kein Problem damit. Für die anderen sechzig Prozent wird es schwerer sein und eine Weile dauern. Man sollte seine Vorstellungskraft ein wenig trainieren. Dann wird diese Technik sehr hilfreich sein.

TEIL 4

ZEIT DES ABSCHIEDS

Hilfreiches für alle, die Sterbende begleiten, und für Hinterbliebene

Wenn du den Tod
in einen festlichen Moment verwandeln kannst,
hast du deinem Freund, deiner Mutter, deinem Vater,
deinem Bruder, deiner Frau oder deinem Mann sehr geholfen.
Du hast ihnen das größte Geschenk gemacht,
das in der Existenz möglich ist.

1. Die große Offenbarung

Wenn ein Mensch, den du innig geliebt hast, stirbt, kommt dir dein eigener Tod in den Sinn. Der Augenblick des Todes ist eine große Offenbarung. Er gibt dir das Gefühl, hilflos und machtlos zu sein. Er gibt dir das Gefühl, nicht zu sein. Die Illusion des Seins verschwindet.

Jeder wird dadurch bis in die Grundfesten erschüttert; plötzlich hast du keinen Boden mehr unter den Füßen. Du kannst nichts tun. Jemand, den du liebst, stirbt. Du würdest sogar dein eigenes Leben stattdessen geben, aber du kannst es nicht. Nichts kann man tun. Man wartet einfach mit einem Gefühl tiefer Ohnmacht. Dieser Augenblick kann deprimierend sein, er kann dich traurig machen oder dich auf eine große Reise schicken: auf die Suche nach der Wahrheit. Was ist dieses Leben?

Wenn der Tod kommt und es nimmt, was ist dann das Leben? Welche Bedeutung hat es, wenn man so machtlos gegen den Tod ist? Und bedenke: Alle sind bereits auf dem Totenbett! Nach der Geburt ist jeder Mensch auf dem Totenbett. Es gibt keine andere Möglichkeit. Alle Betten sind Totenbetten, denn nach der Geburt ist nur eins sicher, und das ist der Tod.

Einer stirbt heute, ein anderer morgen und wieder ein anderer übermorgen. Was macht es schon für einen Unterschied? Die Zeit kann keinen großen Unterschied machen. Die Zeit kann nur die Illusion von Leben schaffen, aber ein Leben, das mit dem Tod endet, ist kein wirkliches Leben, kann es nicht sein. Es muss ein Traum sein.

Leben ist erst dann echt, wenn es ewig ist. Was ist sonst der Unterschied zwischen einem Traum und dem, was du dein Leben nennst? In der Nacht, wenn du tief schläfst, ist ein Traum genauso wahr wie alles sonst, genauso wirklich – vielleicht wirklicher als das, was du mit offenen Augen siehst. Am Morgen ist er fort, keine Spur davon bleibt zurück. Wenn du am Morgen aufwachst, siehst du, dass es ein Traum und keine Wirklichkeit war. Dieser Traum des Lebens dauert ein paar Jahre. Dann wacht man plötzlich auf und das ganze Leben erweist sich als Traum!

Der Tod ist eine große Offenbarung. Gäbe es keinen Tod, gäbe es auch keine Religion. Es liegt am Tod, dass es Religion gibt. Es liegt am Tod, dass ein Buddha geboren wurde. Alle Buddhas werden geboren, weil sie sich den Tod vergegenwärtigen. Wenn du am Bett eines Sterbenden sitzt, fühle den Tod. Bedaure nicht ihn, sondern dich selbst. Du sitzt im selben Boot, bist in derselben Situation. Der Tod kann jeden Tag an deine Tür klopfen. Sei bereit. Bevor der Tod bei dir anklopft, komm heim zu dir selbst. Er sollte dich nicht unterwegs erwischen, sonst erscheint dir dieses ganze Leben wie ein Traum und du fühlst dich innerlich arm, bettelarm.

Das Leben – das wirkliche Leben – stirbt niemals. Wer stirbt dann? Du stirbst. Das „Ich" stirbt, das Ego stirbt. Das Ego gehört dem Tod, das Leben aber nicht. Wenn du also egolos sein kannst, gibt es keinen Tod für dich. Wenn du das Ego bewusst loslassen kannst, hast du den Tod besiegt. Bist du wirklich bewusst, kannst du es in einem einzigen Schritt loslassen. Wenn du nicht so bewusst bist, wirst du es Schritt für Schritt loslassen müssen. Es hängt von dir ab. Aber eins ist sicher: Das Ego muss aufgegeben werden. Mit dem Verschwinden des Egos verschwindet der Tod. Mit dem Loslassen des Egos lässt man auch den Tod los. Nicht die Person, die stirbt, sollte dir leid tun; du selbst solltest dir leid tun. Wenn du bei ihr sitzt, lass dich vom Tod umgeben, sodass du einen Vorgeschmack davon bekommst. Fühle die Hilflosigkeit, die Machtlosigkeit. Wer fühlt sich hilflos? Wer fühlt sich machtlos? Das Ego, denn du siehst, dass du nichts mehr tun kannst. Du würdest ihr so gerne helfen und kannst es nicht. Du möchtest, dass sie überlebt, aber man kann nichts mehr tun.

Fühle diese Machtlosigkeit so tief wie möglich. Aus dieser Hilflosigkeit erwächst eine bestimmte Art von Bewusstheit, eine Offenheit für Gebet und Meditation. Nutze den Moment des Todes anderer – es ist eine große Gelegenheit. Nutze alles als Gelegenheit. Sitze an der Seite von Sterbenden. Sei still dabei und meditiere. Lass ihren Tod ein Hinweis für dich sein, damit du dein Leben nicht weiter verschwendest. Dasselbe wird mit dir geschehen. Wenn du den Tod in einen festlichen Moment verwandeln kannst, hast du deinem Freund, deiner Mutter, deinem Vater, deinem Bruder, deiner Frau oder deinem Mann sehr geholfen. Du hast ihnen das größte Geschenk gemacht, das in der Existenz möglich ist. Und wenn der Tod nahe ist, ist es ganz einfach.

Als Kind macht man sich noch keine Sorgen um Leben und Tod, man kümmert sich nicht darum. Als junger Mensch ist man zu sehr beschäftigt: mit den Spielen seiner Biologie, mit Ambitionen, man möchte reicher werden, mehr Macht und Prestige bekommen und hat keine Zeit, über die Ewigkeit nachzudenken.

Aber wenn du im Sterben liegst – kurz vor deinem Tod –, hast du keine Ambitionen mehr. Ob du reich oder arm bist, macht keinen Unterschied, ob du ein Verbrecher oder ein Heiliger bist, macht keinen Unterschied. Der Tod reißt dich aus allen Rangunterschieden, aus allen idiotischen Spielen des Lebens heraus.

Oft zerstören Angehörige und Freunde diesen wunderschönen Moment, anstatt dem Sterbenden zu helfen. Es ist der kostbarste Moment im Leben eines Menschen. Selbst wenn er einhundert Jahre gelebt hat – dies ist der kostbarste Moment. Aber die Leute fangen an zu weinen und zu klagen, bekunden ihr Mitleid und sagen: „Es ist noch nicht die richtige Zeit! Es darf nicht passieren!“ Oder sie fangen an, den Sterbenden trösten zu wollen, und sagen: „Mach dir keine Sorgen. Die Ärzte sagen, dass du bald wieder gesund wirst.“

Das sind alles Dummheiten. Sogar die Ärzte machen bei diesen dummen Spielen mit. Oft sagen sie es der Person nicht, dass sie im Sterben liegt. Sie meiden das Thema, sie machen allen weiter Hoffnung. Sie sagen: „Keine Sorge, du wirst gerettet“, obwohl sie genau wissen, dass der Patient sterben wird. Sie geben ihm falschen Trost, denn sie wissen nicht, dass dies der Moment ist, in dem man einen Menschen auf seinen Tod aufmerksam machen sollte. Seine Aufmerksamkeit sollte so klar sein, dass er reines Bewusstsein erfahren wird.

Dann wird dieser Moment zu einem Moment des großen Sieges. Nun gibt es für diesen Menschen keinen Tod mehr, sondern ewiges Leben

2. Da sein

Wenn der Tod kommt, muss man sehr respektvoll sein, denn der Tod ist keine gewöhnliche Angelegenheit. Er ist das Außergewöhnlichste, was es auf der Welt geben kann. Nichts ist mysteriöser als der Tod. Der Tod dringt bis ins Zentrum der Existenz vor und wenn jemand gestorben ist, bewegt man sich auf heiligem Boden. Es ist der heiligste Augenblick, der möglich ist. Gewöhnliche Neugierde hat da nichts zu suchen – sie ist respektlos.

Du musst still sein. Kannst du still sein, wenn der Tod kommt, wirst du plötzlich viele Dinge sehen, denn Tod heißt nicht nur, dass jemand aufhört zu atmen. Viele Dinge geschehen. Wenn jemand stirbt, beginnt seine Aura allmählich zu verschwinden. Wenn du still bist, kannst du spüren, wie eine starke Energie, ein lebendiges Kraftfeld sich zusammenzieht und zur Mitte zurückkehrt.

Wenn ein Kind geboren wird, geschieht genau das Gegenteil. Wenn das Kind geboren wird, beginnt sich eine Aura auszubreiten. Das fängt beim Nabel an. Es ist, als würdest du einen Kieselstein in einen See werfen: Es entstehen kleine Wellen, die sich immer weiter ausbreiten. Wenn das Kind atmet, wird das Nabelzentrum aktiviert. Der erste Kiesel ist in den stillen See geworfen worden, und die Wellen breiten sich immer weiter aus. So dehnst du sie zuerst immer weiter aus. Mit etwa fünfunddreißig Jahren ist sie vollständig, sie hat den Gipfelpunkt erreicht. Dann beginnt sie, sich wieder zusammenzuziehen. Wenn man stirbt, geht sie zurück zum Nabel. Wenn sie den Nabel erreicht, wird sie zu einer konzentrierten Energie, zu konzentriertem Licht. Bist du ganz still, kannst du es spüren: Du spürst eine Art Zug. Sitzt du bei einem Menschen, der gerade gestorben ist, spürst du es wie eine ganz feine Brise, die plötzlich zu ihm hin weht, und du fühlst, wie dich etwas zieht. Der Tote hat sein ganzes Leben auf einen Punkt zusammengezogen, das ganze Energiefeld, das er war.

Um einen Toten herum geschieht vieles: Wenn er mit jemandem in tiefer Liebe verbunden war, bedeutet es, dass er einen Teil seiner Lebensenergie an diesen Menschen abgegeben hatte. Bei seinem Tod geht dieser Teil, den er jemand anderem gegeben hatte, von dieser Person weg und geht zu dem Toten zurück. Wenn du hier stirbst und deine Geliebte oder dein Geliebter lebt in Hongkong, wird bei ihr oder ihm sofort etwas entweichen, da du einen Teil deines Lebens weggegeben hattest. Und dieser Teil kehrt nun zu dir zurück. Deshalb hast du beim Tod eines geliebten Menschen das Gefühl, dass etwas in dir auch weggegangen ist, dass etwas in dir auch gestorben ist. Da ist nun eine tiefe Wunde, ein tiefes Loch.

Immer wenn ein geliebter Partner stirbt, stirbt auch etwas in dem, der ihn geliebt hat, da sie so tief miteinander verstrickt waren. Wenn du jedoch viele Menschen geliebt hast – wenn zum Beispiel jemand wie Buddha stirbt –, kehrt die Energie aus dem ganzen Universum zurück ins Zentrum. Dann ist es eine universale Erscheinung, da er mit vielen verschiedenen Leben, Millionen von Leben verbunden ist. Von überall her wird seine Energie zurückkommen. Die Schwingungen, die er so vielen Menschen gegeben hat, entfernen sich. Sie gehen zurück zu ihrer ursprünglichen Quelle, sie werden sich wieder in der Nähe des Nabels konzentrieren.

Wenn du aufmerksam bist, wirst du spüren, wie die Wellen in der umgekehrten Richtung zurückkommen. Wenn sie im Nabelzentrum völlig konzentriert sind, kannst du eine ungeheuer starke Energie wahrnehmen, wie eine riesige leuchtende Kraft. Dann verlässt dieses Zentrum den Körper.

Wenn ein Mensch „stirbt", bedeutet es einfach, dass er aufhört zu atmen, und du glaubst, er sei tot. Er ist nicht tot, das dauert eine Weile. Manchmal, wenn die Person mit Millionen von Leben verbunden war, dauert es viele Tage, bis er stirbt. Deshalb gibt es im Osten den Brauch, dass die Leichen von Weisen und Heiligen nie verbrannt werden.

Nur Heilige werden nicht verbrannt, alle anderen ja, da sie nicht so stark engagiert waren. Innerhalb weniger Minuten sammelt sich ihre Energie und sie gehören nicht länger dieser Existenz an.

Wenn jemand stirbt, sei still und beobachte aufmerksam.

Wo immer auf der Welt einem Toten Respekt gezollt wird, werden die Leute für ein paar Minuten still, ohne zu wissen, warum. Diese Tradition hat sich überall auf der Welt erhalten. Warum Stille? Die Tradition ist bedeutungsvoll. Vielleicht weißt du nicht warum, vielleicht bist du nicht bewusst und deine Stille ist von innerem Geschnatter erfüllt, oder du tust es nur als Ritual – das liegt an dir. Doch es ist geheimnisvoll. Dies ist nicht der Moment, über den Tod zu reden, dies ist der Moment, mit dem Tod zu sein.

Selbst wenn ein Fremder stirbt, stirbst du mit.

Wenn jemand stirbt, sei in seiner Nähe, lass dich auf den Tod ein, lass ihn zu und lass es mit dir geschehen. Wenn dein Vater stirbt, fühle mit ihm, fühle dich in ihn ein, wenn es schwer für ihn wird zu atmen. Spüre, was er spürt; werde eins mit ihm. Lass den Tod auch zu dir kommen. Du wirst sehr viel daraus gewinnen. Du wirst deinem Vater dankbar sein – für sein Leben ebenso wie für seinen Tod. Er hat dir viel gegeben, als er am Leben war, und als er starb, hat er dir noch mehr gegeben.

Wenn deine Frau stirbt, wenn dein Mann stirbt, sei ganz nahe dabei. Fühle den Herzschlag eines sterbenden Freundes, eines Liebhabers, einer Geliebten. Lass diese Erfahrung auch zu deiner Erfahrung werden. Während du den Tod in seinen vielen Aspekten kennenlernst, wirst du in ihm allmählich einen Freund erkennen, ihn nicht mehr als Feind sehen, sondern als große Ruhe und Entspannung. Er ist nicht gegen das Leben. Nur durch den Tod wird Leben möglich. Ohne den Tod wäre kein Leben möglich.

Wenn eine Rose am Abend verwelkt und ihre Blütenblätter herabfallen, setze dich daneben und meditiere. Fühle dich wie eine Blume, deren Blütenblätter herabfallen. Oder früh am Morgen, wenn die

Sonne aufgeht und die Sterne verschwinden, fühle, wie du selbst mit allen Sternen verschwindest. Und wenn die Sonne aufgegangen ist und die Tautropfen auf dem Gras allmählich verschwinden, fühle, wie du verschwindest – wie ein Tautropfen. Fühle den Tod auf jede nur erdenkliche Art. Werde selbst zur großen Erfahrung des Todes.

Ich habe soeben erfahren, dass mein Vater Krebs hat. Man hat ihm noch nicht gesagt, dass er wahrscheinlich nicht mehr lange zu leben hat. Glaubst du, es ist besser, wenn er es weiß, oder nicht?

Von Psychologen wird angenommen, von Medizinern übrigens auch, dass der Mensch nicht deshalb etwa siebzig Jahre lebt, weil sein Leben begrenzt ist, sondern weil es seit Jahrtausenden heißt, dass ein menschliches Leben so lange dauert. Das ist Selbsthypnose: drei Mal zwanzig und zehn – die biblische Vorstellung. Seit den Tagen der Bibel ist es immer wiederholt worden, dass der Mensch siebzig Jahre zu leben hat – das ist das Gesetz. Wenn man fünfzig ist, beginnt man zu denken, dass der Tod jetzt näherkommt. Mit einundsechzig glaubt man dann: „Jetzt stehe ich an der Schwelle." Mit siebzig ist man bereit. Dies ist die Wiederholung einer Vorstellung. Da sie seit Jahrtausenden immer wiederholt worden ist, hat sie große Kraft bekommen und ist zur Selbsthypnose geworden. Also stirbt der Mensch.

Die moderne Forschung zeigt, dass kein Mensch mit siebzig Jahren sterben braucht. Es gibt nicht einmal eine Grenze für seine Lebenserwartung. Er kann, ohne diese Autohypnose, hundertfünfzig Jahre leben oder auch länger.

Es ist also besser, ihm die Wahrheit zu sagen. Dadurch könnte sich sein Lebensmuster ändern und er wird vielleicht auf eine ganz andere Art leben.

Ich habe von einem Mann gehört, der bald sterben sollte. Die Ärzte gaben ihm nicht mehr als sechs Monate. Er war ein sehr reicher Mann, aber auch sehr geizig. Er hatte nie wirklich gelebt. Er dachte immer nur nach: ob er mit dieser Frau ins Bett gehen sollte, ob er jenes Auto kaufen sollte, aber er tat nichts dergleichen. Er fuhr immer noch seinen alten Ford. Er war wirklich ein Geizhals – er drehte jeden einzelnen Cent tausend Mal um. Aber jetzt sollte er in sechs Monaten sterben, also überlegte er: „Was nun?"

Er bestellte sich die schönste Kleidung, die es gab, alles maßgeschneidert, kaufte sich die schönsten Autos, die auf dem Markt waren – nicht eines, sondern alle! Und verliebte sich in Frauen, wo immer er ihnen begegnete. Er hatte schon immer eine Weltreise machen wollen, also ging er auf eine Weltreise. Er nahm sich alles, was er wollte und wurde zum Genießer. Er vergaß sein anderes Leben, da er in sechs Monaten sterben sollte. Und er hatte genug Geld. Als er nach sechs Monaten von seiner Weltreise zurückkehrte, war sein Krebs verschwunden. Die Ärzte waren erstaunt. Sie sagten: „Keine Spur mehr vom Krebs! Was ist geschehen? Was haben Sie gemacht?"

Er sagte: „Ich habe gar nichts getan. Es liegt an euch! Ich habe in den letzten sechs Monaten zum ersten Mal gelebt."

Dieses Leben hatte ihn seinen Stress zum ersten Mal vergessen lassen, er entspannte sich. Er reiste in den Himalaja, er reiste in die Schweiz, er besuchte alle schönen Orte der Welt. Nun brauchte er sich nicht mehr selbst zu verleugnen, er genoss alles in vollen Zügen. Er würde sterben – vielleicht in sechs Monaten, aber wenn er richtig über die Stränge schlug, würde der Tod vielleicht schon in drei Monaten kommen. Es war ihm egal. Er konnte ruhig kommen, aber er würde diesen Tag noch genießen. Er entspannte sich, seine Energie kam ins Fließen, seine Blockaden waren verschwunden.

Sage also den Ärzten, sie sollen ihn darüber aufklären. Sonst ist es nicht fair, darüber muss man einen Menschen informieren. Es ist ein so großes Ereignis in seinem Leben, das ihm nicht verheimlicht werden darf. Dies ist sein Tod, er muss davon erfahren.

Mein Bruder liegt im Sterben, aber niemand in der Familie will darüber reden – besonders nicht mit ihm. Ich glaube, er muss es erfahren, denn er ist sehr krank, aber keiner hat es ihm gesagt. Was kann ich für ihn tun?

Wenn du mit ihm die *Nadabrahma*-Meditation (S. 195) machst, kann es ihn sehr entspannen. Zeige ihm, wie es geht, mache die Meditation mit ihm, und mache sie mit so viel Intensität wie möglich. Das wird eine tiefe Wirkung auf ihn haben. Er wird es genießen, im Bett zu liegen und auf den Tod zu warten.

Im Westen wird mit dem Tod absolut töricht umgegangen. Zuerst sagt man einem Menschen nicht, dass er bald stirbt. Das ist völlig unsinnig, da er sich dann weiter um sein Leben Sorgen macht, da er meint, er würde leben, und alle ihm vormachen, er würde leben. Finde also einen stillen Moment, wenn kein anderer da ist, und kläre ihn darüber auf. Vielleicht ist es schockierend für ihn, aber es ist gut, denn sobald ein Mensch weiß, dass er sterben muss, verliert er unmittelbar das Interesse an der Welt – sofort.

Überlege dir einmal: Sobald du weißt, dass du in ein paar Tagen sterben wirst, verliert mit einem Mal die ganze Welt – Geld, Bank, Geschäfte, dies und das – ihren Sinn. Nun ist alles nichts weiter als ein Traum, aus dem du bereits erwachst. Wenn du jemandem sagst, er werde innerhalb einer bestimmten Zeit sterben, beginnt er über die Zukunft nachzudenken. Dann ist Meditation möglich.

Wenn du ihm sagst, er werde leben und alles sei in Ordnung, wenn die Ärzte, das Krankenhauspersonal und Verwandte ihm dasselbe vormachen und lächeln, betrügst du ihn. Er wird weiter an unnützen, sinnlosen Dingen hängen, die nur Müll sind. Sobald er weiß, dass er stirbt, wird er diesen Müll von ganz alleine fallen lassen. Sofort ändert sich seine ganze Sichtweise. Er ist schon nicht mehr hier. Er beginnt in die Zukunft zu blicken, denn wenn man eine Reise macht, beginnt man sich vorzubereiten.

Wenn du morgen verreisen musst, beginnst du deine Koffer zu

packen und machst dir keine Sorgen mehr um das Hotelzimmer, in dem du bist. Eigentlich bist du gar nicht mehr hier, du organisierst deine Sachen und Koffer und denkst an die Reise. Dasselbe geschieht mit jemandem, dem du sagst, dass er sterben wird, dass sein Tod sicher und unvermeidlich ist und dass er keine Zeit mehr zu vergeuden hat. Der entscheidende Moment ist gekommen und er hat genug von seinem Leben vergeudet. Dieser Mensch wird sofort der Welt den Rücken kehren und nach dem dunklen Geheimnis in der Zukunft Ausschau halten.

Wenn du ihm dann etwas über Meditation erzählst, wird er bereit dazu sein – und das kann das größte Geschenk für ihn sein.

Meine Großmutter liegt im Sterben. Wie kann ich ihr helfen? Sie ist zweiundachtzig und meistens voller Angst und aufgewühlt.

Bringe ihr eine kleine Meditation bei: den Atem beobachten. Während sie im Bett liegt, setze dich an ihre Seite und lege deine Hand auf ihren Kopf. Werde ganz ruhig, still und meditativ. Meditation ist ansteckend, wenn du wirklich meditativ bist, kann es übertragen werden. Sitze also bei ihr, werde ganz still, lege die Hand auf ihren Kopf und erkläre ihr, dass sie einfach ihren Atem beobachten soll – wie der Atem hereinkommt und wieder herausgeht.

Sage ihr, wenn sie beobachten kann, wie ihr Atem kommt und wieder geht, wird ihr bewusst werden, dass sie nicht dieser Körper ist und dass sie auch nicht der Atem ist. Sie ist das, was schaut; und dieses Schauende stirbt nie. Es ist unsterblich.

In dem Moment, in dem wir unseren inneren Zeugen erkennen, sind wir unsterblich. Der beste und kürzeste Weg zu dieser Erkenntnis ist es, den Atem zu beobachten, denn der Atem ist die Brücke, die den Körper mit der Seele verbindet. Wenn du den Atem beobachtest, bist du bereits am anderen Ufer. Den Atem zu beobachten heißt, du siehst die Brücke; die Brücke, die dich mit dem Körper verbindet. Der Körper ist weit weg. Zwischen dir und dem Körper ist der Atem. Du beobachtest den Atem. Da du ihn beobachtest, bist du getrennt davon. Du kannst eine Sache nur dann beobachten, wenn du getrennt davon bist.

Wenn du ihr also in ihren letzten Tagen helfen kannst zu beobachten, machst du ihr damit das größte Geschenk, das du ihr geben kannst bevor sie geht. Denn dann kann sie in vollkommener Stille, ganz kühl und gesammelt gehen. Und das ist die wahre Art zu sterben.

Es gibt viele Leute, die nicht wissen, wie man lebt; und es gibt nur sehr wenige Leute, die wissen, wie man stirbt. Das ist die größte Kunst, denn das ist der Höhepunkt des Lebens.

Wenn du den Tod versäumst, hast du dein ganzes Leben versäumt. Du wirst wieder in einen Mutterschoß zurückgeworfen, denn du wirst lernen und den ganzen Prozess noch einmal durchmachen müssen. Du bist „durchgefallen", also musst du dieselbe Klasse noch einmal wiederholen, bis du versetzt wirst. Und es gibt nur einen Weg, versetzt zu werden: dass du beim Sterben so sehr in deiner Mitte bist, so wach und so friedlich bist, dass überhaupt keine Angst aufkommt. Das kann man nicht schaffen, indem man einfach tapfer ist – nein. Man kann es nicht schaffen – es ist ausgeschlossen. Außer du weißt, dass es etwas in dir gibt, das nicht stirbt, ist es nicht möglich, es zu schaffen. Und dieses Unsterbliche ist immer da: Es ist dein Bewusstsein, der stille Zeuge.

Gehe einfach zu ihr und hilf ihr jeden Tag. Immer wenn sie bereit dazu ist – morgens oder abends – sitze ein paar Minuten an ihrem Bett. Und während du deine Hand auf ihren Kopf legst, beobachte auch deinen Atem. Du tust das, von dem du eigentlich möchtest, dass sie es tut. Nur so kann es übertragen werden. Deine meditative Haltung kann auf ihr Sein überspringen.

Mein Partner stirbt an einem Gehirntumor, aber er ist immer noch bewusst. Kann ich irgendetwas tun, um ihm zu helfen?

Hilf ihm, meditativ zu sterben. Meditation ist die Brücke zwischen Leben und Tod. Sie ist von unschätzbarem Wert, solange man lebt, und sie ist auch von unschätzbarem Wert, während man im Sterben liegt. Wenn du während deines Lebens meditiert hast, bleibst du gelassen und ruhig, du bleibst im Zentrum des Wirbelsturms. Wenn man im Sterben liegt, tobt der Orkan auf seinem Höhepunkt. Bleibt man auch dann im Zentrum, dann braucht man nicht wiedergeboren zu werden. Der Sinn des Lebens ist erfüllt. Dies ist der Sinn: Das ganze Leben ist eine Gelegenheit sich ablenken zu lassen, und es ist eine Gelegenheit im Zentrum zu bleiben und sich nicht ablenken zu lassen. Das Leben ist eine große Herausforderung, sich nicht stören zu lassen. Wenn du dich stören lässt, hast du verloren. Wenn du ungestört bleibst, hast du gewonnen und bist siegreich. Die letzte Prüfung ist der Tod.

Geh also hin und hilf ihm still zu sein. Spiele Musik für ihn – klassische Musik ist hilfreich – und sage ihm, er soll einfach der Musik zuhören. Bitte ihn, seinen Atem zu beobachten. Bitte ihn, sich zu entspannen und nicht gegen den Tod zu kämpfen, da auch der Tod göttlich ist. In der westlichen Mentalität weiß man nicht, wie man sich entspannt. Man weiß allerdings ganz genau, wie man kämpft. Man ist Krieger und kämpft bis zum bitteren Ende. Selbst gegen den Tod kämpft man weiter an. Auch wenn man keine Chancen hat zu gewinnen, bleibt die alte Gewohnheit bestehen.

Bitte ihn, sich zu entspannen. Bitte ihn, dem Tod zu erlauben ihn in Besitz zu nehmen. Bitte ihn, den Tod einzuladen, den Tod nicht als Feind zu sehen, sondern als einen Freund. Wenn du bei ihm bist, sei so glücklich, wie du nur kannst. Das ist der einzig wahre Weg, sich von jemandem, der stirbt, zu verabschieden. Die Leute machen genau das Gegenteil – in der Nähe eines Sterbenden werden sie ernst, traurig und verzweifelt. Sie erzeugen eine dunkle Atmosphäre. Der Sterbende braucht aber ein wenig Licht. Er begibt sich auf eine lange Reise. Er braucht Menschen, die mit ihm Abschied feiern. Aber die Leute machen es ihm schwer. Sie meinen, sie seien freundlich und teilnahmsvoll, aber sie machen ihm die Reise nur schwerer.

Da der Sterbende ihre Traurigkeit sieht, wird er noch trauriger. Er versucht, das Leben festzuhalten und verzweifelt gegen den Tod anzukämpfen. Er meint, da alle so traurig sind, müsse der Tod etwas ganz Schreckliches sein. Weder die Leute um ihn herum wissen, was der Tod ist, noch weiß er es selbst. Das ist keine gute Art, sich von jemandem zu verabschieden.

Lass Musik da sein, lass Licht und Lachen da sein. Singe ihm Lieder vor, sei liebevoll und hilf ihm zu spüren, dass er nun auf dem Weg in ein anders geartetes Leben ist – der Tod ist nur eine Tür. Die alten Kleider werden abgelegt und er wird bald bessere Kleidung haben. Wenn er lachend gehen kann, dann hast du ihm wirklich geholfen. Sei an seiner Seite und hilf ihm so viel du kannst.

Meine Frau ist schwerkrank. Die Ärzte wissen nicht, ob sie es schaffen wird. Ich fühle mich so hilflos und weiß nicht, was ich tun soll.

Wenn der Tod nahe ist, oder wenn man das Gefühl hat, dass er nahe ist, dann bietet er eine großartige Gelegenheit zu lieben. Wenn wir meinen, der andere bleibt am Leben, sind wir geizig mit unserer Liebe, denn wir können ja auch noch morgen oder übermorgen lieben; der Verstand schiebt immer alles auf. Der Verstand hat Angst vor der Liebe, denn die Liebe ist ihm zu viel; er kann sie nicht kontrollieren. Liebe ist zu überwältigend für ihn, Liebe schafft Chaos und der Verstand versucht immer, irgendwie Ordnung zu schaffen. Deshalb schiebt er die Liebe immer auf.

Wenn man jedoch den Tod in der Nähe spürt – und der Tod ist immer in der Nähe, jeder kann jeden Moment sterben –, aber wenn wir glauben, jemand sei schwerkrank und, selbst wenn die Person nicht stirbt, den Schatten des Todes spüren, dann kann man nicht mehr weiter aufschieben. Die Liebe muss jetzt in diesem Moment gelebt werden, denn wir können nicht einmal mehr an den nächsten Moment denken.

Wenn es keine Zukunft mehr gibt, kann der Verstand dich nicht mehr kontrollieren. Nur durch die Zukunft kann er die Kontrolle behalten, nur durch Aufschieben. Er sagt: „Warte bis morgen. Lass mich jetzt meine Dinge erledigen, morgen kannst du etwas anderes machen. Wir können es doch auch morgen machen. Warum die Eile?"

Wenn es aber kein Morgen mehr gibt und du plötzlich spürst, dass der Vorhang gleich fällt, kann dich der Verstand nicht mehr täuschen. Diese Augenblicke können eine große Offenbarung werden.

Also liebe sie, denn Liebe ist alles, was wir haben.

Alles andere ist unwesentlich, weil alles andere außen ist. Nur Liebe kommt von innen. Alles andere – wir können Geld geben, irgendwelche Dinge, Geschenke – haben wir nicht mitgebracht, als wir auf die Welt kamen. Wir haben sie hier angesammelt. Wir kommen nackt, aber wir sind voller Liebe. Wir kommen völlig leer, aber wir sind voller Liebe, überfließend. Wenn wir also unsere Liebe geben, nur dann geben wir wirklich. Das ist das Geschenk, das wirkliche Geschenk. Und man kann es nur dann wirklich geben, wenn der Tod gegenwärtig ist. Versäume also keine Gelegenheit!

Vielleicht wird sie am Leben bleiben, aber dann hast du eine äußerst wichtige Lektion gelernt. Dann vergiss diese Lektion nie wieder, denn niemand braucht ernsthaft krank zu werden, um zu sterben. Man kann jeden Moment einfach an einem Herzschlag sterben.

Schiebe die Liebe also nie mehr auf. Du kannst alles andere aufschieben außer der Liebe. Und wer die Liebe nie aufschiebt, der wird zur Liebe. Liebe zu werden bedeutet, dass Göttliche zu erkennen. Der Tod ist eine große Chance. Er wirft dich zur Quelle deiner Liebe zurück. Sei also bei ihr und lass deine Liebesenergie fließen. Wenn sie stirbt, wird sie in einem wunderbar liebevollen Zustand sterben. Wenn sie überlebt, wird sie wie neugeboren sein. Beides ist vollkommen gut. Der Tod ist nicht entscheidend, alles, was entscheidend ist, ist die Liebe.

Sei also liebevoll. Wenn sie geht, geht sie mit großer Liebe. Und wenn Liebe da ist, ist kein Tod da. Wen kümmert dann der Tod? Man kann lachend sterben. Wenn man sich geliebt weiß, kann man dem Tod festlich begegnen. Wenn sie stirbt, wird sie ganz friedlich sterben. Wenn sie überlebt, wird sie als neuer Mensch leben. Sie wird zum ersten Mal dein Herz kennengelernt haben.

Meine Mutter ist seit fünfunddreißig Jahren krank und liegt nun seit sieben Tagen im Koma. Sie hat oft gesagt, sie wolle sterben, doch jetzt sieht es so aus, als könnte sie für immer zwischen Leben und Tod hängen bleiben. Ich würde so gerne etwas tun, damit sie nicht länger in diesem Zustand bleiben muss.

Fasse den Beschluss, jeden Abend vor dem Schlafengehen fünf Minuten lang für sie zu beten. Bete für ihren Tod, nicht dafür, dass sie überlebt. Bitte darum, dass sie ihren Körper verlässt. Genug ist genug. Bete, dass sie vom Körper befreit wird, dass sie nicht mehr länger dahinzusiechen braucht. Mache dir keine Sorgen mehr um deine Mutter. Es ist gut, wenn sie stirbt. Manchmal ist es gut zu leben. Manchmal ist es gut zu sterben. Nichts ist an sich gut – es kommt immer darauf an. Hilf ihr also, damit sie gehen kann. Hilf ihr jeden Abend dabei zu gehen.

Unsere Verhaftung mit dem Körper ist so stark, dass wir, selbst wenn der Körper schwer krank ist und wir bewusst sterben wollen, unbewusst weiter daran festhalten. Sobald sie unbewusst nicht mehr festhält, wird sie sofort sterben. Der Körper ist bereit zu sterben, nur der Geist hält noch fest. Sie mag sagen, sie wolle sterben, aber das ist nur an der Oberfläche. Tief im Unterbewusstsein will sie leben. Im Unterbewusstsein hofft sie weiter, gegen jede Hoffnung. Vielleicht geschieht ja etwas und sie wird wieder gesund, vielleicht kann sie ja bald wieder gehen, wer weiß? Vielleicht wird bald eine Wunderdroge erfunden … Man hofft immer weiter.

Gerade ein Mensch, der fünfunddreißig Jahre lang krank war, der nie richtig gelebt hat, klammert sich natürlich noch mehr ans Leben.

Das ist paradox. Normalerweise meinen wir, dass jemand, der fünfunddreißig Jahre krank war und seit vierzehn Jahren gelähmt ist, gerne sterben möchte, doch das ist nicht die richtige Schlussfolgerung. Der Wunsch zu sterben kommt nur dann ganz natürlich, wenn man sein ganzes Leben wirklich gelebt hat, wenn man mit einer solchen Tiefe gelebt hat, dass die Frucht bereit ist herabzufallen. Doch deine Mutter hat nicht so gelebt.

Sie mag achtundsechzig sein, aber wir können fünfunddreißig Jahre ihres Lebens abziehen. Sie hat nur dreißig Jahre gelebt; und selbst das ist nur ein Traum irgendwo in der Vergangenheit. Vielleicht hat sie auch das schon vergessen und weiß nicht mehr, ob sie jemals richtig lebendig war. Wer also nicht gelebt hat, hält eher fest.

In den letzten beiden Monaten habe ich für meine Schwester gesorgt, während sie im Krankenhaus an Krebs starb. Ich konnte ihr Liebe geben und mich um ihren Körper kümmern, aber ich habe es nicht geschafft, ihr Meditation nahezubringen. Sie lehnte es ab, dem Tod ins Auge zu blicken. Es ist ein Rätsel für mich, dass sich nach allem Leiden, das sie durchgemacht haben muss, im letzten Moment ein glückliches Lächeln auf ihrem Gesicht ausbreitete.

Deine Frage bringt etwas ganz Fundamentales ans Licht, und zwar Folgendes: Wenn durch Zufall – und ich erkläre gleich, was ich mit „Zufall" meine – jemand unter großen Qualen stirbt, zum Beispiel an Krebs, dann lassen es die Schmerzen des Krebses nicht zu, dass der Sterbende das Bewusstsein verliert.

Dann macht man kurz vor dem Tod, wenn der Körper sich von der Seele trennt, eine großartige Erfahrung, die sonst nur Mystiker und Meditierende kennen. Mit ihnen geschieht es nicht zufällig, sie haben sich darauf vorbereitet. Ihre Meditation war ja nichts anderes als der Versuch, mit dem Körper nicht mehr identifiziert zu sein.

Meditation kann einen auf den Tod vorbereiten, damit man sterben kann, ohne bewusstlos zu werden. Ansonsten stirbt man normalerweise bewusstlos. Deshalb weiß man nicht, dass man vom Körper getrennt war, dass man nicht gestorben ist. Nur die Verbindung zwischen einem selbst und dem Körper ist verschwunden. Und das Bewusstsein ist so dünn gewesen, dass durch die Trennung des Körpers von der Seele dieser dünne Bewusstseinsfaden abreißt. Doch der Meditierende begibt sich immer wieder bewusst genau in diese Situation, wo er sich deutlich von seinem eigenen Körper abhebt. Mit anderen Worten: Der Meditierende erlebt den Tod viele Male bewusst, sodass es keine neue Erfahrung ist, wenn der Tod kommt. Menschen, die meditiert haben, sind immer lachend gestorben.

Du hast versucht, deiner Schwester Meditation beizubringen. Das ist allerdings schwierig, denn wenn jemand unter solchen Schmerzen leidet, scheint alles, was du sagst, unsinnig zu sein. Als sie aber wirklich starb, hat sie wahrscheinlich in dem Moment, bevor die Trennung stattfand, erkannt: „Mein Gott, ich dachte, ich bin der Körper und deshalb habe ich so gelitten. Die Identifikation war mein Leiden!" Nun fand die Trennung statt, der Faden wurde durchschnitten und sie lächelte. Natürlich warst du verwundert darüber, was passierte, da sie doch gegen den Tod gekämpft hatte, gegen die Qualen gekämpft hatte und weder auf dich hörte noch sich bemühte, Meditation zu lernen. Es geschah durch Zufall.

Das Wichtigste, was man im Leben zu lernen hat, ist, dass man nicht der Körper ist. Das gibt einem Freiheit von Schmerz und Leid! Nicht, dass du nicht mehr leidest oder keine Schmerzen oder keinen Krebs mehr hast. Das alles wird es immer noch geben, aber du wirst nicht damit identifiziert sein. Du bist einfach der Betrachter. Und wenn du deinen Körper so betrachten kannst, als sei es der Körper von jemand anderem, hast du etwas ungeheuer Wichtiges erlangt. Dein Leben war nicht umsonst. Du hast die größte Lektion gelernt, die einem Menschen möglich ist.

Meine Meinung dazu ist, dass Meditation für Schüler und Studenten sowie für jeden, der sich aus dem Arbeitsleben zurückzieht, Pflicht sein sollte. Es sollte Universitäten und Hochschulen geben, an denen Meditation gelehrt wird. Jedes Krankenhaus sollte eine spezielle Abteilung für Sterbende haben. Bevor sie sterben, müssen sie die Möglichkeit haben, Meditation zu lernen. Dann können Millionen von Menschen mit lachendem Gesicht, mit Freude sterben. Dann ist der Tod einfach Freiheit – Freiheit von dem Käfig, den man Körper genannt hat.

Du bist nicht der Körper. Das hat deine Schwester in ihrem letzten Augenblick begriffen. Wahrscheinlich lächelte sie über ihr Missverständnis, und wahrscheinlich lächelte sie darüber, dass sie sich gegen den Tod gewehrt hatte. Vielleicht lächelte sie auch darüber, dass sie nicht bereit war, Meditation zu lernen. In ihrem Lächeln sind viele Nuancen enthalten, und ich kann verstehen, dass du verwundert warst.

Vergiss es nicht. Vielleicht wird ihr Lächeln einmal eine wichtige Bedeutung für dich haben. Sie hat dir ein Geschenk gemacht, ein Geschenk von unschätzbarem Wert. Sie konnte kein Wort mehr sagen, dazu war keine Zeit, aber ihr Lächeln hat alles gesagt.

Ich war dabei, als der Vater meines Freundes im Sterben lag. Er sagte zu uns: „Ich habe das Gefühl, dass ich zwei Körper habe. Einer ist krank und der andere ist vollkommen gesund." Wir sagten ihm, der gesunde Körper sei sein wahres Selbst und er solle sich daran halten. Daraufhin schloss er die Augen und die ganze Energie um das Krankenbett veränderte sich. Die Energie war so frisch, wir konnten es kaum glauben. Etwas später starb er ganz friedlich. Ich war tief berührt, jemanden im Moment seines Todes sehen zu dürfen, der bereit war, mit Vertrauen, Klarheit und Frieden alles loszulassen.

Eine solche Erfahrung ist immer möglich, wenn jemand stirbt. Man braucht nur ein wenig wach zu sein. Der Mann, der im Sterben lag, war bewusst. Man braucht nicht viel Bewusstsein, um diese Erfahrung zu machen. Im Augenblick des Todes trennen sich der materielle und der geistige Körper voneinander. Normalerweise sind sie so miteinander verquickt, dass du nicht spürst, dass sie getrennt sind. Aber im Moment des Todes, kurz bevor man stirbt, löst sich die Identifikation der beiden Körper miteinander auf. Jetzt werden sie verschiedene Wege gehen; der physische Körper geht zu den physischen Elementen, der geistige Körper geht weiter auf seiner Pilgerreise, zu einer neuen Geburt, in eine neue Form, in einen neuen Mutterschoß. Ist der Sterbende ein wenig aufmerksam, kann er es selbst sehen. Und ihr habt ihm gesagt, dass er der gesunde Körper sei und nicht der kranke, der starb. In solchen Momenten ist es sehr leicht zu vertrauen, weil der Sterbende es selbst mit eigenen Augen geschehen sieht. Er kann sich gar nicht mehr mit dem Körper identifizieren, der auseinanderfällt. Deshalb kann er sofort erkennen, dass er der gesündere, der tiefere Körper ist.

Aber ihr hättet ihm sogar noch ein bisschen mehr helfen können. Das war gut, aber noch nicht gut genug, auch wenn die Erfahrung des Mannes, mit dem physischen Körper nicht mehr identifiziert zu sein, die Energie im Raum verändert hat. Es wurde still und friedlich.

Hättet ihr jedoch die Kunst, wie man Sterbenden helfen kann, noch besser beherrscht, hättet ihr dort nicht aufgehört. Ihr hättet ihm unbedingt noch etwas Zweites sagen müssen, da er schon in einem so vertrauensvollen Zustand war. Jeder ist das angesichts des Todes.

Nur im Leben macht man sich Probleme, hat Zweifel und schiebt Dinge auf, aber der Tod hat keine Zeit mehr zum Aufschieben. Der Mann kann nicht sagen: „Ich versuche es mal“ oder „Ich schau mal, ob es morgen geht.“ Er muss es jetzt sofort tun, in diesem Augenblick, denn selbst der nächste Augenblick ist nicht sicher. Wahrscheinlich wird er ihn nicht mehr erleben. Was hat er also zu verlieren, wenn er vertraut? Der Tod wird ohnehin alles wegnehmen. Deshalb hat man keine Angst mehr zu vertrauen; man hat keine Zeit mehr, darüber nachzudenken. Und man ist sich im Klaren darüber, dass der physische Körper sich immer weiter entfernt.

Es war gut ihm zu sagen: „Du bist der gesündere Körper.“ Der zweite Schritt wäre gewesen, ihm zu sagen: „Du bist der stille Zeuge beider Körper. Der Körper, der stirbt, ist der physische Körper. Und der Körper, den du als gesund empfindest, ist der psychische Körper. Doch wer bist du? Du kannst beide Körper sehen. Also musst du etwas Drittes sein, du kannst nicht einer der beiden Körper sein."

Diesen Prozess nennen die Tibeter Bardo. Sie haben die Kunst des Sterbens entwickelt, während sich die ganze Welt um die Kunst des Lebens gekümmert hat. Tibet ist das einzige Land auf der Welt, das eine ganze Wissenschaft um die Kunst des Sterbens entwickelt hat. Sie nennen es Bardo.

Ihr hättet ihm sagen können: „Das ist gut. Du hast den ersten Schritt gemacht. Du bist aus dem physischen Körper hinausgetreten. Doch nun bist du mit dem psychischen Körper identifiziert. Auch das bist nicht du. Du bist nur gewahr, du bist reines Bewusstsein und Wahrnehmen." Hättet ihr ihm helfen können zu verstehen, dass er weder der eine noch der andere Körper ist, sondern etwas Körperloses, Formloses, ein reines Bewusstsein, dann hätte sein Tod eine ganz andere Dimension bekommen.

Ihr habt gesehen, wie sich die Energie veränderte. Ihr hättet noch eine weitere Veränderung der Energie erleben können. Ihr habt gespürt, wie sich Stille ausbreitete. Ihr hättet auch eine Musik hören können, eine tanzende Energie spüren können, ihr hättet einen bestimmten Duft wahrgenommen, der den ganzen Raum ausgefüllt hätte. Und auf dem Gesicht des Mannes wäre noch etwas Neues erschienen: eine Aura aus Licht.

Wenn er den zweiten Schritt auch noch hätte machen können, wäre sein Tod der letzte Tod gewesen. Im Bardo der Tibeter heißt dieser Tod „der große Tod", denn dann wird er nicht mehr in eine andere Form, in ein neues Gefängnis geboren. Nun bleibt er in der Ewigkeit, im ozeanischen Bewusstsein, mit dem das ganze Universum gefüllt ist. Vergesst dies also nicht – es kann euch immer passieren.

Vielleicht seid ihr da, wenn eine Freundin, ein Freund, eure Mutter, euer Vater oder ein Verwandter stirbt. Helft ihnen, zwei Dinge zu erkennen.

Erstens: Du bist nicht der physische Körper. Dies zu erkennen ist für einen Sterbenden nicht schwer. Zweitens, und das ist ein bisschen schwerer, aber wenn jemand in der Lage ist, das erste zu erkennen, besteht die Möglichkeit, dass er auch die zweite Erkenntnis hat: Du bist auch nicht der zweite Körper. Du stehst jenseits aller Körper. Du bist reine Freiheit und reines Bewusstsein.

Hätte dieser Mann den zweiten Schritt gemacht, hättet ihr gesehen, wie ein Wunder geschieht: etwas, das nicht nur still ist, sondern lebendiger ist; etwas, das der Ewigkeit, der Unsterblichkeit angehört. Jeder Anwesende im Raum wäre überwältigt gewesen und zutiefst dankbar, dass dieser Tod nicht Anlass zur Trauer sondern zu einem Fest geworden wäre.

Kürzlich war ich bei einem Menschen, wenige Stunden bevor er starb. Es war etwas im Raum, das ich nur als ungemein starke Energie beschreiben kann. Was geschieht, wenn ein Mensch stirbt?

In dem Augenblick, in dem ein Mensch stirbt, setzt er seine ganze Energie frei. Wenn du empfänglich bist, kannst du es spüren. Wenn du offen und empfänglich bist, spürst du, wie deine eigene Energie ansteigt. Dabei spielen viele verschiedene Faktoren eine Rolle: Was ist der Sterbende für ein Mensch gewesen? Welche Art von Energie hatte er? Wenn er Wut und Gewalttätigkeit unterdrückt hatte, ist es besser, wenn man ihm nicht zu nahe kommt, da seine ganze unterdrückte Wut und Gewalt freigesetzt wird, und du könntest unnötigerweise leiden, wenn du diese ganze Energie abbekommst. Das ist ganz natürlich, denn wenn jemand im Sterben liegt oder tot ist, wirst du in seiner Nähe automatisch still. Keiner wird laut, keiner redet. Der Tod ist eine so mysteriöse Angelegenheit, dass zunächst jeder im Schock ist.

Als erstes sollte einem also bewusst sein, was für ein Mensch im Sterben liegt. War es ein liebevoller, mitfühlender, netter Mensch, der immer hilfsbereit war und alles teilte, was er hatte, dann kann es sehr hilfreich für dich sein, ihm bei seinem Tod nahe zu sein, still bei ihm zu sitzen. Wenn er seinen Körper verlässt, strahlt er diese Energien um sich herum aus. Wenn seine Sexualität unterdrückt war, wenn er jemanden vergewaltigt oder sonst irgendwelche Verbrechen begangen hatte, sollte man lieber nicht in seiner Nähe sein, denn alles, was er in seinem Leben angesammelt hatte, wird freigesetzt. Er zieht in ein neues Haus um und sein ganzes Mobiliar bleibt im alten Haus. Er kann die ganzen Möbel nicht mitnehmen, sie verteilen sich um ihn herum.

Aufgrund dieser Tatsache haben die drei großen Religionen Indiens – der Hinduismus, die Jaina-Religion und der Buddhismus – den Brauch eingeführt, die Körper der Toten so schnell wie möglich zu verbrennen, damit die Leute keinen unnötigen oder schädlichen Schwingungen ausgesetzt werden. Denn die meisten Menschen verdrängen so viel Hässliches in ihrem Leben. In Indien werden nur Heilige nicht verbrannt, sie sind eine Ausnahme. Ihre Leichen werden in einem *Samadhi*, einer Art Grab aufbewahrt, damit man noch Jahre oder gar jahrhundertelang ihre Ausstrahlung spüren kann. Aber von normalen Menschen werden die Leichen sofort verbrannt, so schnell wie möglich.

In anderen Weltreligionen ist es nicht üblich, die Toten zu verbrennen, sondern man legt sie in ein Grab. Das ist gefährlich. Es bedeutet, dass man alle möglichen verdrängten Energien wie Wut, Hass, Sexualität, Gewalttätigkeit aufspeichert. Sie strahlen sie von den Gräbern her aus. Sie sind ansteckend.

Wenn im Osten ein Erleuchteter stirbt, kündigt er es vorher an, damit sich alle Schüler um ihn versammeln können, um an der Energie teilhaben zu können. Das ist sein letztes Geschenk. Er will unter seinesgleichen sterben, im Beisein seiner Schüler, die ihn verstehen können und empfänglich für ihn sind. Er segnet sie mit dem reichen Schatz der wunderbaren Gefühle seines ganzen Lebens. Darauf sollte man also achten, wenn jemand im Sterben liegt oder gerade gestorben ist.

Es gibt ein altes Gleichnis: Ein alter Mann lag im Sterben. Er hatte vier Söhne, die alle anwesend waren. Er sagte zum Ältesten: „Komm näher. Ich habe eine letzte Botschaft für dich." Doch der Sohn kam nicht näher. Obwohl er im Sterben lag, wurde der alte Mann zornig und sagte: „Ich wusste schon immer, dass du zu nichts nutze bist. Du kannst nicht einmal von deinem sterbenden Vater etwas annehmen!" Doch der Sohn blieb wie eine steinerne Statue an seinem Platz stehen, ohne sich zu rühren.

Der alte Mann bat den zweiten Sohn zu kommen. Auch der rührte sich nicht. Dann den dritten, der sich auch nicht von der Stelle rührte. Doch der vierte Sohn, der noch sehr jung war, kam und der Vater flüsterte ihm ins Ohr: „Diese drei sind alle Verräter, sie haben mich betrogen. Halte wenigstens du zu mir und tu eines: Wenn ich tot bin, zerschneide meine Leiche in Stücke und wirf bei jedem Nachbarn ein Leichenteil ins Haus. Dann informiere die Polizei."

Der Junge fragte: „Aber warum denn?"

„Damit meine Seele Frieden findet", antwortete er. „Wenn ich sehe, wie sie alle in Handschellen abgeführt werden, wird meine Seele mehr Frieden haben als jemals zuvor."

Die drei älteren Söhne kannten ihren Vater nur zu gut. Sein ganzes Leben lang hatte er gestritten, so viel Zeit hatte er beim Gericht zugebracht. Sein ganzes Leben war nichts als ein Kampf gewesen. Sie hatten Angst gehabt, sich den letzten Willen ihres Vaters anzuhören, da man einem Sterbenden seinen letzten Willen nicht abschlagen kann.

Nachdem er gestorben war, fragten die anderen den jüngsten Bruder, was er gesagt hatte. Der Junge sagte: „Ich hatte keine Ahnung, dass unser Vater ein solcher Mensch war. Ich kann es nicht tun. Aber seine Seele wird sehr leiden."

Dieses alte Gleichnis weist darauf hin, das sich alles, was ein Mensch im Leben tut, am Ende ansammelt, im letzten Moment. Energie als solche ist neutral, aber welche Form sie annimmt, hängt ganz von dem jeweiligen Menschen ab, von seiner Persönlichkeit und den Handlungen seines ganzen Lebens.

Bennett erinnert sich in seiner Autobiografie, dass er nach dem Zweiten Weltkrieg so erschöpft war, dass er meinte, er würde bald sterben – er hatte an der Front gekämpft. Vor seinem Tod wollte er jedoch noch einmal seinen Meister George Gurdjieff sehen. Also fuhr er nach Paris, um ihn zu treffen.

Als er Gurdjieffs Zimmer betrat, sagte dieser zu ihm: „Was ist mit dir los, Bennett? Du siehst so blass aus, als würdest du gleich sterben. Du bist zur rechten Zeit gekommen. Komm näher." Er nahm Bennetts Hände und sah ihm tief in die Augen. Nach zwei Minuten spürte Bennett einen starken Energieschub. Doch das war nur die eine Seite davon. Gleichzeitig sah er, wie Gurdjieff blass wurde, und bekam es mit der Angst zu tun. Um ihn zum Aufhören zu bewegen, sagte er: „Stopp! Mit mir ist alles in Ordnung."

Gurdjieff sagte: „Mach dir keine Sorgen um mich." Er wankte mit letzter Kraft ins Bad und verschloss die Tür. Nach zehn Minuten kam er zurück und war wieder ganz in Ordnung.

Bennett erinnert sich: „Ich hätte nie gedacht, dass Energie so einfach übertragen werden kann."

Wenn also jemand stirbt, dem du nahestehst – dein Vater, deine Mutter, deine Frau, dein Mann, dein Kind, ein Freund –, und du möchtest gerne daran teilhaben, kannst du bei dem Sterbenden sitzen. Du kannst die Hand auf sein Herz legen oder seine Hand halten und einfach still und friedlich sein. Dein Frieden und deine Stille werden übertragen. Wenn du der- oder demjenigen helfen kannst, friedlich und still zu sterben, hast du etwas Schönes und Wertvolles getan. Du fühlst dich vielleicht ein wenig schwach, müde und erschöpft, aber das macht nichts. Wenn du dich ein bisschen ausgeruht hast, wird es dir wieder vollkommen gutgehen.

Du kannst also deinerseits einem Sterbenden helfen, zu einer besseren Ebene des Lebens aufzusteigen, doch dafür musst du still und friedlich sein. Dann bist du auf einer höheren Ebene und die Energie kann fließen. Energie fließt auf dieselbe Art wie Wasser, nämlich nach unten. Sie kann nicht nach oben fließen. Vergiss aber nicht, dass Energie in beiden Richtungen ausgetauscht werden kann. Wenn man sicher ist, dass es jemand mit einem bösartigen Charakter ist, sollte man ihn lieber meiden. Du kannst ihm nicht helfen. Im Gegenteil: Er kann dir etwas von seinen Teufeleien abgeben und ein paar böse Samen in deinem Herzen und deinem Wesen säen. Es ist besser, ihn zu meiden. Wenn der Sterbende aber gut war und keinem etwas zu Leide getan hat ... Das Wichtigste ist jedoch, dass du die Person liebst. Wenn du ein Gefühl für den Sterbenden hast, kannst du deine Energie in ihn strömen lassen. Das ist der richtige Moment dafür und es ist das letzte Mal. Du wirst keine Gelegenheit mehr haben, ihm ein Geschenk zu machen. Es kann kein besseres Geschenk geben, denn dieses Geschenk kann seine ganze künftige Reise verändern.

Wenn er friedlich und still sterben kann, wird er auf einer höheren Ebene wiedergeboren. Doch du musst dabei aufpassen. Versuche nicht in Meditation dazusitzen und Adolf Hitler zu helfen; versuche das nicht! Das geht über deine Kräfte. Du kannst ihm keine Energie geben, er wird dir Energie geben und zwar noch viel leichter, wenn du still und friedlich dasitzt.

Man muss bei einem sterbenden Menschen sehr vorsichtig sein, denn es kann zwischen euch beiden vieles geschehen. Sein künftiges Leben kann davon beeinflusst werden, dein künftiges Leben kann davon beeinflusst werden, außer du bist so bewusst, dass dich nichts beeinflussen kann. Dann wäre es kein Problem. Dann kannst du mit vollem Bewusstsein selbst am Bett eines Adolf Hitler sitzen. Er wird dir auf keinen Fall schaden können. Vielleicht kannst du ihm ein wenig helfen.

Was ist die Beziehung zwischen Liebe und Verantwortung! Meine Mutter ist seit Jahren in einem Pflegeheim und kann jederzeit sterben. Ich finde, ich sollte mehr Zeit mit ihr verbringen, aber andererseits empfinde ich es als Last.

Es gibt keine Beziehung zwischen Liebe und Verantwortung, denn Liebe ist Verantwortung. Allerdings muss man das Wort und seine Bedeutung richtig verstehen. Ich bleibe bei der Wurzelbedeutung dieses Wortes: Verantwortung ist die Fähigkeit zu antworten. Es bedeutet nicht Pflicht. Verantwortung heißt, wenn man zur Wurzel des Wortes geht, „antwortend“ – ansprechbar zu sein. Liebe ist eine Antwort! Wenn der andere ruft, bist du bereit. Wenn der andere dich einlädt, kommst du zu ihm herein. Wenn der andere dich nicht einlädt, mischst du dich nicht ein und übertrittst seine Grenzen nicht. Wenn der andere singt, singst du als Antwort. Gibt der oder die andere dir die Hand, antwortest du aus tiefstem Herzen, indem du sie annimmst.

Verantwortung heißt, offen und bereit zu sein zu antworten. Es ruft dich jemand und du antwortest nicht, du bleibst verschlossen. Jemand will dich lieben, aber du hilfst ihm nicht dabei, du kooperierst nicht, sondern grenzt dich stattdessen gegen seine Liebe ab. Aber wie du es verstehst, ist Liebe ohne Verantwortung.

Das Wort ist verdorben, vergiftet und zerstört worden. Eine Mutter sagt zu ihrem Kind: „Ich bin deine Mutter, du bist für mich verantwortlich.“ Ein Mann sagt zu seiner Frau: „Ich bin dein Mann und arbeite hart für dich, du bist für mich verantwortlich.“ Ein Vater sagt zum Sohn: „Sei nicht so verantwortungslos. Was immer du tust, denke dabei an mich.“ Das hat nichts mit Verantwortung zu tun. Man hat ein schönes Wort verdorben. Verantwortung ist fast gleichbedeutend mit Pflicht geworden. Und Pflicht ist ein hässliches Wort.

Liebe ist schön. Wenn du deine Mutter liebst, dann liebst du sie, aber es kann keine Pflicht sein. Wenn es zur Pflicht wird, ist es besser, sie nicht zu lieben, denn die Pflicht wird sie nicht befriedigen. Wenn es so ist, dass du nur deine Pflicht tust, weil sie deine Mutter ist und sie dich geboren hat ... Was kannst du machen? Schließlich musst du dich um sie kümmern, wenn sie krank ist, und an ihrem Bett sitzen ... Wenn es also nur Pflicht ist, bist du unterschwellig die ganze Zeit gegen sie. Du fühlst dich erstickt, du empfindest es als Last und als Fessel. Du möchtest dich dagegen auflehnen und revoltieren. Wenn diese Mutter stirbt, sagst du es vielleicht niemandem, aber du wirst erleichtert sein.

Was für eine Verantwortung ist das, wenn die Mutter stirbt und der Sohn ist zutiefst erleichtert? Natürlich wird er weinen und trauern, und er tut es nicht nur, um den anderen etwas vorzumachen. Wenn du deine Mutter wirklich geliebt hättest, wären jetzt vielleicht gar keine Tränen da. Aber du hast sie nicht geliebt und nun ist keine Gelegenheit mehr dazu. Du hast deine Mutter nie geliebt und nun ist sie fort. Daher die Tränen, deshalb wird so viel geweint und geklagt. Das ist krankhaft, es ist nicht gesund.

Hättest du deine Mutter wirklich geliebt, worüber solltest du dann weinen und klagen? Sie ist fort. Tiefe Stille umgibt dich. In dieser tiefen Stille beginnst du den Tod zu verstehen und dir deinen eigenen Tod bewusst zu machen.

Wenn deine Mutter oder dein Vater stirbt, ist es ein Fingerzeig, dass auch du sterben musst. Du wirst dich mit dem Tod beschäftigen müssen. Versuche es zu verstehen. Solange deine Mutter am Leben war, half sie dir, das Leben zu verstehen. Nun ist sie fort. Sie hat dir eine andere Tür geöffnet, die Tür des Todes, damit du hineinschaust, denn nun ist sie fort, und du wirst ihr folgen müssen. Wenn du jemanden geliebt hast und derjenige fort ist, fühlst du dich weder erleichtert noch beginnst du zu weinen und zu jammern. In tiefer Stille akzeptierst du die Tatsache und die Hilflosigkeit gegenüber dieser Tatsache. Und die Liebe geht weiter, denn Liebe hört mit dem Körper nicht auf, Liebe hört mit dem Geist nicht auf. Liebe fließt immer weiter.

Nein, mache dir keine Gedanken um die Beziehung zwischen Liebe und Verantwortung; es gibt sie nicht. Die Frage nach der Verantwortung wird gestellt, weil keine Liebe da ist. Wenn keine Liebe da ist, beginnst du es als Pflicht zu empfinden. Wenn Liebe da ist, ist die Liebe selbst Verantwortung.

Wie kann ich mit meinen Gefühlen umgehen, was kann ich tun, wenn mein Freund, mein Geliebter stirbt?

Der Tod ist gekommen. Dein Geliebter ist tot. Fange nicht an darüber nachzudenken. Verkrieche dich nicht in heiligen Schriften, der Gita, den Upanishaden, der Bibel. Frage nicht Jesus um Rat oder Buddha – lass sie in Ruhe. Der Tod ist da, also blicke ihm ins Auge. Begegne ihm. Sei total in dieser Situation. Denke nicht darüber nach. Was kannst du schon denken? Du kannst nur alten Mist immer wiederholen. Der Tod ist etwas so Neues, er ist so unbekannt, dass dir dein Wissen in keiner Weise helfen wird. Lass also dein Denken beiseite. Geh mit dem Tod in tiefe Meditation.

Du brauchst gar nichts zu tun, denn was kannst du tun, das in irgendeiner Weise hilfreich sein könnte? Du weißt es nicht. Also sei unwissend. Täusche kein falsches Wissen vor, kein geborgtes Wissen. Der Tod ist da, sei mit ihm. Blicke dem Tod ins Auge – vollkommen gegenwärtig. Fange nicht an darüber nachzudenken, denn dann vermeidest du die Situation, bist nicht mehr ganz anwesend.

Denke nicht. Sei präsent mit dem Tod. Traurigkeit wird da sein, Kummer wird da sein, es wird eine schwere Last für dich sein. Lass alles da sein. Es gehört dazu, es ist ein Teil des Lebens, ein Teil deines Reifungsprozesses, Teil der höchsten Erkenntnis. Bleibe dabei, sei total präsent. Es wird Meditation sein und du wirst ein tiefes Verständnis davon bekommen, was Tod ist. Der Tod selbst wird dann zum ewigen Leben. Aber bringe nicht deinen Kopf und dein Wissen mit hinein. Bleibe mit dem Tod. Dann wird sich dir der Tod offenbaren, dann wirst du wissen, was der Tod ist. Du darfst seine inneren Hallen betreten. Der Tod nimmt dich mit in die innerste Mitte des Lebens, denn der Tod ist die innerste Mitte des Lebens. Er ist nicht gegen das Leben, sondern der Ablauf des Lebens selbst. Nur der Kopf stellt den Widerspruch auf und meint, Leben und Tod seien Gegensätze. Dann denkt man ständig darüber nach und weil es schon an der Wurzel falsch ist, weil dieser Gegensatz falsch ist, kannst du nie zu einem Ergebnis gelangen, das wahr ist und der Wirklichkeit entspricht.

Immer wenn es ein Problem gibt, sei mit dem Problem da, ohne deinen Kopf dabei zu benutzen. Das meine ich mit Meditation. Indem du einfach nur mit dem Problem da bist, löst es sich von selbst. Und wenn du hiermit wirklich da sein kannst, wird dir der Tod nicht wieder begegnen, denn dann weißt du, was der Tod ist.

Wir tun das nie – weder mit der Liebe noch mit dem Tod, noch mit sonst irgendetwas, das authentisch und echt ist. Wir gehen immer in unsere Gedanken, und Gedanken verfälschen alles. Sie sind nur geborgt, gehören nicht dir. Nur die Wahrheit, die deine eigene ist, kann zu deiner Befreiung werden.

Der Tod kommt mir so sinnlos und deprimierend vor. Obwohl ich jahrelang an mir selbst gearbeitet und versucht habe zu verstehen, worum es im Leben geht, begreife ich es nicht. Eine nahe Freundin von mir liegt im Koma und wird bald sterben. Ich bin so wütend – ich weiß nicht, ob auf sie, auf die Ärzte oder auf mich selbst. Immer wenn etwas passiert – ein Schock, eine Krise –, bin ich voller Angst und Zweifel.

Dein einziges Problem ist, dass du zu viel von dir selbst erwartest. Warum kann man nicht einfach so sein, wie man ist? Wenn du es nicht verstehst, verstehst du es eben nicht. Warum bemühst du dich ständig, etwas aus dir zu machen, etwas zu werden oder zu sein, was du nicht bist?

Das Einzige, was es zu verstehen gibt, ist, dass man sich selbst so akzeptiert, wie man ist. Was soll man sonst machen? Deine ganzen Anstrengungen im Namen des Wachstums sind nichts als ein Ego-Trip. Du wirst immer wieder frustriert sein und in jeder Krise kommst du an einen Punkt, wo du das Gefühl hast, dass nichts mit dir geschehen ist. Aber warum soll eigentlich etwas geschehen?

Die Erwartung, dass etwas geschehen muss, ist die Ursache für deine Schwierigkeiten. Warum soll es geschehen? Und wozu die Erwartung? Du versuchst ständig etwas zu tun, damit es geschieht, und planst, wie es geschehen soll. Und wenn es dann nicht geschieht, gibst du vor, dass es geschehen ist, weil man ja nicht immer unglücklich sein kann. Um dein Unglück zu verbergen, setzt du eine Maske des Verstehens auf. Aber diese Maske zerbricht immer wieder.

Wenn ein wirkliches Problem auftaucht, stehst du immer wieder nackt da, und die Maske ist wirkungslos.

Deshalb sage ich es immer wieder: Akzeptiere die Situation, in der du dich befindest, so, wie sie ist. Es gibt keinen Ausweg aus ihr heraus. Das ist Verstehen: dich so anzunehmen, wie du bist, ohne dich darum zu kümmern, ob du wächst. Plötzlich siehst du, dass gar nichts nötig ist. Dann kann eine solche Situation sehr hilfreich sein. Sie bringt dich auf den Boden der Realität. Eine Krise ist ein Segen. Sie bringt dich immer wieder auf die Erde zurück. Ansonsten bewegst du dich zu sehr in deiner Phantasie.

Ihre anderen Freunde meinen, dass es ihr bestimmt wunderbar geht, weil sie in ihrem Koma so friedlich aussieht. Ich könnte das auch sagen, aber ich weiß nicht, ob es stimmt.

Du brauchst gar nichts zu sagen. Wenn andere es sagen, mögen sie recht haben, oder sie empfinden es so. Aber deshalb brauchst du nicht so zu empfinden. Du bist nicht so wie sie. Und sie brauchen nicht so zu empfinden wie du, deshalb brauchst du nicht zu meinen, dass sie sich etwas vormachen. Vielleicht haben sie recht. Für sie ist es auch kein Problem, aber für dich ist es ein Problem.

Eigentlich musst du nur eines verstehen: dass du so bist, wie du bist, und dass du nichts begreifst. Akzeptiere dieses Nicht-Begreifen. Du kämpfst dagegen an, deshalb fühlst du dich deprimiert. Spüre, wie unwissend du bist, wie verständnislos, wie dumm und idiotisch! Akzeptiere es! Wozu willst du denn so überklug und weise sein? Dann verschwindet dein Problem sofort, denn es liegt nur daran, dass du tief in deinem Inneren nicht akzeptierst, wie du bist. Du lehnst dich selbst auf eine sehr subtile Art und Weise ab.

Es spielt keine Rolle, was du über deine sterbende Freundin sagst, darum geht es überhaupt nicht. Alles, was du über irgendjemanden sagst, betrifft grundsätzlich immer dich.

Jede Situation ist deine Situation. Ob es ihr wunderbar geht oder nicht, ist kein Problem für dich. Du hast nichts damit zu tun. Und wie kannst du entscheiden, ob es ihr wunderbar geht oder nicht? Nur eines ist sicher: Wie immer es dir geht – du machst ein Problem daraus. Hör auf, gegen dich selbst zu kämpfen. Sieh ein, dass es sinnlos ist. Wenn du etwas nicht begreifst, dann ist es eben so. Was kann man dagegen tun? Akzeptiere es und es ist kein Problem mehr.

Das ist der Punkt, wo Wachstum beginnt: indem man akzeptiert, anstatt zu kämpfen. Es geht nicht darum, dich anzustrengen, etwas zu werden, sondern dich zu entspannen mit dem, was du bist. Dann bist du nicht mehr deprimiert; vielleicht fühlst du dich hilflos, aber nicht deprimiert. Und Hilflosigkeit ist ein schönes Gefühl, denn jedes Gebet entsteht aus Hilflosigkeit. Hilflosigkeit ist etwas Wunderschönes, weil es ein egoloser Zustand ist. Du fühlst dich hilflos und kannst nichts tun. Es stirbt ein Mensch, den du geliebt hast, und du kannst nichts für ihn tun. Vollkommen hilflos, impotent – und gerade das ist schön. Du verstehst, dass das Ego nur Unsinn ist. Es ist nutzlos, man kann nichts damit anfangen. Du kannst nicht einmal jemandem helfen, der im Sterben liegt. Was sonst kannst du tun?

Es ist deprimierend, wenn du es vom Standpunkt des Egos betrachtest. Dein Ego möchte stark sein, alles besser verstehen und mehr Macht haben, damit du beim nächsten Mal helfen kannst, wenn jemand in Schwierigkeiten ist und du meinst, es ginge ihm schlecht. Genau das machst du – und fühlst dich deprimiert, weil du noch nicht genug gewachsen bist.

Wenn du dich hilflos fühlst, verbeuge dich einfach in deiner tiefen Hilflosigkeit. Du kannst am Bett deiner Freundin sitzen und beten: „Ich bin hilflos und kann nichts tun." In dieser Hilflosigkeit wirst du nicht nur dich selbst als hilflos sehen, sondern die Hilflosigkeit der ganzen Menschheit erkennen. In dieser Hilflosigkeit wirst du sehen, dass das Ego bei allen Menschen nicht echt ist. Plötzlich wird das Ego absolut unwichtig. In dieser Demut verschwindest du. Es entsteht etwas anderes: ein Gebet. Sonst kann man nichts tun. Wenn immer jemand anderes in Schwierigkeiten ist, dann kann man nur beten.

Ich habe schon immer gebetet, aber ich weiß nicht, zu wem ich beten soll.

Dein Gebet war wohl ein Trick, um etwas zu bekommen. Du betest für ein Ergebnis. Du betest und prüfst dann, ob es geholfen hat oder nicht. Dann aber ist es kein Gebet, es ist wieder eine Methode. Wenn alles andere nicht mehr hilft, betest du zu Gott und denkst, das Gebet sollte jetzt etwas bewirken. Und wenn auch das nicht wirkt, wirst du noch deprimierter. Du weißt nicht, zu wem du beten sollst, was du sagen darfst und was nicht.

Darum geht es nicht. Ein Gebet ist reiner Selbstzweck. Es ist ein Ruf der Demut, ein tiefer Schrei der Hilflosigkeit. Du brauchst nicht zu jemandem zu beten – vielleicht ist ja gar niemand da –, sondern du fühlst dich einfach hilflos wie ein Kind. Das Kind beginnt nach Mama und Papa zu schreien. Sie sind vielleicht gar nicht da, vielleicht gibt es sie gar nicht, aber darum geht es nicht. Das Kind fängt an zu schreien und dieses Schreien ist reinigend. Es ist nicht deine Freundin, die Hilfe erhalten wird. Ich will dir etwas ganz anderes klarmachen: Du wirst Hilfe erhalten. Und nicht als Ergebnis des Gebets, sondern durch das Gebet selbst fühlst du dich gereinigt. Du fühlst dich wieder ruhig und es stört dich nichts mehr. Du bist in der Lage, mehr zu akzeptieren, und du wirst offener. Selbst der Tod ist in Ordnung.

Für die meisten Leute, die beten, ist es eine Technik, ein Teil ihrer egoistischen Bemühungen. Ich meine allerdings nicht diese Art von Gebet, sondern das Gebet, das aus einer Situation entsteht, in der du spürst, dass du nichts tun kannst. Nicht, dass daraufhin etwas geschieht, aber du wirst dadurch transformiert. Du hast nicht mehr das Gefühl, dass dir irgendetwas fehlt. Du fühlst dich erfüllt. Du spürst eine neue Art von Ruhe in dir, die vorher nicht da war.

Und das geschieht oft in der Nähe des Todes, denn der Tod ist der kritischste Moment. Wenn du jemanden liebst, wenn es ein Freund ist, der stirbt, bietet sich dir eine großartige Gelegenheit, weil dich dieser Moment in totale Hilflosigkeit versetzt. Und wenn du beten kannst – und ich meine nicht, dass du etwas verbalisieren, etwas sagen musst –, wenn du einfach in Hilflosigkeit weinen kannst und Tränen kommen, wirst du gereinigt sein. Es ist eine tiefe Reinigung. Du wirst daraus jünger, frischer und wie ein neuer Mensch hervorgehen.

Sei also nicht deprimiert über den Tod deiner Freundin, denn das wird nichts ändern. Wenn du es genießen kannst, genießt du es, und du hast kein Problem. Wenn du jedoch deprimiert bist, ist es völlig sinnlos. Es ist reine Zeitverschwendung. Der Tod sollte nicht auf diese Weise verschwendet werden. Und du wirst immer wieder in die Krise kommen, weil niemand für immer hier sein wird. Lerne also daraus. Es ist eine großartige Disziplin, den Tod zu beobachten.

Und macht den Tag, an dem sie stirbt – denn sie wird eines Tages sterben –, zu einem Fest. Lasst euch zuerst von ihrem Tod reinigen. Durch ihren Tod könnt ihr alle lernen, wie man stirbt. Lasst durch ihren Tod auch euren Tod geschehen. Nutzt die Gelegenheit, um zu sehen, was der Tod ist, damit ihr einen Vorgeschmack davon bekommt, damit ihr seinen Hauch spürt. Und wenn sie stirbt, solltet ihr alle ein Fest daraus machen – mit Tanz, Gesang und voller Freude.

Der Tod sollte willkommen geheißen werden. Er ist eines der größten Ereignisse im Leben. Es gibt nur drei große Ereignisse im Leben: die Geburt, die Liebe und den Tod. Die Geburt ist schon vorbei, du kannst nichts mehr daran ändern. Die Liebe ist eine große Ausnahme; sie widerfährt nur sehr wenigen Menschen und du kannst nichts darüber wissen. Der Tod widerfährt allen und du kannst ihn nicht vermeiden. Das ist die einzige Sicherheit. Also akzeptiere ihn, habe deine Freude daran, finde dein Entzücken darin.

Bevor deine Freundin stirbt, gibt sie dir die Gelegenheit, dich zu reinigen, ganz rein und meditativ zu sein. Wenn sie dann ihren Körper verlässt, kannst du an dem Ereignis mit Freude teilnehmen.

Seit dem Tod meiner Frau vor drei Jahren ist mein Leben leer geworden. Wenn Leben und Tod nur zwei Abteilungen sind, gibt es Möglichkeiten, mit den Menschen im Jenseits zu kommunizieren - vielleicht auf der Astralebene, mit einer feinstofflichen Kommunikationsform?

Jeder kommt früher oder später an diesen Punkt. Man muss erkennen, dass alles leer ist, dass alles ein schöner Traum war – die Frau, der Mann, all die Reisen. Ein schöner Traum, der jedoch einmal enden muss. Kein Traum kann ewig währen. Man muss diese Leere verstehen, die unweigerlich kommt. Je eher sie kommt, desto besser, denn nur diese Leere bringt dich auf den Weg nach innen.

Die wahre Suche beginnt erst dann, wenn man zu spüren beginnt, dass das Leben sinnlos ist. Solange ein Sinn da ist, schert man sich nicht darum. Wenn man eine gewisse Befriedigung empfindet und alles perfekt läuft und im Fluss ist, wenn man Erfolg hat im Leben und das Leben voll mit Beschäftigungen und Ambitionen ist, wer interessiert sich da schon für die Wahrheit und für Gott? Nur diese Leere bewirkt, dass sich der Mensch auf die Suche nach der Wahrheit macht – einer Wahrheit, die selbst den Tod überdauert.

Es ist eine großartige Erfahrung, die du durchgemacht hast, aber du hast immer noch Sehnsucht. Deshalb möchtest du gerne herausfinden, ob es möglich ist, mit den Leuten im Jenseits zu kommunizieren, auf der Astralebene, mit feinstofflicher Kommunikation. Ist es möglich? Das bedeutet, dass du immer noch versuchst, diese Leere irgendwie zu vermeiden. Sie kann nicht vermieden werden und sollte auch nicht vermieden werden. Man muss hineingehen, anstatt sie zu vermeiden.

Du kannst dich natürlich mit Dingen wie Astralreisen, außersinnlicher Wahrnehmung und Parapsychologie beschäftigen – es gibt eine Menge Mist auf dem Markt. Du kannst dich damit abfüllen und wieder ein bisschen Trost bekommen. Du kannst zu einem Medium gehen und ein wenig mit deiner Frau plaudern, doch das sind nur Spielereien. Wenn deine wirkliche Frau nicht überleben konnte, ist es völlig sinnlos, dein Leben wieder mit diesen Spielen zu füllen – für mich sind es Spiele.

Es ist der Moment gekommen, in dem du in dein inneres Selbst hineinschauen musst. Dann wirst du den Tod deiner Frau nicht mehr als Fluch empfinden. Du wirst ihn als Segen empfinden, denn wäre sie noch da, wärst du so geblieben, wie du warst. Vielleicht ist es eine von Gott geschickte Chance gewesen. Es kann zu deinem Durchbruch werden. Wenn du in diese Leere hineingehen kannst, wird sie zu Meditation. Meditation ist nichts anderes, als sich in die Leere zu begeben. Wenn du zum Kern deines Wesens vorstoßen kannst, werden alle Probleme gelöst und du wirst keine Sehnsucht mehr nach deiner Frau oder sonst jemandem haben. Du wirst deine eigene Ewigkeit kennenlernen. Und in dieser Ewigkeit wird jeder und alles ewig.

Du wirst deine Frau nicht als getrenntes Wesen wiederfinden, denn das getrennte Wesen kann nur mit dem System von Körper und Gehirn existieren. Deine Frau wird da sein, aber es ist so, als würdest du eine Glühbirne zerbrechen: das Licht ist immer noch da, aber du kannst es nicht sehen, weil das Medium, durch das es sich manifestiert hat, nicht mehr da ist. Der Körper ist verbrannt, die Gehirnzellen sind fort. Nun ist nur noch reines Bewusstsein da.

Die Welle hat sich im Ozean aufgelöst. Anstatt an diese Welle zu denken, von ihr zu träumen und in Erinnerungen und nostalgischen Gefühlen zu schwelgen – was reine Zeitverschwendung ist, da der Tod auch vor deiner Tür steht –, musst du dich vorher damit beschäftigen.

Der Tod macht mir keine Angst.

Doch. Die Angst ist immer noch da. Und wenn dein Tod kommt, wirst du Angst haben. Du tröstest dich selbst damit, aber du weißt es nicht. Du glaubst, es gäbe keinen Tod. Du möchtest es gerne glauben, aber es ist nicht deine Erfahrung. Du tröstest dich damit. Wir leben mit tröstlichen Vorstellungen. Wir wollen nicht glauben, dass die Frau einfach gestorben und nichts mehr von ihr übrig ist, nicht wahr? Das ist unerträglich, es erschüttert uns zu sehr. Nur die Vorstellung, dass sie irgendwo ist, dass ihre Seele unsterblich ist … Und ich sage nicht, dass die Vorstellung falsch ist. Ich sage nur, dass diese Vorstellungen eben Vorstellungen sind; sie sind noch nicht deine Erfahrung. Wenn sie nicht deine Erfahrung sind, dann wirst du zittern, wenn der Tod kommt, denn Vorstellungen helfen dann nicht mehr.

Erst wenn du sie wirklich erfährst, sind sie gültig. Ansonsten glaubt jeder etwas, aber jeder klagt und weint, wenn jemand stirbt. Jeder weiß Bescheid, jeder denkt, er wüsste Bescheid, aber nur sehr selten erfährt es ein Mensch wirklich. Denn es zu erfahren ist harte Arbeit; um es zu erfahren, muss man mit Ausdauer und Mühe sein inneres Wesen erforschen – und das ist eine Reise in die Dunkelheit, auf der man ganz allein ist. Je tiefer du dabei gehst, desto deutlicher spürst du, dass du allein bist, denn keiner kann mit dir gehen.

Auch der Meister kann nicht mit dem Schüler mitgehen. Im letzten Stadium bist du ganz allein – reines Bewusstsein. Doch dann hast du es erfahren, und mit diesem Wissen wird das Leben zum Spiel, zum Theaterstück. Ob das Leben kommt oder geht, macht keinen Unterschied mehr, es ist unwesentlich. Doch das ist noch nicht geschehen. Es liegt an dir, ob es geschehen wird, aber wenn du weiter an deine tröstlichen Vorstellungen glaubst, wird es nicht geschehen. Diese Vorstellungen sind gefährlich, diese Tröstungen werden von sogenannten Heiligen unterm Volk verbreitet; sie sind reine Heuchelei.

Glauben ist nicht Wissen, das muss ganz klar verstanden werden. Glauben ist nicht Wissen. Glauben ist nur Glauben, von anderen übernommen. Und natürlich ist es tröstlich und hält dich in Bewegung. Sonst wäre das Leben so eine Qual, dass man womöglich an Selbstmord denkt oder verrückt wird; es könnte unerträglich werden.

Diese Glaubensvorstellungen sind wie Puffer: Sie schützen dich. Sie sind ein Schutz vor den zu harten Tatsachen des Lebens, sie umgeben dich wie eine Rüstung.

Ist es eine Art Eskapismus?

Ja, eine Art Eskapismus. Aber die Wahrheit ist da. Die Wahrheit brennt wie eine Flamme im innersten Sein eines jeden Menschen und ist für jeden zugänglich. Jeder ist dazu fähig, sie zu erkennen. Man muss sich nur dafür entscheiden und Mut haben. Man muss anfangen, ein wenig daran zu arbeiten.

Wenn du jeden Tag eine bis zwei Stunden für Meditation aufbringen kannst, wirst du deine Glaubenssätze bald nicht mehr brauchen. Und wenn man weiß, dass man auf festem Boden steht, gibt es keine Angst mehr vor dem Tod, weil es keinen Tod mehr gibt. Wovor soll man noch Angst haben, wenn es den Tod nicht gibt?

Meine Tochter ist im Alter von zwölf Monaten gestorben. Ich kann einfach nicht verstehen, warum ihr das Leben genommen wurde.

Das Leben ist sehr unsicher und zufällig. Jeder kann in jedem Moment fort sein. Zerbrich dir also nicht den Kopf, warum es geschehen ist. Es gibt kein Warum. Alle Antworten, die auf dein Warum gegeben werden, sind nichts anderes als tröstliche Worte, um irgendwie ein Ereignis zu rationalisieren, das ein Mysterium ist. Doch mit Rationalisierungen versuchen wir nur uns zu trösten. Ich bin nicht daran interessiert, irgendjemanden zu trösten, denn das ist ein gefährliches Spiel, dieses Trösten. Es hat eine Pufferwirkung, hinter der du dich verstecken kannst.

Die Wahrheit ist: Das Kind war am Leben, und plötzlich ist es nicht mehr am Leben. Dadurch kannst du lernen zu verstehen, dass das Leben wie ein Traum ist. Das Leben ist aus dem Stoff gemacht, den wir Träume nennen. Wir haben vielleicht einen wunderbaren Traum, aber er kann durch irgendeine Kleinigkeit zu Ende gehen – ein kleines Geräusch und schon ist der Traum fort. Vielleicht war es ein süßer Traum und man will die Augen wieder zumachen und weiterträumen, aber jetzt ist nichts mehr daran zu ändern. Anstatt Erklärungen und tröstliche Worte zu suchen, schaue dir immer die nackte Wahrheit an. Es ist traurig. Es tut weh und ist schmerzhaft. Sieh, dass es so ist, aber versuche nicht, es zu übertünchen.

Alle Erklärungen und Philosophien sind nichts als Bemühungen, etwas mit weißer Farbe zu übertünchen, was nicht weiß ist, was sehr dunkel und mysteriös ist. Wenn solche Momente im Leben kommen, sind sie von ungeheuer wichtiger Bedeutung, denn in solchen Momenten ist ein Erwachen möglich. Wenn dein Kind stirbt, ist der Schock sehr groß, in einem solchen Schock kannst du erwachen, anstatt ewig zu trauern und die Gelegenheit vorbeigehen zu lassen. Nach einer Weile ist der Schock kein Schock mehr. Die Zeit heilt alles. Nach einigen Jahren wirst du es ganz vergessen haben. Am Ende deines Lebens sieht es vielleicht so aus, als hättest du es in einem Film gesehen oder einen Roman darüber gelesen. Mit der Zeit wird der Schmerz nachlassen und so weit weg sein, dass du ihn nur noch wie ein Echo wahrnehmen wirst.

Ergreife die Gelegenheit jetzt. Das ist der Moment, in dem es dir helfen kann, aufmerksam und wach zu sein. Verpasse diese Gelegenheit nicht. Jeder Trost ist ein Ausweg, mit dem man sich Gelegenheiten entgehen lässt. Frage niemals: Warum? Das Leben kennt kein Warum und der Tod kennt kein Warum. Das Warum kann nicht beantwortet werden und braucht nicht beantwortet werden. Weder das Leben ist ein Problem, das gelöst werden muss, noch ist es der Tod. Leben und Tod sind beide Teil eines Mysteriums, das keine Antwort kennt. Das Fragezeichen ist die höchste Wahrheit.

Alles, was einem also in einer solchen Situation bleibt, ist die Chance zu erwachen, denn ein solcher Schock kann zum Durchbruch werden. Das Denken hört auf. Der Schock ist so groß, dass der Geist verdunkelt wird. Nichts mehr scheint von Bedeutung, alles scheint verloren zu sein. Man fühlt sich wie ein totaler Fremdling, als Außenseiter, entwurzelt. Dies sind ungemein bedeutende Augenblicke. Dies sind Augenblicke, in denen du eine neue Dimension betreten kannst. Und mit dem Tod öffnet sich eine der größten Türen zum Göttlichen.

Wenn jemand stirbt, der einem so nahesteht, wie ein Kind der Mutter, ist es beinahe so, als würdest du selbst sterben, als wärest du gestorben. Ein Teil von dir ist gestorben. Nun siehst du, dass das Leben ein Traum ist, und dass alles früher oder später verschwindet: Staub wird zu Staub. Nichts hier ist von Dauer.

Wir können uns hier nicht häuslich einrichten. Wir reisen in einer Karawane, übernachten hier, und morgen ziehen wir weiter. Doch es gibt eins, was konstant bleibt, was permanent da ist: Das ist dein Zuschauen, dein Zeugesein. Alles andere verschwindet, alles andere kommt und geht; nur das Zeugesein bleibt.

Betrachte das Ganze als stiller Zeuge. Sei nur Zeuge und identifiziere dich nicht damit. Sei keine Mutter, sonst bist du identifiziert. Sei nur Zeuge, ein stiller Beobachter. Dieses Beobachten wird eine große Hilfe für dich sein. Es ist der einzige Schlüssel, der die Tür zu allen Geheimnissen öffnet. Nicht dass es irgendeine Lösung brächte, aber es befähigt dich, das Geheimnisvolle zu leben und es total zu leben.

Seit dem Tod ihrer Großmutter stellt mir meine Tochter Fragen über den Tod. Sie will wissen, wo alles hingeht, wenn es stirbt.

Das ist sehr gut. Alle Kinder interessieren sich für den Tod, es ist die natürliche Neugierde. Aber anstatt darauf zu antworten … denn alle Antworten werden falsch sein. Antworte also lieber nicht. Sage einfach, dass du es nicht weißt, dass wir auch sterben werden und es dann sehen werden. Und behalte dieses stillschweigende Verständnis bei allen Dingen, auf die du keine Antwort weißt. Wenn dich ein Kind etwas fragt, was du nicht weißt, akzeptiere dein Unwissen. Meine niemals, es würde dem Kind schaden, wenn du dein Unwissen akzeptierst – das tut es auf keinen Fall. Eltern glauben immer, es sei schädlich zu akzeptieren, dass wir nichts wissen, unser Image würde vor dem Kind zusammenbrechen. Doch eigentlich trifft genau das Gegenteil zu.

Früher oder später wird das Kind herausfinden, dass du es nie gewusst hast und trotzdem geantwortet hast und dabei so getan hast, als ob du es wüsstest. Und an dem Tag, an dem das Kind dies erkennt, fühlt es sich von dir betrogen und verliert allen Respekt vor dir. Früher oder später muss ein Kind herausfinden, dass seine Eltern genauso unwissend sind wie alle anderen, genauso machtlos sind, wie alle anderen, genauso im Dunkeln tappen wie alle anderen. Aber sie haben ihm etwas vorgetäuscht und diese Täuschung ist sehr zerstörerisch. Wenn es also etwas gibt, das du nicht weißt, sage: „Ich weiß es nicht. Ich suche selber nach der Antwort."

Der Tod ist eines von diesen Dingen, über die man nichts sagen kann außer einem: dass wir nach Hause zurückkehren, dass wir zu dem Platz zurückkehren, von dem wir gekommen sind. Auch wir wissen es nicht. Wir kommen von einem unbekannten Ursprung und wir kehren wieder dorthin zurück.

Mit dem Tod schließt sich der Kreis. Doch beide Enden – der Anfang und das Ende – sind geheimnisvoll und verborgen. Es ist wie mit einem Vogel, der durch ein Fenster in den Raum fliegt, ein paar Sekunden herumflattert und dann durch ein anderes Fenster nach draußen fliegt. Wir wissen nicht, woher er kommt, wir wissen nicht, wohin er geht. Alles, was wir kennen, ist diese kurze Zeit, dieses kurze Zwischenspiel, als der Vogel im Raum war. Wir sahen den Vogel durch ein Fenster hereinfliegen und durch ein anderes Fenster herausfliegen. Wir wissen nicht, woher oder wohin.

So ist es mit dem ganzen Leben.

Wir sehen, wie ein Kind geboren wird; der Vogel ist hereingekommen und niemand weiß, woher. Und dann eines Tages ist die Person tot; der Vogel ist entflogen. Und das Leben ist nur die kleine Passage zwischen Geburt und Tod.

Mache deinem Kind bewusst, wie geheimnisvoll das ist. Anstatt ihm Antworten zu liefern, ist es besser, ihm all das Geheimnisvolle bewusst zu machen, von dem wir umgeben sind, sodass es mehr ins Staunen gerät und verwundert ist. Anstatt die Antwort parat zu haben, ist es besser, seinen forschenden Geist zu ermutigen.

Hilf deinem Kind, noch neugieriger zu werden, hilf ihm, noch mehr nachzuforschen. Anstatt ihm Antworten zu geben, lass es noch mehr Fragen stellen.

Wenn das kindliche Herz sich auf die Suche macht, ist es genug. Das ist alles, was Eltern für ihre Kinder tun können. Dann wird das Kind seine eigenen Antworten suchen, seinen eigenen Weg finden. Liefere ihm keine Antworten. Das gehört zu den gefährlichsten Dingen, die der Mensch seit Urzeiten getan hat, und er hat damit großes Unheil angerichtet. Wir sind sehr arrogant, wenn wir Antworten geben, wir verlieren alle Demut.

Wir vergessen, dass das Leben immer eine unbekannte Größe bleibt – die Größe „x". Wir leben es und doch bleibt es unbekannt, wir sind mittendrin und doch bleibt es unbekannt. Seine Unbekanntheit und Unerkennbarkeit ist offenbar etwas ganz Fundamentales.

Wir wissen vieles und doch bleibt die Unerkennbarkeit dieselbe – ist unangetastet. Der Mensch hat auf dem Gebiet des Wissens große Fortschritte gemacht, jeden Tag weiß man mehr, Tausende von Forschungsergebnissen kommen ständig zum Wissen der Menschheit hinzu, Tausende von Büchern kommen ständig hinzu. Und doch bleibt das fundamentale Geheimnis dasselbe.

Davor stehen wir hilflos und demütig. Hilf deiner Tochter also, das Geheimnisvolle immer mehr zu spüren.

Nachwort

Eine Schneeflocke löst sich in Luft auf

Der Zenmeister Bassui schrieb den folgenden Brief an einen seiner Schüler, der im Sterben lag:

> *„Die Essenz deines Geistes wurde nicht geboren, also wird sie auch niemals sterben. Sie hat keine Existenz, die vergänglich ist. Sie ist nicht etwas Leeres, das nur leer ist. Sie hat weder Farbe noch Form. Sie kennt keine Freuden und leidet keinen Schmerz. Ich weiß, dass du sehr krank bist. Und wie ein guter Zen-Schüler blickst du deiner Krankheit direkt ins Auge. Du weißt vielleicht nicht genau, wer leidet, doch frage ich dich: Was ist die Essenz dieses Geistes? Denke nur daran. Mehr ist nicht nötig. Begehre nichts. Dein Ende, das endlos ist, ist wie eine Schneeflocke, die sich in Luft auflöst."*

Der Tod ist nicht der Feind. Das scheint nur so, weil wir zu sehr am Leben festhalten. Die Angst vor dem Tod kommt von diesem Festhalten. Und weil wir so sehr festhalten, können wir nie erfahren, was der Tod ist. Nicht nur das: Wir können auch nie erfahren, was das Leben ist.

Wer den Tod nicht erfahren kann, kann auch das Leben nicht erfahren, weil es im Grunde genommen zwei Äste desselben Baumes sind. Wenn du Angst vor dem Tod hast, hast du im Grunde immer Angst, denn es ist das Leben, das den Tod hervorbringt, es ist das Leben, durch das man zum Sterben kommt. Dann will man am liebsten stehen bleiben, erstarren, damit nichts mehr fließen kann, damit der Tod niemals eintreten kann. Dann will man am liebsten irgendwo auf der Strecke sitzen bleiben, damit man niemals den Ozean erreicht und sich auflöst.

Ein Mensch, der Angst vor dem Tod hat, klammert sich zu sehr ans Leben. Doch die Ironie dabei ist, dass er gerade dann, wenn er zu sehr am Leben festhält, nicht sehen kann, was das Leben ist. Sein Festhalten am Leben hindert ihn auch daran, das Leben zu verstehen. Er kann den Tod nicht verstehen, er kann das Leben nicht verstehen. Er bleibt gefangen in einem großen Missverständnis, in großer Unwissenheit.

Das ist also eines der grundlegendsten Dinge, die man begreifen muss: dass der Tod nicht der Feind ist. Der Tod kann kein Feind sein. In Wirklichkeit gibt es überhaupt keinen Feind. Die ganze Existenz ist eins. Alles ist freundlich. Alles gehört euch; es gehört euch und ihr gehört ihm. Ihr seid hier keine Fremden.

Die Existenz hat euch zur Welt gebracht, die Existenz hat euch bemuttert. Und wenn ihr sterbt, geht ihr einfach wieder zum Ursprung zurück, um euch auszuruhen und wieder geboren zu werden.

Der Tod ist wie eine Ruhepause. Das Leben ist Aktivität, der Tod ist Ausruhen. Und ohne Ausruhen kann es keine Aktivität geben. Das Leben ist wie der Tag und der Tod ist wie die Nacht. Und gäbe es keine Nacht, könnte der Tag allein auch nicht existieren. Es ist die Nacht, die euch auf den Tag vorbereitet; es ist die Nacht, die euch verjüngt, die euch wieder Energie verleiht. Im Tiefschlaf kommt ihr genau an den Punkt, wo euch der Tod hinführen wird.

Jede Nacht geht ihr in den Tod hinein – es ist ein kleiner Tod –, deshalb fühlt ihr euch am nächsten Morgen so lebendig. Die Menschen, die nicht jede Nacht sterben, sind zu bedauern: Sie sind am Morgen noch müder, als sie es beim Zubettgehen waren. Sie träumten, sie klammerten sich auch in ihren Träumen noch ans Leben. Sie konnten nicht loslassen. Sie konnten es nicht zulassen, dass der Tod Besitz von ihnen ergreift, vieles wieder repariert und Ruhe, Entspannung und frische Kraft bringt. Solche Menschen sind bedauernswert. Glücklich sind die, die in einen ganz tiefen Schlaf, in einen traumlosen Schlaf sinken. Am

Morgen sind sie wieder lebendig, sie sind bereit, sich voller Freude und Aufgeschlossenheit dem Leben in seiner ganzen Vielfalt zuzuwenden und jede Herausforderung anzunehmen, die das Leben bereithält.

Der Tod ist wie die Nacht. Das Leben ist wie der Tag. Das Leben ist Yang und der Tod ist Yin. Das Leben ist männlich, der Tod ist weiblich. Das Leben ist Aggression, Ehrgeiz – eine große Anstrengung, alles erobern zu wollen. Der Tod ist die Entspannung von all dieser Aggression – eine Reise nach innen. Man entspannt sich in sich selbst hinein. Im Zen nennt man ihn auch „das Asyl der Ruhe". Das Leben ist ein Abenteuer: Man geht von sich selbst weg, immer weiter und weiter. Und je weiter man weg ist, desto unglücklicher wird man. Man macht sich auf die Suche nach dem Glück, doch je mehr man danach sucht, desto weiter bewegt man sich davon weg. Ihr könnt es an eurem eigenen Leben sehen! Das ist keine Philosophie. Das ist ganz einfach eine Tatsache. Jeder ist auf der Suche nach dem Glück. Doch je weiter man geht, desto unglücklicher wird man.

Das Leben ist eine Suche nach dem Glück – bringt aber Leid. Und irgendwann hat man es dann satt, ist müde und gelangweilt. Das Abenteuer ist nicht mehr verlockend. Dann entspannt man sich in sich selbst, man kehrt zu sich selbst zurück. Je näher man sich selbst kommt, desto glücklicher wird man. Je weniger man ans Glücklichsein denkt, desto glücklicher wird man. An dem Tag, an dem man ganz aufhört nach dem Glück zu suchen, ist man glücklich.

Das Leben ist ein Versprechen des Glückes, aber nur ein Versprechen. Es hält nie, was es verspricht. Erst der Tod löst das Versprechen ein. Darum sage ich es noch einmal: Der Tod ist nicht der Feind. Der Tod ist dein Zuhause, das du nach zahllosen Reisen müde, frustriert, erschöpft erreichst, um Zuflucht zu finden, um Ruhe zu finden, um deine verlorene Lebenskraft wiederzugewinnen. Das zum einen.

Das Zweite: Leben und Tod sind gar nicht so weit voneinander entfernt, wie wir glauben. Du glaubst, dass das Leben am Tag deiner Geburt begonnen hat und der Tod am Tag deines Todes kommen wird. Und dazwischen liegt eine Lücke von siebzig oder achtzig oder hundert Jahren. So ist es aber nicht.

Geboren werden und sterben gehen das ganze Leben lang nebeneinander einher. In dem Moment, wo du zum ersten Mal einatmest, setzt auch schon dein Sterben ein. Jeden Augenblick sind Leben und Tod zugegen – zwei Räder am selben Wagen. Sie gehen nebeneinander einher. Sie existieren gleichzeitig. Man kann sie nicht voneinander trennen: Siebzig Jahre sind ein viel zu großer Abstand. Man kann sie nicht so weit voneinander trennen – sie sind jeden Augenblick hier. Jeden Augenblick wird etwas in dir geboren und etwas stirbt.

Leben und Sterben gehören zusammen. Nach siebzig Jahren bist du mit diesem Leben und Sterben am Ende. Du hast dieses Spiel satt und würdest am liebsten nach Hause gehen. Du hast Sandburgen gebaut, hast dich wegen deiner Sandburgen gestritten, hast um sie gekämpft: „Das gehört mir und das gehört dir …“ Und jetzt reicht es. Der Abend dämmert, die Sonne geht langsam unter und du willst nach Hause. Nach siebzig Jahren sinkst du in tiefe Ruhe. Doch Leben und Sterben gehen ständig nebeneinander einher. Es in diesem Licht zu sehen, wird dir tiefe Einsichten vermitteln. Jeden Augenblick ist beides da.

Man braucht also keine Angst zu haben. Es ist nicht so, dass der Tod irgendwann in der Zukunft eintreten wird. Die Zukunft macht Probleme: Irgendwann in der Zukunft wird es passieren – wie soll man sich schützen? Wie kann man die große Chinesische Mauer um sich herum errichten? Welche Vorkehrungen soll man treffen, damit es einem nicht passiert oder damit es zumindest ein bisschen aufgeschoben werden kann?

Dabei passiert es bereits! Es ist keine Frage der Zukunft. Es passiert die ganze Zeit, seit du hier bist. Du kannst es nicht aufschieben, du kannst nichts dagegen tun. Es ist ausgeschlossen, etwas dagegen zu tun. So läuft das Leben ab: Sterben gehört zum Prozess des Lebens selbst.

Ganz klar und deutlich wird dies zum Beispiel beim Liebesakt. Natürlich, denn bei der Liebe hat man ein starkes Gefühl, lebendig zu sein. Aber ist euch schon einmal aufgefallen, dass man nach dem Liebesakt oft deprimiert ist? Entspannt und still, aber irgendwo ist auch eine gewisse Frustration dabei. Am Gipfel deiner Liebe stehst du am Gipfel des Lebens und dann stürzt du plötzlich zu Tode. Jeder Liebesakt bringt das Leben zum Gipfel und natürlich lässt er dich damit auch einen Blick in den Abgrund des Todes werfen, der es umgibt. Wenn der Gipfel des Lebens sehr hoch liegt, wird das Tal des Todes klar sichtbar. Aufgrund dieser Erfahrung sind auf der Welt zwei Arten von Kultur entstanden: Eine ist gegen Sex, die andere gegen den Tod. Die Anti-Sex-Kultur betont mehr die Frustration, die auf den Liebesakt folgt. Sie konzentriert sich mehr auf das Tal. Da heißt es: „Siehst du, es hat nichts gebracht, nur Frustration. Es war alles nur Einbildung: Der Gipfel, der Orgasmus war nur eine Illusion, ein flüchtiger Moment. Jetzt siehst du, was am Ende wirklich übrig bleibt: nichts als Frustration. Und wieder bist du am Boden zerschmettert. Es war also nur eine Illusion, die du dir eingebildet hast, aber dies ist die Realität."

Nach jedem Liebesakt überlegt man sich, wie man von nun an enthaltsam leben wird, wie man aus diesem leidigen Laufrad aussteigen kann, wie man aus diesem Teufelskreis herauskommt. Die Idee des Zölibats, des indischen *Brahmacharya*, entstand aufgrund dieses zweiten Teils. Daran liegt es! Leute, die gegen Sex sind, sehen nur das.

Leute, die gegen den Tod sind, sehen es nicht. Leute, die gegen den Tod sind, sehen nur den Gipfel, sie schauen nicht ins Tal. Sobald sie den Gipfel erreicht haben, schließen sie die Augen und schlafen ein. Ans Tal denken sie nicht. Das Tal ist zwar da, aber sie haben sich nur den Gipfel ausgesucht. Aber man kann sehen, dass eine gewisse Logik dahintersteckt: Wenn man nur den Gipfel sieht, fürchtet man sich sehr vor dem Tod, weil man keine Erfahrung damit hat. Dann wird einem der Tod immer unbekannt bleiben. Erst beim Sterben kommt man mit ihm in Berührung. Und dann ist er zu überwältigend und zu neu, zu fremd und zu unbekannt, und man bekommt einen großen Schock.

Die Leute, die gegen den Tod sind und nur den Gipfel des Lebens, den orgastischen Höhepunkt des Liebesakts sehen wollen, vermeiden das Tal, sie werfen keinen Blick hinein. Und wenn dieses Tal eines Tages schließlich da ist, haben sie große Angst. Deshalb sind die Menschen im Westen, wo Sex freier geworden ist, weniger gegen Sex und mehr gegen den Tod. Sie kämpfen gegen den Tod an. Der Tod muss irgendwie zerstört werden.

Im Osten sind die Menschen gegen Sex. Sie schauen nur ins Tal, nicht auf den Gipfel. Sie sagen, der Gipfel sei nur eine Täuschung. Und weil sie nur ins Tal schauen, wurden sie mit der Zeit immer mehr zum Tod hingezogen, bereit zu sterben. In Wirklichkeit warteten und hofften sie sogar darauf zu sterben, sie sehnten sich danach, sie träumten davon zu sterben. Das größte Ideal im Osten ist es, so endgültig zu sterben, dass man nie mehr wiedergeboren wird. Das ist der allerhöchste Tod.

Im Westen geht es nur darum, wie man eine Situation schafft, um nie zu sterben – man lebt und lebt und lebt immer weiter. Beide Einstellungen sind einseitig. Beide Einstellungen erzeugen eine gewisse Unausgeglichenheit, und diese ist das Unglück des Menschen.

Ein wahrer, authentischer Mensch setzt sich mit allem auseinander – er wählt nicht aus. Er sagt nicht: „Ich werde nur ins Tal schauen und den Gipfel nicht beachten" oder „Ich werde nur den Gipfel sehen und das Tal nicht beachten." Er wird beides so sehen, wie es ist. Er wählt nicht. Nicht zu wählen ist Zen. Wahllos zu sein ist Zen: Man sieht die Dinge so, wie sie in ihrer Ganzheit sind – gut und schlecht, Himmel und Hölle, Leben und Tod, Tag und Nacht, Sommer und Winter –, man sieht sie so, wie sie sind. Zen ist keine Entweder-Oder-Philosophie. Es lässt dir keine Wahl, denn es sagt: „Sobald du etwas auswählst, wirst du immer vor dem Angst haben, was du nicht gewählt hast."

Betrachte es einmal genau: Wenn du etwas wählst, bleibst du immer an dem hängen, was du nicht gewählt hast, weil das Nichtgewählte zurückgewiesen wurde, weil das Nichtgewählte unterdrückt wurde. Das Nichtgewählte lässt Verlangen nach Rache entstehen. Das Nichtgewählte macht sich bereit – irgendwann, in einem schwächeren Moment, wird es mit großer Wucht explodieren.

Deshalb lebt ein Mensch, der gegen Sex ist, in ständiger Angst, dass sich der Sex an ihm rächen wird – er kann jeden Moment explodieren. Und wer Angst vor dem Tod hat, wer gegen den Tod ist, zittert ständig davor, dass der Tod kommt. Er weiß, dass es eine stillschweigende Übereinkunft gibt. Ob man ihn sieht oder nicht, macht keinen Unterschied. Ihn einfach nicht zu sehen, bringt ihn nicht zum Verschwinden.

Er ist immer da. Man weiß, dass er da ist, dass er kommt. Und er kommt jeden Moment näher. Wer gegen Sex ist, hat Angst davor, dass die Sexualität jeden Moment in seinem Bewusstsein explodieren wird. Und wer gegen den Tod ist, hat Angst davor, dass jeden Tag der Tod kommen wird, von ihm Besitz ergreifen und ihn zerstören wird.

Beide Typen sind angstorientiert, und beide Typen sind in einem Zustand des Kämpfens, des permanenten Konflikts gefangen. Sie gelangen nie in einen Zustand von ruhiger Gelassenheit, sind nicht im Gleichgewicht. Im Gleichgewicht ist man, wenn man nichts wählt, wenn man die Tatsachen so sieht, wie sie sind. Das Leben ist keine Frage von Entweder-Oder; es gibt nichts auszuwählen. Es gehört alles zusammen. Es ändert sich nichts dadurch, dass man auswählt. Indem man eine Seite wählt, bringt man sich nur selbst in einen Zustand der Unwissenheit. Was man gewählt hat, ist ebenso Teil der Wirklichkeit wie das, was man nicht gewählt hat. Und dieser negierte Teil der Wirklichkeit wird an einem hängen bleiben und darauf warten, dass man ihn annimmt. Er kann nicht einfach verschwinden – er kann unmöglich verschwinden. Wenn du das Leben zu sehr liebst und die Tatsache, dass es den Tod gibt, nicht sehen willst … Der Tod ist immer da, er hängt über dir wie ein Schatten.

Zen sagt: Sieh das eine wie das andere; sie sind aus einem Stück, sie gehören zusammen. Siehst du sie zusammen ohne zu wählen, ohne Voreingenommenheit, transzendierst du sie. Sobald du sie zusammen sehen kannst, bist du nicht länger mit dem Leben identifiziert, bist du nicht länger mit dem Tod identifiziert. Und wenn du nicht mehr identifiziert bist, dann bist du frei. Du bist befreit.

Identifikation ist Gefangenschaft. Dies sollte man voll und ganz verstehen, denn es ist die Wurzel all unseres Leidens, unserer Gefangenschaft. Identifikation – dieses Wort ist von großer Bedeutung. Es bedeutet, dass man sich mit einem Teil identifiziert, dass man mit einem Teil des Lebens eins wird. Und diesen Teil hält man dann für das Ganze. An dem Teil an sich ist nichts falsch, aber ein Teil ist eben nur ein Teil, er ist nicht das Ganze. Wenn man den Teil für das Ganze hält, wird man voreingenommen. Wenn man behauptet, der Teil sei das Ganze, wird man blind für das Ganze. Und dann gerät man in Konflikt mit der Wirklichkeit.

Du kannst nicht gegen die Wirklichkeit gewinnen, vergiss das nicht. Du kannst nicht gegen die Realität gewinnen. Es ist unmöglich. Es kommt niemals vor, es kann gar nicht vorkommen. Du kannst nur mit der Wirklichkeit gewinnen, niemals gegen sie. Der Sieg ist immer mit der Wirklichkeit. Deshalb haben die großen Meister so viel Wert auf Hingabe gelegt. Hingabe bedeutet, mit der Wirklichkeit zu sein. Dann ist der Sieg gewiss, weil die Wirklichkeit gewinnen wird. Die Wirklichkeit wird immer gewinnen. Wenn du mit ihr bist, bist du der Gewinner. Wenn du gegen sie bist, bist du der Verlierer. Und wir sind alle Verlierer, wir haben immer dagegen gekämpft.

Wir wählen einen kleinen Teil aus und behaupten, das sei das Ganze. Wir wählen das Leben, wir nehmen es aus seinem grundlegenden Zusammenhang – dem Tod – heraus und sagen: „Das bin ich. Ich bin das Leben." Und damit gerätst du in Schwierigkeiten. Du bist in dieser Identifikation gefangen. Wie wirst du dann mit dem Tod zurechtkommen? Und der Tod ist da, er findet jeden Augenblick statt und eines Tages wird er dich unvermutet mitnehmen.

Ist man mit dem Körper identifiziert: „Ich bin der Körper", dann kommt man in Schwierigkeiten. Ist man mit dem Geist identifiziert: „Ich bin der Geist", dann kommt man in Schwierigkeiten. Sich mit etwas zu identifizieren bedeutet, sich Probleme aufzuhalsen. Identifikation ist der Stoff, aus dem Unwissenheit gemacht ist. Wenn man die Identifikation einmal losgelassen hat, wenn man sich mit nichts mehr identifiziert, ist man einfach nur mehr Zeuge. Man sagt nicht „Ich bin dies" oder „Ich bin jenes."

Man beobachtet einfach nur. Man sieht das Leben vorüberziehen, man sieht den Tod vorüberziehen, man sieht Sex vorüberziehen, man sieht Frustration, Freude, Erfolg und Misserfolg vorüberziehen. Man sieht alles nur noch vorüberziehen – man ist der reine Sehende. Man lässt sich von nichts mehr einfangen. Man behauptet nicht mehr: „Das bin ich." Und ohne das zu behaupten, wer ist man dann? Ohne sich einzuschränken und eine Definition für sich zu haben, ohne sich selbst

Grenzen zu setzen, und im Fluss zu bleiben und nur zu sehen – das ist Befreiung. Das ist die große Befreiung. Ohne Identifikation ist man frei. In der Identifikation ist man gefangen.

Zen sagt: Identifiziere dich mit nichts, ganz gleich was es ist. Dann geschieht die Transzendenz ganz von selbst. Du siehst Leid auf dich zukommen und bleibst Beobachter. Du siehst, wie Leid entsteht, dich umgibt, wie es dich wie eine große dunkle Rauchwolke einhüllt, aber du schaust einfach nur zu. Du siehst es, aber du urteilst nicht. Du sagst nicht: „Das bin ich“ oder „Das bin ich nicht.“ Du sagst gar nichts, du bleibst völlig urteilslos. Du siehst einfach nur die Tatsache, dass Leiden da ist.

Und so wie es eines Tages gekommen ist, vergeht es eines Tages auch wieder. Wolken hatten sich aufgetürmt und jetzt lösen sie sich langsam auf, alles ist voller Sonnenschein und Glück. Doch auch damit identifizierst du dich nicht. Du siehst einfach nur, dass die Sonne wieder scheint und die Wolken sich verzogen haben. Du sagst nicht „Das bin ich“ und du sagst nicht „Das bin ich nicht.“ Du machst überhaupt keine Aussage über dich selbst. Du schaust einfach weiter zu.

Es wird immer wieder geschehen: Leid wird kommen, Glück wird kommen – manchmal gelingt es dir, manchmal gelingt es dir nicht. Immer wieder wirst du deprimiert sein und immer wieder wirst du euphorisch sein. Doch je mehr du diese Dualitäten nur beobachtest, wirst du mit der Zeit sehen, dass du über all diesen „dualistischen Paaren“ stehst.

Ein solches Paar sind Leben und Tod, ein solches Paar sind Körper und Geist, und ein solches Paar sind die Welt und das *Nirvana*. Alles tritt in dualistischen Paaren auf. Wenn du das gründlich verstanden hast, wenn du das durchschaut hast und nichts davon wählst, bist du etwas, das darüber steht – der Zeuge. Und dieser Zeuge wurde nie geboren und wird niemals sterben.

Leben und Tod kommen ins Gesichtsfeld dieses Zeugen, doch der Zeuge ist ewig. Er war da, bevor du geboren warst, und er wird da sein, wenn du fort bist. Millionen Male bist du schon zur Welt gekommen und vielleicht wirst du noch einmal kommen; und dennoch bist du nie wirklich da gewesen. Die Welt erscheint in dir wie das Bild in einem Spiegel. Mit dem Spiegel selbst geschieht eigentlich gar nichts. Oder glaubst du, dass der Spiegel von etwas betroffen ist?

Du stehst vor dem Spiegel und der Spiegel reflektiert dein Gesicht. Glaubst du, der Spiegel ist irgendwie davon betroffen? Mit dem Spiegel geschieht nichts. Wenn du weg bist, ist der Spiegel wieder leer. Und wenn jemand anderes vor den Spiegel tritt, reflektiert er dieses Gesicht, egal ob es schön oder hässlich ist. Er hat keine Wahl, er ist wahllos. Du hältst eine schöne Rose vor ihn und er wird sie widerspiegeln, du bringst einen hässlichen Dorn und er wird ihn widerspiegeln. Du kommst mit einem hübschen Gesicht und er spiegelt es, du kommst mit einem hässlichen Gesicht – er spiegelt es. Er hat keine Wahl. Er sagt nicht: „Das ist nicht gut, das will ich nicht spiegeln" und „Das ist sehr schön, das will ich festhalten. Bitte geh nicht weg. Bleib hier. Ich bin du, du bist ich." Nein, der Spiegel spiegelt einfach nur.

Diese spiegelgleiche Qualität ist das, was mit Zeugesein gemeint ist. Deshalb bleibt der Spiegel immer von allen Eindrücken rein. Er reflektiert zwar ständig, aber es sammeln sich keine Eindrücke auf ihm. Das ist der Zustand von Bewusstheit. Nur darum geht es beim Meditieren.

Beobachte, schau hin, sei wach, aber wähle nichts. Und verliere dich nicht in einem Teil. Der Teil ist nicht das Ganze. Ein Teil ist ein Teil und früher oder später wird der Teil gehen, weil ein Teil nicht lange bleiben kann. Und wenn er geht, wirst du unglücklich sein, weil du ihn nicht loslassen willst. Du hältst dich daran fest, weil du dich damit identifiziert hast. Aber er muss gehen und dann bist du unglücklich, du weinst und jammerst – aber du hast es dir selbst geschaffen. Wärst du wie ein Spiegel geblieben, hätte es kein Problem gegeben. Was immer geschieht, geschieht. Du bleibst ungestört, du lässt dich von nichts ablenken.

Das ist der tiefste Wesenskern aller Religionen. Es ist keine Frage der Übung, es geht auch nicht darum, Konzepte und Dogmen zu erlernen. Es geht nicht darum, Sutren zu rezitieren. Es ist eine Frage der Einsicht. Und diese Einsicht ist dir verfügbar. Es ist nicht notwendig, zu irgendjemandem hinzugehen, um diese Einsicht zu bekommen. Du hast sie immer schon in dir getragen. Von Anfang an war es so. Sie war da, der Spiegel war da. Du musst ihn nur benutzen.

Versuche es einmal. Du wirst staunen! Genau das, was dich früher immer irritiert hat, irritiert dich nun nicht mehr. Jemand beleidigt dich. Du beobachtest es einfach und identifizierst dich nicht damit. Du sagst nicht: „Er hat mich beleidigt." Wie kann er dich beleidigen? Du weißt ja selbst nicht einmal, wer du bist – wie kann er dann wissen, wer du bist? Er kann dich nicht beleidigen. Vielleicht hat er ja ein Bild beleidigt, das er von dir hat, aber das bist nicht du. Vielleicht hat er irgendeine Vorstellung von dir und diese Vorstellung beleidigt er. Wie kann er dich beleidigen? Er kann dich überhaupt nicht sehen.

Wenn du wachsam bleibst und beobachtest, wirst du staunen: Die Beleidigung kam und ging und in dir ist nichts geschehen, in dir hat sich nichts gerührt. Die Ruhe war strahlend. Kein Zittern, keine Welle, nicht einmal ein Kräuseln kam in dir zum Vorschein. Es wird dich ausgesprochen glücklich machen, diese spiegelgleiche Qualität zu erfahren. Dann wirst du Integrität haben.

Und dann kommt jemand und lobt dich. Versuche es wieder: Sei wachsam. Glaube nicht, dass er dich lobt. Er lobt vielleicht jemand, den er für dich hält. Vielleicht lobt er dich aus irgendwelchen anderen persönlichen Gründen. Doch das geht dich nichts an. Du siehst einfach nur die Tatsache: „Dieser Mensch lobt mich." Bleibe auch jetzt ein Spiegel. Schlucke es nicht. Halte dich nicht daran fest. Wenn du es schluckst, gerätst du in Schwierigkeiten. Dann kommt das Ego ins Spiel; mit der Identifikation ist das Ego da.

Und dann fängst du an zu erwarten, dass dich andere genauso loben sollen wie dieser Mensch. Niemand wird dich so loben. Und schon bist du verletzt und leidest. Schon am nächsten Tag lobt dich diese Person vielleicht nicht mehr. Vielleicht ist ihre Motivation schon befriedigt. Oder sie denkt, dass sie unrecht hatte oder dass sie morgen Rache nehmen wird. Immer, wenn dich jemand lobt, wird er dich eines Tages auch beleidigen – weil er Rache nehmen muss, weil er die Dinge wieder ins Lot bringen muss.

So entsteht ein Ungleichgewicht. Wenn dich jemand lobt, fühlt er sich selbst nicht sehr gut: Es verletzt ihn, dich zu loben. Er muss dir zeigen, dass du höher stehst als er; das tut weh. Vielleicht zeigt er es in dem Moment nicht, aber er wird die Verletzung, die Wunde in sich tragen. Und irgendwann, wenn er dazu Gelegenheit hat, wird er dir zeigen, wer du bist. Dann wird er dich in deine Schranken weisen. Und dann wirst du wiederum verletzt sein. Dabei hat er gar nichts getan. Du bist es! Du hast an der Vorstellung festgehalten, die er dir in den Kopf gesetzt hat.

Sich mit nichts zu identifizieren, zu beobachten, diese spiegelgleiche Qualität zu wahren, ist es, was einen mit der Zeit der Erleuchtung näherbringt.

Rinzai sprach einmal über „den wahren Menschen, der keinen Namen trägt". Genau das meine ich, wenn ich von spiegelgleicher Qualität spreche: Sie ist der „wahre Mensch, der keinen Namen trägt". In dir gibt es einen wahren Menschen, der keinen Namen trägt. Er ist weder Mann noch Frau, weder Hindu noch Moslem, weder gut noch schlecht – er hat keinen Namen – er ist weder ein Heiliger noch ein Sünder, er hat einfach keinen Namen. Und das ist der wahre Mensch in dir.

Eines Tages sprach Rinzai über „Den wahren Menschen, der keinen Namen trägt". Das war der Titel seines Vortrags.

Ein Mönch war ganz perplex, ging auf ihn zu und fragte: „Was ist dieser wahre Mensch, der keinen Namen trägt?" Rinzai packte ihn am Kragen und schrie ihn an: „Sprich! Sprich!" Der Mönch war sprachlos und brachte kein Wort hervor. Rinzai ließ ihn los und rief: „Was für wertloses Zeug ist dieser wahre Mensch, der keinen Namen trägt!"

Rinzai tat nichts anderes, als eine Situation zu schaffen. Der Mann hatte gefragt: „Was ist dieser wahre Mensch, der keinen Namen trägt?" Und Rinzai packte ihn am Kragen und schrie ihn an: „Sprich! Sprich!" Er schockierte den Mann. Und in diesem Schock verschwanden alle Namen. In diesem Schock ist er niemand, einfach niemand, ein Spiegel. In diesem Schock hört der Kopf auf zu arbeiten. In diesem Schock ist er einfach sprachlos. Rinzai schuf nur eine Situation für ihn, in der er diesen wahren Menschen, der keinen Namen trägt, diese spiegelgleiche Qualität in sich erkennen konnte.

Doch der Mann verpasste seine Chance. Er machte sich Gedanken darüber, wie er antworten sollte. „Was tut mir mein Meister da an? Ist das das rechte Verhalten gegenüber einem Fragesteller?" Solche Gedanken gingen ihm wahrscheinlich durch den Kopf. Er verpasste seine Chance. Deshalb rief Rinzai: „Was für wertloses Zeug ist dieser wahre Mensch, der keinen Namen trägt!"

Sobald dein Spiegel an etwas festhält, wirst du wertlos. Sobald dein Spiegel bedeckt ist und an etwas festhält, sammelt sich Staub darauf an, du wirst wertlos. In dem Moment, wo der Spiegel keinen Staub ansammelt, bekommst du ungeheuren Wert – du bist ein Gott. Der einzige Unterschied zwischen einem Buddha und dir besteht nur darin, dass dein Spiegel viel Staub angesammelt hat und Buddhas Spiegel völlig frei von Staub ist. Deine Gedanken sind nichts als Staub.

Doch manchmal schätzt du den Staub hoch. Du sagst: „Das ist Goldstaub, das ist kein gewöhnlicher Staub. Das ist pures Gold! Ich muss es behalten. Ich darf nicht zulassen, dass mich irgendjemand ausraubt – es ist so kostbar."

Und so kommt es, dass du am Leben festhältst. Du glaubst, es sei sehr kostbar. Und weil du dich so anklammerst, hältst du den Tod für den Feind, den Räuber. Der Tod kommt und wird dir alles Gold, all die kostbaren Edelsteine wegnehmen, die du die ganze Zeit mitgeschleppt hast. Er wird den ganzen Staub von deinem Spiegel wegwischen – alles, was du immer für dein Leben gehalten hast. Deshalb hast du Angst.

Wenn du das verstehst, ist der Tod ein Freund. Ein viel größerer Freund sogar als das Leben selbst. Warum sage ich das?

Ich sage es, weil du am Leben festhältst, Staub ansammelst. Der Tod fegt all deine Anhaftungen, all deinen Staub hinweg. Wenn du das verstehst, wirst du dem Tod ungemein dankbar sein. Was du nicht tun kannst, tut der Tod für dich. Doch wenn du es selbst tun kannst, dann gibt es für dich keinen Tod – dann ist kein Tod notwendig. Wer sein Bewusstsein durch Meditation reinigen kann, wird niemals sterben.

Ich sage nicht, dass er nicht mit dem Körper sterben wird – das ist etwas Natürliches. Aber er wird dem Tod niemals begegnen. Der Tod kommt nur für den Staub, der sich auf dem Spiegel angesammelt hat. Der Spiegel stirbt niemals. Der Spiegel selbst ist unsterblich. Dieser Prozess des Zeugeseins ist ein niemals sterbender Prozess, er ist ewig. Der Wanderer zieht weiter, nur seine Kleider werden zerrissen und abgenutzt und müssen ausgewechselt werden. Der Wanderer zieht weiter, nur auf seinem Körper sammelt sich Staub und er muss ein Bad nehmen.

Doch wenn du glaubst, dass du der Staub bist, nimmst du kein Bad. Es gibt Menschen, die sich sehr vor dem Duschen fürchten – als würden sie dabei etwas verlieren, etwas ganz Kostbares. Es gibt Menschen, die Angst vor Meditation haben, weil Meditieren wie Duschen ist. Es wäscht all die unsinnigen Gedanken weg, die du gesammelt hast, die sich angestaut haben, den ganzen Müll, den du in deinem Kopf herumträgst. Und dein Kopf leidet darunter. Er ist so schwer, und du fühlst dich jämmerlich. Aber du behältst deinen Müll weiter, weil du ihn für so kostbar hältst.

Der Tod ist ein großer Freund, er nimmt dir die Last ab. Er nimmt dir die ganze Last ab, die du dir aufgeladen hast. Wenn man dieses Entlasten freiwillig zulassen kann, wird der Tod zum *Samadhi*, zu einem Zustand tiefer Meditation. Wenn man es aber nicht freiwillig zulassen kann, ist der Tod nicht *Samadhi*, sondern ein einziger Schmerz. Versuche, es zu verstehen. Dieselbe Sache kann zum größten Schmerz oder zur höchsten Freude werden. Es liegt an deiner Einstellung, daran, wie du die Dinge betrachtest, wie du einer bestimmten Erfahrung auf den Grund gehst, wie tief du in sie hineingehst.

Wer an allem festhält, wer alles besitzen will, für den wird der Tod sehr schmerzhaft sein und er wird Qualen ausstehen. Dann wirst du leiden. Nicht wegen des Todes wirst du leiden, sondern weil du festhältst, weil du besitzen willst, wegen deiner Anhaftungen, wegen deiner Gier – das ist alles.

Wer aber nicht festhält, nichts besitzen will, wer nicht gierig und nicht egoistisch ist, wer nicht aggressiv ist, für den ist der Tod plötzlich etwas ganz anderes. Dann kommt er wie eine frische Brise von Gott. Er kommt und reinigt dich. Er bringt dir große Ruhe, die du so nötig hast. Er reinigt dich. Er bringt dich zur ewigen Quelle, aus der du wieder auftauchen wirst. Gehst du freiwillig, wirst du in einer besseren Form wieder auftauchen, denn du hast von deiner letzten Form etwas gelernt. Gehst du aber nicht freiwillig, wird dich der Tod genauso ins Feuer werfen, er wird dich verbrennen – nur gewaltsam, und du wirst wieder in derselben Form zurückkehren, denn du hast nichts gelernt.

Ein Schüler, der nichts gelernt hat, muss dieselbe Klasse noch einmal und noch einmal wiederholen. Ein Buddha ist jemand, der alle Variationen von Formen gelernt hat. Er war ein Stein und er hat gelernt. Er war ein Baum und er hat gelernt. Er war ein Tiger und er hat gelernt. Er war ein Mann, er war eine Frau und er hat alles gelernt. Er war ein Gott und auch das hat er gelernt. Und er lernte und lernte in einem fort. Und eines Tages hatte er alle Formen zu Ende gelernt. Er ist durch alle Formen hindurchgegangen: aufmerksam, wachsam, ohne irgendetwas den Vorzug zu geben. Er hat seinen Spiegel klar und rein gehalten, ungetrübt. Er hat alle Formen durchlebt. Und nun ist er an einen Punkt gekommen, wo es nichts mehr zu lernen gibt. Er hat seine Lektion gelernt. Dann verschwindet er.

Dann wird sein Tod zum *Nirvana.* Dann breitet er sich über die ganze Existenz aus und wird zu einem Duft. Dann geht er in die kosmische Form ein. Kleine Formen braucht er jetzt nicht mehr. Er hat alles gelernt, was es in diesen kleinen Formen zu lernen gab. Er hat alles entschlüsselt, was in diesen kleinen Formen enthalten war. Er ist erwachsen geworden. Nun muss er nicht mehr zur Schule gehen. Er wird Teil des Ganzen. Er breitet sich über das Ganze aus. Dann wird er zum Lied im Herzen des kosmischen Geistes, zum Segen, zu Frieden. Er kehrt nicht wieder; er hat den Punkt überschritten, wo keine Umkehr mehr möglich ist.

Dies ist die allerhöchste Lektion. Doch man muss durch alle Formen hindurch. Und der Tod hält eine Lektion bereit, die viel größer ist als das Leben. Der Tod bietet eine ganz intensive Möglichkeit, etwas zu verstehen. Das Leben zieht sich über einen langen Zeitraum hin; der

Tod kommt in kürzester Zeit und birgt ein ungeheuer großes Potenzial. In einem einzigen Augenblick erschüttert er dich. Und wenn du nicht wachsam bist, wirst du diesen Augenblick verpassen – es ist ein winziger Augenblick. Wenn du wachsam bist, öffnet dieser Augenblick das Tor zum Göttlichen.

Bist du mit dem Tod nicht verhaftet, hast du keine Angst vor dem Tod, wird der Tod zu einem Spiel, du kannst ihn spielerisch nehmen.

Hört euch diese wunderschöne Geschichte an:

Im Alter von sechsundneunzig Jahren war der Zenmeister Yamamoto erblindet, konnte nicht mehr lehren oder im Kloster arbeiten. Er beschloss, dass es nun Zeit war zu sterben. Also aß er nichts mehr. Als ihn seine Mönche fragten, warum er das Essen zurückschickte, antwortete er, er sei nicht länger von Nutzen und nur noch eine Last für alle. Sechsundneunzig Jahre … das sei genug.

Und der alte Mann denkt, dass es jetzt Zeit zu sterben ist, also hört er einfach auf zu essen. Der Tod ist nur ein Ausruhen. Es ist Zeit zum Ausruhen. Also bereitet er sich darauf vor, sich zurückzuziehen. So ein Verständnis ist notwendig.

Die Schüler sagten zu ihm: „Wenn du jetzt stirbst", es war Januar und sehr kalt, „wo es so kalt ist, werden alle bei deinem Begräbnis frieren und dann bist du eine noch größere Plage! Also iss bitte!"

Das waren auch tolle Leute, nicht wahr? Ihr Grund ist: „Bitte denk daran, wie kalt es ist. Du wirst sterben, es ist Januar und es ist viel zu kalt, und du wirst uns noch viel mehr zur Last fallen. Wir müssen zu deinem Begräbnis gehen, also fang bitte wieder an zu essen."

So etwas kann es nur in einem Zenkloster bei einem Zenmeister und Zenschülern geben. Niemand macht sich Sorgen um den Tod. Der Tod ist in Ordnung. Der Meister ist bereit zu sterben, aber seht euch einmal seine Schüler an! Diese Schüler sind der Erleuchtung auch sehr nahe.

Sie sagen: „Lass diesen Unsinn. Jetzt ist gerade eine ungünstige Zeit. Warum willst du uns Schwierigkeiten machen? Ja, du fällst uns zur Last mit deinen sechsundneunzig Jahren, aber es wäre eine noch viel größere Belastung, wenn du mitten im Januar stirbst. Bitte iss was!"

Da lachte der alte Mann und fing wieder an zu essen. Aber als es wärmer wurde, hörte er wieder auf. Kurze Zeit später kippte er leise um und starb.

Dann ist selbst der Tod ein Spiel, eben etwas, womit man spielerisch umgeht. Dann hat man keine Angst mehr davor. Dann gibt es nichts mehr, wovor man Angst haben müsste. Dann kann man es nicht einmal mehr ernstnehmen. Seht euch die Komik der ganzen Situation an! Könnt ihr euch vorstellen, dass so etwas im Westen passieren könnte? Unmöglich! So etwas kann nur im Osten passieren, wo die Menschen sowohl das Leben als auch den Tod so akzeptiert haben, wie sie sind.

Und das kann nur dann geschehen, wenn man weiß, dass niemand sterben wird. Deshalb konnten sie auch mit dem alten Mann ihre Scherze treiben und auch der alte Mann lachte nur. Er war nicht gekränkt. Man stelle sich vor, wie die Schüler zu ihm sagen: „Das ist zu ärgerlich, wenn du mitten im Januar stirbst! Es ist so kalt und es wäre für uns sehr lästig, auf dein Begräbnis zu gehen."

Seht die Pointe, den Humor: als wären Leben und Tod nichts als ein Witz, als würde der alte Mann nur eine Rolle spielen, als wäre es gar nicht wahr. Und genau so ist es. Als würde er einfach nur eine Rolle spielen. „Bitte spiel das nicht jetzt. Du kannst es doch auch später spielen, wenn die Tage wieder wärmer sind."

Der alte Mann lachte, er war überhaupt nicht gekränkt. Er muss es sehr genossen haben. Seine Schüler hatten sehr tiefes Verständnis erlangt. Nun nehmen sie sogar den Tod mit Humor. Wenn man selbst den Tod mit Humor sehen kann, ist man ein weiser Mensch. Allmählich verwandelt man sich in den „Menschen, der keinen Namen trägt", in den „wahren Menschen, der keinen Namen trägt". Wenn man sogar den Tod mit Humor nehmen kann, ist man bereits über ihn hinausgegangen. Und über Leben und Tod hinauszugehen, bedeutet, in seine eigene Wirklichkeit zu gehen.

Noch eine Zen-Geschichte:

Als Tosan im Sterben lag, sagte ein Mönch zu ihm: „Meister, deine vier Elemente sind nicht in Harmonie miteinander. Aber gibt es denn jemanden, der niemals krank ist?"

„Ja, den gibt es", sagte Tosan.

Er war sehr krank. Sein ganzer Körper war dem Verfall preisgegeben. Die vier Elemente waren keine Einheit mehr. In seinem Körper fand eine Art Aufruhr statt. Die Elemente versuchten, sich voneinander zu befreien. Tosan war alt. Er lag im Sterben und dieser Schüler fragte ihn: „Deine vier Elemente sind nicht in Harmonie miteinander. Aber gibt es denn jemanden, der niemals krank ist?"

„Den gibt es", sagte Tosan.

„Sieht derjenige dich an?", fragte der Mönch.

„Es ist meine Aufgabe, ihn anzusehen", antwortete Tosan.

„Wie ist es, wenn du ihn ansiehst?", fragte der Mönch.

„In diesem Augenblick sehe ich keine Krankheit", antwortete Tosan.

Es gibt zwei Welten in dir: die Welt von Geburt und Tod und die Welt, die jenseits davon ist. Ja, der Körper kann sehr krank werden, und dennoch kannst du dabei frei von Krankheit sein – wenn du nicht an der Krankheit festhältst, wenn du dich nicht mit der Krankheit identifizierst, wenn du dir nicht einredest: „Ich bin krank." Es ist nur eine Art Hypnose. Viele Tore müssen durchschritten werden, bis man das gelernt hat.

Was sagst du, wenn du Hunger hast? Du sagst: „Ich habe Hunger." Du hast es aber nicht. Der Körper hat Hunger, der Organismus hat Hunger. Du bist nur der Beobachter. Du siehst nur, dass der Körper Hunger hat. Dann isst du und bist satt und sagst: „Jetzt bin ich satt, ganz satt." Aber du bist nicht satt, weil du nämlich gar keinen Hunger hattest. Erst hast du Hunger im Körper gesehen, dann nimmst du eine Sättigung im Körper wahr – aber du bist nur Zuschauer. Zuerst hat dein Spiegel gezeigt, wie ein Hungriger vor dir steht, und nun zeigt er, wie ein Satter vor dir steht. Aber der Spiegel selbst hatte weder Hunger, noch ist er satt.

An einem Tag bist du gesund, am nächsten Tag bist du krank – der Spiegel zeigt es. Einen Tag bist du jung, am nächsten Tag bist du alt. Einen Tag wirst du geliebt, am nächsten Tag wirst du gehasst. Einen

Tag schätzt man dich, am nächsten Tag verachtet man dich. Der Spiegel reflektiert das alles. Die Aufgabe des Spiegels ist es, alles zu reflektieren, gleich was es ist. Doch jedes Mal identifizierst du dich damit.

Höre auf, dich mit Dingen zu identifizieren, die vor dir stehen. Dann wirst du mit einem Mal verstehen, dass du nie krank warst, dass du nie Hunger hattest, dass du nie geboren wurdest und dass du nie sterben wirst. Du bist der Ursprung der Ewigkeit. Du bist ewig.

Und nun wieder diese Geschichte:

Zenmeister Bassui schrieb einen Brief an einen seiner Schüler, der im Sterben lag. Wenn man an jemanden schreibt, der im Sterben liegt, schreibt man normalerweise etwas Tröstliches, weil man denkt, dass die Person Trost braucht. Aber alle eure Versuche zu trösten sind falsch, all eure Trostworte sind Lügen.

Doch wenn ein Zenmeister jemandem einen Brief schreibt, der im Sterben liegt und der sein Schüler gewesen ist, schreibt er nur die Wahrheit. Eigentlich ist es, wenn jemand im Sterben liegt, an der Zeit die Wahrheit zu sagen, weil vielleicht nicht mehr viel Zeit bleibt. Zumindest sollte man ihn die Wahrheit hören lassen, bevor er von der Welt geht; man sollte ihm die wahren Tatsachen vor Augen führen. Zu trösten braucht man nicht, denn tröstliche Worte helfen nicht.

Tröstliche Worte sind wie Schlaflieder. Gut, sie geben den Leuten ein Gefühl von Behaglichkeit. Sie sind wie Schlaftabletten. Sie tragen nicht zu deiner Transformation bei, sie lullen dich nur ein, lassen dich abstumpfen. Sie verwirren dich nur, und die Wirklichkeit bleibt, wie sie ist. Tröstliche Worte ändern nichts daran, sie können die Wirklichkeit nicht ändern. Trost ist wie ein Spielzeug, das man Kindern gibt, um sie zu beruhigen.

Der Zenmeister Bassui schreibt einem seiner Schüler, der im Sterben liegt. Das ist ein bedeutender Augenblick. Der Tod ist ein bedeutender Augenblick. Er sollte in seiner ganzen Tragweite ausgeschöpft werden. Der Tod ist eine so ungeheuer wichtige Gelegenheit, er hat ein so großes schöpferisches Potenzial, dass man durch ihn erleuchtet werden kann. Das Leben hast du vielleicht versäumt, okay, aber versäume nicht den Tod. Benutze diese Tür, um einen Blick auf das Göttliche zu werfen. Der Meister schrieb: „*Die Essenz Deines Geistes wurde nicht geboren, also wird sie auch niemals sterben …*". Die Essenz deines Geistes – das ist es, was ich mit spiegelgleicher Qualität meine. Das ist die grundlegende Essenz deines Geistes. Und warum bezeichnen wir sie als grundlegend, als essenziell? Weil sie immer fortbesteht.

Sieh es dir an: Als du ein Kind warst, als du das erste Mal die Augen aufschlugst, hattest du keine Gedanken, nur diese spiegelgleiche Qualität war da. Schon im allerersten Augenblick, als du die Augen aufschlugst, war diese spiegelgleiche Qualität da. Du hast sie von niemandem bekommen, du hast sie selbst mitgebracht. Sie ist essenziell, sie ist deine Natur.

Wenn ein Kind die Augen aufschlägt, kann es nicht sehen, welche Bäume das sind, Ashokas oder Fichten – es kann nicht wissen, was das für Bäume sind. Es kann nicht einmal wissen, dass es Bäume sind. Es kann sie nicht als grün bezeichnen und es kann nicht sagen: „Das sind Bäume, das sind Ashokas, und das sind Fichten." Dennoch wird alles ganz genau gespiegelt, ohne Worte. Sein Blick ist klar. Es hat noch keinen Staub angesammelt. Deshalb sind Kinder von kleinen Dingen auch so fasziniert – weil sie ihnen fast psychedelisch erscheinen. Sie setzen keine Grenzen, ihre Augen sind rein, ihr Spiegel ist rein. Er reflektiert die Realität so, wie sie ist.

Diese Qualität, diese spiegelgleiche Qualität, wird nirgendwo gelehrt. Sie wird von keinem Gesellschaftssystem gelehrt. Sprachen werden unterrichtet, weil man die Sprache nicht mitbringt. Wer in eine japanische Familie geboren wird, lernt Japanisch. Wer in eine französische Familie geboren wird, lernt Französisch. Was immer einem beigebracht wird, wird man lernen. Doch sowohl das französische als auch das japanische Kind sind nur Spiegel, wenn sie zum ersten Mal die Augen aufschlagen.

Der japanische Spiegel ist nicht mehr japanisch und der französische Spiegel ist nicht mehr französisch. Sie sind einfach nur Spiegel. Ja, der Japaner wird ein Japaner werden und der Franzose ein Franzose, und tausenderlei Dinge werden sich ansammeln: Erziehung, Schulbildung,

Hochschulstudium, Universität, Religion, Kirche und vieles andere wird sich anhäufen.

Alles, was einem beigebracht wird, ist also nicht essenziell. Es wurde einem von außen gegeben. Alles, was man von außen bekommt, ist geliehen – es ist nicht dein eigentliches Wesen. Das, was du selbst mitgebracht hast, was du wirklich selbst mitgebracht hast, was dir niemand anderes gegeben hat, das ist dein eigentliches Wesen. Das ist deine Seele. Sie in dir selbst zu finden, bedeutet, etwas zu finden, was jenseits der Geburt und jenseits des Todes ist.

Der Meister sagt: *„Die Essenz Deines Geistes wurde niemals geboren, also wird sie auch niemals sterben …".* Nur das, was geboren wird, stirbt auch. Nur das, was einen Anfang hat, hat auch ein Ende. Wenn man die eine Polarität hat, folgt die andere nach. Doch wenn eine Polarität fehlt, kann auch die andere nicht da sein. Wenn es etwas in dir gibt, das nicht geboren wurde, das schon vor deiner Geburt da war, dann wird es auch nach deinem Tod noch bestehen.

Diese spiegelgleiche Qualität hat mit niemandem etwas zu tun – niemand hat sie dir gegeben. Das bist du, das ist dein wahres Wesen. Das ist der „wahre Mensch, der keinen Namen trägt". Der Spiegel wird vieles lernen, er wird in vieler Hinsicht geprägt werden, doch all das wird nicht essenziell sein. Deshalb sage ich: Wenn du dich als Hindu bezeichnest, klammerst du dich zu sehr an Namen. Wenn du dich als Inder bezeichnest, klammerst du dich ebenfalls zu sehr an Namen. Besinne dich auf den wahren Menschen, der keinen Namen trägt. Es ist nämlich derselbe Mensch! In dieser spiegelgleichen Qualität sind du und ich nicht getrennt. Es ist die eine Qualität! Es ist der Stoff, aus dem Bewusstsein gemacht ist.

Der Meister sagt: *„Sie hat keine Existenz, die vergänglich ist."*

Sie ist nämlich die Existenz selbst.

Die Existenzialisten im Westen unterscheiden zwischen diesen beiden Worten: existent und Existenz. Diese Unterscheidung ist von großem Wert, sie wird uns hier von großem Nutzen sein.

Wir sagen: Der Baum existiert. Aber über Gott können wir genau dieselbe Aussage nicht machen – dass Gott existiert. Warum?

Weil der Baum an einem Tag nicht-existent war und eines Tages auch wieder in Nicht-Existenz übergehen wird. Der Baum existiert also auf eine andere Art als Gott, weil er niemals nicht-existent war und auch niemals nicht-existent sein wird. Wir können behaupten, dass der Baum existiert, weil er manchmal aus der Existenz verschwindet. Der Baum ist existent und kann nicht-existent werden.

Doch Gott ist nicht existent. Er ist die Existenz an sich. Er kann gar nicht nicht-existent werden, das ist unmöglich. Im Grunde ist sogar die Aussage „Gott ist" ein Pleonasmus, weil Gott ganz genau dasselbe bedeutet wie „ist". Zu sagen „Gott ist", ist nicht richtig. Zu sagen „Der Baum ist", ist okay. „Der Sessel ist", ist okay. „Der Mensch ist", ist okay. Sie können in „ist nicht" übergehen. Aber „Gott ist" ist nicht richtig. Gott bedeutet ja „Istheit"! Es ist also ein Pleonasmus, wenn man sagt: „Gott ist". Das wäre dasselbe wie „Ist ist" oder „Gott Gott". Es ist bedeutungslos, es ist ein Pleonasmus.

Der Meister sagt zu seinem Schüler: *„Sie hat keine Existenz, die vergänglich ist."* Er meint, dass sie nicht etwas Existentes ist. Sie hat nie angefangen zu existieren, also kann sie auch nie aufhören zu existieren. Sie ist die Existenz selbst.

Du bist immer hier gewesen und du wirst immer hier sein. Denke daran: Du kannst nirgendwo hingehen. Fürchte dich also nicht davor, irgendwo hingehen zu müssen. Es gibt weder einen Weg, auf dem man gehen muss, noch muss man irgendwohin gehen, noch gibt es jemanden, der geht! Alles ist einfach nur. Es ist immer alles hier gewesen und wird für immer und ewig hier sein. Das, was jetzt ist, enthält die ganze Ewigkeit – die ganze Vergangenheit und die ganze Zukunft. Die gesamte Existenz läuft in diesem einen Moment zusammen, im Hier und Jetzt. Im Ruf eines Kuckucks sind alle Kuckucksrufe von Vergangenheit und Zukunft enthalten. In eurem Zuhören ist jedes Zuhören aller Menschen in der Vergangenheit und in der Zukunft enthalten. In dem Gesagten ist alles Gesagte all jener enthalten, die in der Vergangenheit jemals etwas zu sagen hatten und all jener, die in der Zukunft jemals etwas zu sagen haben werden.

Alles ist … Nichts verlässt die Existenz. Natürlich verändern sich

Formen. Natürlich ändert sich die Kleidung. Natürlich ändern sich die Namen. Doch das ist nicht dein eigentliches Wesen. Du ziehst immer wieder in ein anderes Haus um, du ziehst immer wieder in einen anderen Körper um, du ziehst immer wieder in einen neuen Geist um, doch das Essenzielle – die spiegelgleiche Qualität, der wahre Mensch, der keinen Namen trägt – bleibt unverändert. Das kann sich nicht verändern. Es besteht nicht aus Teilen, die man austauschen kann – es ist unvergänglich.

„Sie ist nicht etwas Leeres, das nur leer ist."

Hört genau hin. Der Meister sagt: *„Aber missversteht mich nicht."* Denn wenn wir sagen, dass es ein „Mensch ist, der keinen Namen trägt" oder wenn ich sage, dass es eine spiegelgleiche Qualität ist, dann denkt ihr vielleicht, dass der Spiegel nur leer ist. Der Spiegel ist aber nicht einfach nur leer, selbst wenn es manchmal so aussieht. Ihr wisst, dass der Spiegel leer ist, wenn sich niemand darin spiegelt. Ja, leer von Form, leer von einem andern, aber nicht leer von sich selbst.

Wenn niemand in den Spiegel schaut, ist der Spiegel voll von seiner eigenen spiegelgleichen Qualität, aber er ist nicht leer. Eigentlich ist er sogar weniger spiegelgleich, wenn jemand hineinschaut. Dieses Spiegelbild hindert ihn an seiner Fülle. Etwas Fremdes, etwas von außen ist eingedrungen. Wenn alles weg ist und nichts mehr gespiegelt wird, ist der Spiegel nicht einfach nur leer. Damit ist keine negative Leere gemeint. Er ist voll von seiner spiegelgleichen Qualität. Er ist nur ein Spiegel, ein perfekter Spiegel – er spiegelt nichts, aber so ist er ein perfekter Spiegel.

Ihr könnt es auch so sehen: Unser Geist ist zu sehr mit Dingen verhaftet, deshalb fällt unser Blick zuerst immer auf die Dinge und dann treffen wir eine Entscheidung. Wenn du einen Raum voller Möbel siehst, sagst du: „Der Raum ist voll mit Möbeln." Dann stellt jemand die Möbel hinaus und du sagst: „Jetzt ist der Raum leer." Was meinst du damit?

Du bist zu sehr auf die Möbel fixiert. Du denkst nur an die Möbel, du denkst niemals an den Raum. Jetzt ist der Raum voller Geräumigkeit. Erst war er nicht so voll mit Geräumigkeit – die Möbel haben sie ihm genommen. Raum bedeutet Platz; das Wort „Raum“ an sich bedeutet Weite. Erst waren zu viele Möbel darin – der Raum war beeinträchtigt, zerstört. Er war nicht wirklich von sich selbst erfüllt. Etwas Fremdes hinderte ihn daran. Er war nicht so frei. Doch jetzt sind die Möbel fort und du sagst, dass er leer ist. Erst hast du behauptet, er sei voll, und jetzt sagst du, er sei leer. Leer wovon? Leer von Möbeln. Doch man kann den Raum auch aus einem anderen Blickwinkel betrachten: Jetzt ist er voller Geräumigkeit, voller Weite. Jetzt ist er von sich selbst erfüllt.

Der Meister sagt also: *„Glaub nicht, dass ich behaupte, dieses essenzielle Du sei nur ein leerer Raum, nein.“* Zuerst ist er voller Möbel – Gedanken, Erinnerungen, Wünsche, Identifikationen: „Ich bin der Körper, ich bin der Geist, ich bin ein Hindu, ich bin Christ, ich bin dieses und jenes.“ Er ist voller Möbel, voller Müll. Wenn du dann eines Tages den ganzen Müll wegwirfst und einfach nur noch unvoreingenommenes Bewusstsein bist, kommt dir vielleicht der Gedanke, oder zumindest der falsch verstandene Gedanke, dass nun nur noch Leere übrig ist, dass da nichts ist. In Wirklichkeit hat jedoch dein Geist zum ersten Mal die Freiheit, ganz er selbst zu sein – er wird aufblühen. Dieses Bewusstsein wird zu einer Lotusblume erblühen.

Das ist Freiheit, das ist Befreiung. Dann ist man befreit von all dem Müll, befreit von allem, was andersartig ist, von allem, was fremd ist: die Gäste sind gegangen, der Gastgeber ist frei. Solange die Gäste da sind, ist der Gastgeber nicht so frei. Ihr kennt das ja: Wenn Gäste kommen, ist man nicht so frei. Der Gastgeber wird zum Gefangenen in seinem eigenen Heim. Er kann sich nicht so frei bewegen wie sonst. Er muss sich um die Gäste kümmern. Vielleicht schlafen sie gerade – dann kann man die Stereoanlage, das Radio oder den Fernseher nicht laut aufdrehen. Man kann nicht Musik hören, wie man will, man muss aufpassen, dass die Kinder ruhig sind – der Gast ist da. Man muss sich nach dem Gast richten.

Wenn ein Gast da ist, rückt der Gastgeber in den Hintergrund und der Gast in den Vordergrund. Genau das ist geschehen. Ist man zu voll mit Gedanken und Wünschen, haben die Gäste große Wichtigkeit bekommen, und der Gastgeber ist fast zur Nebensache geworden oder in Vergessenheit geraten – ja, man hat ihn vergessen. Und die Gäste sind viel zu lange geblieben. Sie gehen einfach nicht. Sie sind zu Dauergästen geworden und der Gastgeber wird beinahe aus seinem eigenen Haus geworfen. Wenn die Gäste dann plötzlich gehen, fühlt es sich vielleicht wie eine große Leere an. Doch das ist es nicht.

Der Buddhismus und insbesondere Zen wurden gänzlich missverstanden, weil sie von *Shunyata*, von der Leere, sprechen. *Shunyata*, die Leere, ist für Buddha dasselbe wie Gott. Aber das Wort hat Probleme verursacht. Man denkt: „Leere? Das klingt sehr negativ." Das ist es jedoch nicht; es deutet nur darauf hin, dass du jetzt nur noch du selbst bist, leer von allem anderen. Nun bist du nur im Einklang mit deinem Sein, du bist nur noch du selbst, nur deine essenzielle Buddhanatur ist übrig. Sie ist nicht leer, sie ist voll. Sie ist perfekt, denn sie ist der Ursprung von allem.

„Sie ist nicht etwas Leeres, das nur leer ist. Sie hat weder Farbe noch Form. Sie kennt keine Freuden und leidet keinen Schmerz."

Du glaubst, du leidest – du hast nie gelitten. Du glaubst, du freust dich – du hast dich nie gefreut. Du bist immer nur Zeuge. Leiden war da, aber du hast nie gelitten. Freude war da, aber du hast sie niemals genossen. Es waren vorübergehende Phasen, Jahreszeiten, die kommen und vergehen, Wolken, die den Mond einhüllen und sich wieder auflösen. Doch du, du ruhst in dir selbst – unberührt, ungestört.

Es gibt ein Zen-Gedicht:

Ich bewege mich den ganzen Tag
Und bewege mich gar nicht.
Ich bin wie der Mond unter den Wellen,
die sich immerfort kräuseln.

„Die Wellen kräuseln sich immerfort. Ich bewege mich den ganzen Tag und bewege mich gar nicht." Ja, rundherum bewegt sich alles, aber in deiner tiefsten Mitte, im Auge des Zyklons, bewegt sich nie etwas. Kein Schmerz, kein Vergnügen, kein Glücklichsein, kein Unglücklichsein, kein Himmel, keine Hölle. Du gewinnst nichts und du verlierst nichts. Es ist immer dasselbe. Es ist immer genau dasselbe. Dort bleibt der Geschmack unverändert. Er ist ewig.

Ich bewege mich den ganzen Tag
Und bewege mich gar nicht.
Ich bin wie der Mond unter den Wellen,
die sich immerfort kräuseln.

Die Wellen kräuseln sich immerfort. Vielleicht hast du schon einmal beobachtet, wie sich der Mond in den Wellen eines Sees spiegelt. Die Wellen kräuseln sich in einem fort, aber was geschieht mit dem Spiegelbild des Mondes? Meinst du, der gespiegelte Mond bewegt sich auch? Erstens ist es ein Spiegelbild, also kann es sich nicht bewegen. Und zweitens: Wie können die Wellen ein Trugbild bewegen, das eigentlich überhaupt nicht da ist? Sie können es nicht bewegen.

Genau so ist es mit dir: Freude kommt und verursacht Bewegung; es ist eine Welle und du spiegelst dich in dieser Welle und denkst, dass sich dein Spiegelbild bewegt. Dein Spiegelbild wird verzerrt, das ist gewiss. Aber du selbst wirst niemals verzerrt. Der Mond im Himmel wird niemals von den Wellen verzerrt, die sich unten kräuseln. Aber du siehst einen anderen Mond, die Spiegelung im See. Du spürst, dass der echte Mond davon wohl nicht betroffen ist, doch dieser Mond unter den Wellen ist eindeutig davon betroffen. Die Wellen lassen ihn tanzen, die Wellen breiten ihn über den ganzen See aus.

Doch wie kann man ein Spiegelbild ausbreiten? Am Anfang gibt es überhaupt kein Spiegelbild, es existiert nicht. Wenn du also bemerkst, dass du von den Dingen, die um dich herum geschehen, betroffen bist, dann ist es nur dein Spiegelbild in diesen Dingen, das scheinbar betroffen ist. Du selbst – der echte Mond im Himmel – bleibst davon unberührt. Doch du hast völlig vergessen, wer du bist. Du hast völlig vergessen, dass du jenseits von allem bist was geschieht, dass in deinem tiefsten Kern gar nichts geschieht, dass er immer gleich bleibt.

„Ich weiß, dass Du sehr krank bist. Und wie ein guter Zen-Schüler blickst Du Deiner Krankheit direkt ins Auge."

Seiner Krankheit direkt ins Auge zu blicken, bedeutet zu verstehen, dass man sie nicht ist. Das heißt es, ihr direkt ins Auge zu blicken. Du siehst ganz klar: „Das bin ich nicht."

„Du weißt vielleicht nicht genau, wer leidet, doch frage Dich …". Frage dich: Wer leidet? Wer liegt im Sterben? Wer ist alt geworden? Frage dich das, frage dich unaufhörlich. Allmählich wirst du verstehen: „Derjenige, der leidet, bin nicht ich. Derjenige, der alt geworden ist, bin nicht ich. Derjenige, der sterben wird, bin nicht ich."

Und merke dir: Die Antwort darauf darf nicht vorgefertigt sein. Sie soll nicht aus deinem Gedächtnis kommen, weil du es weißt oder du davon gehört hast, oder weil du es in den Upanishaden gelesen hast oder einen großen Meister davon hast sprechen hören. Liefere die Antwort nicht aus deinem Gedächtnis. Du musst einfach nur die Frage stellen. Hämmere die Frage unaufhörlich in dich hinein: „Wer leidet?" Wenn du das nächste Mal Kopfweh hast, frage dich: „Wer leidet?" Wenn dir das nächste Mal die Füße einschlafen, frage dich: „Wer schläft ein?"

Und lass dir mit der Antwort Zeit, sonst ist sie nicht echt. Du kannst sehr weise tun und sagen: „Ja, ich bin die Seele und das ist der Körper." Doch dann schwindelst du. Lass die Antwort von alleine kommen. Sie sollte nicht aus deinem Gedächtnis kommen, sie sollte von deinem Sein kommen. Sie sollte als Einsicht kommen. Sie sollte nicht verbal sein. Sie sollte als Erkenntnis kommen, als Satori – ein Funke des Verstehens.

Kannst du den Unterschied spüren? Wenn etwas aus dem Gedächtnis kommt, wiederholst du es wie ein Papagei. Ich sage dir, dass du nicht dein Kopfweh bist. Und morgen probierst du es dann aus, setzt dich still hin und fragst: „Wer leidet?" Und aus deinem Gedächtnis kommt die Antwort: „Du leidest nicht, du bist die transzendente Seele, du bist der Zeuge." Pass auf! Das kommt alles aus dem Gedächtnis. Es hat überhaupt keinen Wert. Wirf es weg. Lass eine Einsicht kommen, eine Erkenntnis, einen Moment der Klarheit, eine Transparenz, wo du sehen kannst: „Ich leide nicht." Merke dir: Es geht darum zu sehen. Es geht nicht darum, eine Antwort aus dem Gedächtnis hervorzukramen. Es ist eine Einsicht, die aus dem tiefsten Kern deines Wesens hervorgeholt werden muss. Du musst ein Netz des Hinterfragens auswerfen. Und wenn du dieses Netz immer wieder auswirfst und dich nicht mit deinem angeberischen Gedächtnis zufrieden gibst, wirst du früher oder später den Fisch fangen. Und dieser Fisch macht dich frei. Er befreit dich. Wahrheit befreit.

„Frage dich: Was ist die Essenz dieses Geistes?" Als Erstes frage dich: „Wer leidet?", damit du sehen kannst, dass Leiden um dich herum stattfindet, aber nicht in dir. Es ist nahe, ganz nah, aber nicht in deiner Mitte. Es geschieht an der Peripherie, aber nicht in der Mitte. Die Mitte bleibt unberührt.

Das Erste ist also, zu sehen, wo das Leiden ist. Löse dich von deiner Identifikation mit dem Leiden. Diese Frage ist wie ein Schwert, das dir helfen wird die Identifikation zu durchschlagen.

Die nächste Frage, die man sich stellen sollte, ist: *„Was ist die Essenz dieses Geistes? Wer ist der, der nicht leidet?"*

Zuerst fragst du dich *„Wer leidet?"*, um die alte Identität mit dem Körper, mit der Krankheit und mit dem Kopf zu brechen. Danach musst du einen Einblick in dein tiefstes Wesen bekommen. Nun frage dich: „Was ist dieser essenzielle Geist?"

„Denke nur daran." Es ist eine Botschaft an einen Sterbenden, das darf man nicht vergessen. Der Meister sagt: *„Im Sterben denke nur daran. Bevor du stirbst, löse nur eines: dass du nicht leidest. Wenn du dann dem Tod gegenübertrittst, frage dich weiter: Wer ist der, der nicht leidet?"*

„Wer bin ich?", wie Ramana Maharshi immer sagte, „Wer bin ich?"

Wenn der Tod eintritt, denke nur daran, denn der Tod wird alles wegnehmen. Wenn du nur diese Frage mit in den Tod nehmen kannst, wenn du diese Selbsterforschung auch im Sterben weiterführen kannst, dann kannst du *Samadhi* erlangen, dann kannst du die höchste Frucht der Erleuchtung erreichen.

„Denke nur daran, mehr ist nicht nötig." Der Meister hat recht – genau so ist es. Mehr ist nicht nötig, wenn du nur zwei Dinge tun kannst:

Deine Identifikation mit dem Leben zu brechen, mit allem, was das Leben um dich herum angehäuft hat. Und dann, dich zu fragen „Wer bin ich?"

„Mehr ist nicht nötig. Begehre nichts." Denke gar nicht erst an Erleuchtung. Begehre nicht einmal, ein Buddha zu sein. Denke nicht an das Nirvana. „Begehre nichts!" Denn sobald du etwas begehrst, verlierst du den essenziellen Geist, verlierst du den Kontakt zum kosmischen Geist. *Begehre etwas* ... und schon bist du gefallen.

Durch Begehren kam es auch zum ersten Sündenfall. Begehre also nichts. Er kennt seinen Schüler in- und auswendig. Er sehnt sich weder nach Geld noch nach Prestige noch nach Macht, er sehnt sich nicht nach einer Wiedergeburt oder nach einem nächsten Leben – darum geht es ihm nicht mehr. Das wurde mit der ersten Frage erledigt: Löse dich von deinen Identifikationen.

Doch es besteht die Möglichkeit, dass er sich wünscht, ein Buddha zu sein. Es könnte sein, dass er sich wünscht, auf der höchsten Stufe der Existenz als Buddha, als erleuchtetes Wesen wiedergeboren zu werden. Doch auch das ist ein Begehren, schon hat sich wieder ein Begehren eingeschlichen. Wieder ist er aus dem ursprünglichen Geist abgestürzt. Der ursprüngliche Geist ist nur dann intakt, wenn man nichts begehrt. In dem Moment, wo man etwas begehrt, bewegt man sich davon fort. Dann ist man nicht mehr eins damit, dann muss man sich wieder auf eine neue Reise begeben, ist wieder vom Weg abgekommen.

„Denke nur daran: Was ist die Essenz dieses Geistes? Mehr ist nicht nötig. Begehre nichts. Dein Ende, das endlos ist, ist wie eine Schneeflocke, die sich in Luft auflöst."

Man braucht sich keine Sorgen zu machen. Du wirst dich auflösen, wie sich eine Schneeflocke in Luft auflöst. Du wirst nicht sterben, du wirst dich nur auflösen. Ja, du wirst nicht mehr als individuelle Form anzutreffen sein. Deine Form wird sich ins Formlose auflösen – die Schneeflocke wird sich in Luft auflösen. Doch du wirst da sein – viel mehr sogar.

Wenn der Fluss in den Ozean mündet, stirbt er nicht: Er wird zum

Ozean, er breitet sich aus, er wird immer größer, er wird riesig, gewaltig, unendlich.

Klammert man sich ans Leben, sieht der Tod wie ein Tod aus. Wenn man sich aber nicht ans Leben klammert, sieht der Tod wie eine Transformation aus, wie eine Befreiung. Du wirst aus deiner Gefangenschaft in einer Form befreit, du wirst formlos. Dann herrscht große Freude. Ein Mensch, der sich auflösen kann wie eine Schneeflocke in Luft, ist gesegnet. Dann ist tiefe Ekstase, tiefe Stille, tiefer Friede, unglaubliche Freude da. Es ist ein Fest in deinem innersten Wesen.

Man muss das Leben nutzen und man muss den Tod nutzen.

Alles muss dazu genutzt werden, um zu diesem essenziellen Geist zu gelangen. Denn der essenzielle Geist ist *Satchidananda* – Wahrheit, Bewusstsein, Glückseligkeit. Manchmal kommt es einem vielleicht völlig verrückt vor, dass man alle Anhaftungen loslassen soll, selbst die Anhaftung an das Leben. Es mag einem völlig verrückt erscheinen, dass man selbst den Tod zu einer Liebesaffäre machen soll. Das mag völlig verrückt erscheinen; aber das Leben ist verrückt, es ist paradox.

John Wheeler hat einmal gesagt: „Wir sprechen von Dingen, die völlig verrückt sind. Aber kann etwas, das weniger verrückt ist, denn richtig sein?"

Zen ist richtig, weil es total verrückt ist. Zen ist richtig, weil es so paradox ist. Das Leben ist ein Paradoxon. Und alles, was lebensecht ist, ist einfach paradox. Ja, das Leben muss gelebt werden und der Tod muss gestorben werden.

Solange du lebst, dringe zum tiefsten Kern des Lebens vor, und wenn du stirbst, dringe zum tiefsten Kern des Todes vor. Und der tiefste Kern ist ein- und dasselbe: Es ist der essenzielle Geist.

Vergiss nicht: „Leben" ist kein Substantiv, ebenso wenig ist „Tod" ein Substantiv. „Leben" und „Tod" sind beides Verben. Auch „Existenz" ist ein Verb, kein Substantiv. Das Leben ist ein Prozess, der Tod ist ein Prozess. Und wer durchläuft diesen Prozess? Wer sitzt in diesem Wagen mit zwei Rädern? Wer ist dieser Pilger? Wer ist es, der diese zahllosen Formen durchwandert? Jener essenzielle Geist, jener Zustand des Nicht-Denkens, jene spiegelgleiche Qualität, jenes Beobachten muss mit allen Mitteln, auf jede mögliche Weise gefunden werden. Jeder Schritt im Leben sollte diesem Fragen, diesem Suchen gewidmet sein. Nur dann kommt man heim. Und solange man nicht heimgekehrt ist, bleibt man unzufrieden. Du kannst sehr reich sein, du kannst sehr mächtig sein und doch bleibst du machtlos, du bleibst ein Bettler.

An dem Tag, an dem du zum Ursprung deines Wesens zurückkehrst, zu diesem „Menschen, der keinen Namen trägt", zum Ältesten, zum ewig Einen wirst, an dem Tag wirst du ein König. An dem Tag ist alles ein Segen. An dem Tag fehlt dir nichts. Und an dem Tag wirst du auch herzlich lachen, weil du siehst, dass dir nie etwas gefehlt hat. Du warst einfach nur zu sehr mit deinem Spiegelbild verstrickt. Du hast dich zu sehr von deinen Gästen vereinnahmen lassen und dabei den Gastgeber aus den Augen verloren.

Sei der Gastgeber!

Über Osho

Oshos Lehren widerstehen jeglicher Kategorisierung, sie reichen von der persönlichen Sinnsuche bis hin zu den dringendsten sozialen und politischen Fragen, mit denen die Welt heute konfrontiert ist. Seine Bücher wurden aus zahllosen Tonband- und Videoaufnahmen transkribiert. Er hat über einen Zeitraum von 35 Jahren vor einer internationalen Zuhörerschaft stets aus dem Stegreif gesprochen. Er sagte: „Denkt daran, was immer ich sage, ist nicht nur für euch ... ich spreche auch für die kommenden Generationen."

Der Londoner Sunday Times zufolge zählt Osho zu den „1000 Machern des 20. Jahrhunderts"; der amerikanische Romanautor Tom Robbins hat ihn einmal „den gefährlichsten Mann seit Jesus Christus" genannt. Sunday Mid-Day (Indien) hat Osho als einen der zehn Menschen bestimmt, die das Schicksal Indiens verändert haben - wie Gandhi, Nehru und Buddha.

Osho selbst beschreibt sein Werk als „Beitrag, die Voraussetzungen für die Entstehung einer neuen menschlichen Lebensweise zu schaffen". Diesen neuen Menschentypus hat er immer wieder als „Sorbas der Buddha" umschrieben - also einen Menschen, der nicht nur wie Sorbas der Grieche die irdischen Freuden zu schätzen weiß, sondern ebenso sehr die stille Heiterkeit eines Gautam Buddha.

Wie ein roter Faden zieht sich durch alle Aspekte von Oshos Arbeit die Vision einer Verschmelzung der zeitlosen Weisheit des Ostens mit den höchsten Potenzialen westlicher Wissenschaft und Technik. Vor allem seine revolutionären Ansätze zur Wissenschaft der inneren Transformation haben Osho berühmt gemacht. Seine innovativen „aktiven Meditationen" basieren auf dem Gedanken, dass erst der in Körper und Geist angesammelte Stress abgebaut werden muss, um, frei von Gedanken und entspannt, einen meditativen Zustand zu erfahren.

www.osho.com

Mehr von Osho

www.innenwelt-verlag.de